「健康教育」アラカルト

養護教諭教育実践集

「子どもと健康」編集委員会編

発刊にあたって

2002年度から新教育課程がはじまり、今年で２年目となりました。今回の改訂で注目したい点は、他教科の精選か進むなか、小学校３、４年生の保健学習の導入と「総合的な学習の時間」の課題の一つである「健康」教育活動でしょう。

とりわけ、「総合的な学習の時間」のなかで健康教育が展開できるということは、養護教諭にとって大きな魅力であり、健康教育の広がりが期待されるものです。

今、子どもたちに求められているのは、社会の変化に主体的に対応できる「生きる力」や「豊かな自己実現」を図ることができる資質や能力であり、人間としての総合的な力です。しかし、身近な問題として友達の些細な言葉で傷ついたり、自分自身の心とからだを大切にできないなど、健全な健康観が育っていない気になる子どもたちの姿が保健室から見えてきます。

保健室から見えてきた子どもの実態を健康課題ととらえ、学習課題や教材として活用発展させていくことこそ、生きた健康教育になると考えます。また、近い将来直面するであろう性やエイズ、たばこ、アルコール、薬物乱用防止等の健康課題も山積しています。

兼職発令を受けて保健学習に関わることができるようになったことは、条件整備等の課題が残されていますが、今まで以上に積極的かつ直接的な保健学習への関わりがもてるようになったという意味では大きな前進であると言えます。

養護教諭が行なう授業実践は、「ひと味違う」と周囲を納得させるくらいの力量はもち合わせたいものです。そのためにも１校に１人または２人しかいない養護教諭同士がお互いの財産を共有し合い、より質の高い授業実践ができるような情報交換ができるとよいのではないでしょうか。

今回、『子どもと健康』では、いろいろな角度から健康教育に取り組んでいらっしゃる養護教諭の方々にご協力いただき、「養護教諭の健康教育実践集」を発行することができました。実践資料をご提供していただきました先生方に深く感謝申し上げます。

そして、この実践集にさらに味付けの工夫をアドバイスしてくださったのは、毎夏、当編集委員会主催で行なっている「研究フォーラム」の第７回（2001年）から取り組んでいる「養護教諭の健康教育実践」において、当初よりご指導いただいている山梨大学教授の中村和彦先生です。健康教育の授業実践は、子どもの興味関心をより引き出し、楽しみながら学べる工夫が必要であると中村先生は力説されており、本書もきっとご満足いただけることと期待しています。

2003年４月

『子どもと健康』編集委員　野村　昇子

目次
Contents

発刊にあたって　『子どもと健康』編集委員　**野村 昇子**……3

「健康教育」アラカルト——悩みながら、楽しみながら その実践と工夫……6
山梨大学教育人間科学部　**中村 和彦**

小学校編

オリジナルの授業案を使ってすすめる保健指導……10
神奈川県三浦市立名向小学校　**及川 比呂子**

エンカウンターを連動させた「保健学習」授業づくり……22
——学習指導要領をいかに読み、調理し味つけするか
福井県福井市立鶉小学校　**酒井 緑**

子どもの「なぜ」「なるほど」の声にこだわって——西ハプランを含めた保健学習の実践……33
山梨県三珠町立大塚小学校　**有野 久美**

性の教育と人権学習を関連させて……45
三重県四日市市立八郷西小学校　**小笠原 春美**

おとなへジャンプ！——「総合的な学習」の実践と役割、役割討議法による授業研究……54
茨城県守谷市立松ヶ丘小学校　**吉丸 暁子**

「こころも体も健やかに」と願って——性・エイズ教育を通したひとつの実践より……63
千葉県佐原市立第四中学校（現）　**今泉 弘子**

性に関する指導（健康教育）の定着化を目指して……84
静岡県富士市立富士第一小学校　**荒川 惠子**

子ども一人ひとりが主体的に取り組む保健学習——保健：毎日の生活と健康（3年生）……96
神奈川県横浜市立野庭東小学校（前）　**宮澤 妙子**

「食」の大切さを感じよう——料理体験を通して……111
岩手県前沢町立上野原小学校　**岩渕 美智子**

「食」は「生きる力」そのもの——各委員会のとりくみから……126
神奈川県茅ヶ崎市立茅ヶ崎小学校　**平野 圭子**

「健康教育」アラカルト

中学校・高等学校編

※執筆者の所属学校は、本書収録時における学校名を記しています。
また、（現）は現在校、（前）は前任校。

※なお、掲載されている内容等についての質問、問い合わせは、下記『子どもと健康』編集部（必ず明記してください）へファックスにてお願いいたします。直接筆者への問い合わせ等はご遠慮ください。
問合せ先：労働教育センター「子どもと健康」編集部問い合わせ係
FAX 03-3288-5577

「健康教育」アラカルト
——悩みながら、楽しみながら　その実践と工夫

山梨大学教育人間科学部
中村　和彦

Ⅰ 「健康教育アラカルト」を召し上がれ

昨年（2002年）の８月22日に開催された第８回『子どもと健康』研究フォーラム第２分科会では、４名の養護教諭の健康教育実践を見せていただきました。４名のレポーターの実践は、「ねらい」「方法、内容」は異なるものの、それぞれのレポーターが子どもに教えることへの熱心さ、教材研究のおもしろさを楽しんでいらっしゃることに関しては、まったく共通していると実感しました。

ここ数年、養護教諭の職務は多岐にわたっており、そのなかでも「相談活動」と「健康教育」は、新しい、しかも重要なしごととなってきています。このことに関しては、さまざまな考え方があると思います。私は、これまでの養護教諭のしごとも含め、「子どもが養護教諭を求めるようになった」「養護教諭と深く多く接するようになった」ととらえ、しごとの選択権が広まったと理解することがよいのではないかと思っています。「やらなければならない」のではなく、「やってもよい」「やることもできる」と考えていけばよいのではないでしょうか？

さて昨年のシンポジウムのテーマ、そしてこの教育実践集を『「健康教育」アラカルト』としました。この素敵なネーミングは、『子どもと健康』編集委員である野村昇子のアイディアです。「アラカルト」、まさに健康教育の“一品料理”を楽しもうという意図です。学校で行なう健康教育といっても、保健学習、保健指導、総合的な学習の時間と多岐にわたっています。しかしその根底に流れるおもしろさ（旨み）とは何なのか？　今回は、たくさんの“シェフ”のつくるアラカルト、つまり“一品料理”に舌鼓をうちながら、旨みのもとを探ってみようではありませんか。

Ⅱ “シェフ”たちのつぶやきを聞き漏らさずに

今回執筆いただいたシェフの教材研究は、深みにはまっているものばかりです。授業者

が授業をつくる過程をおもしろく思わなければ、子どもにとっておもしろい授業はつくれないことを、本書のなかで実感していただきたいと思います。

そして本書をご覧になりながら、学校のなかで健康教育を実践したいという養護教諭が、どのようにアプローチしているか。どんな悩みをもっているか。どのように教材研究を楽しんでいるか。そのためにどんな工夫をしているか。その様子を直接実感してください。読者のみなさんとともに、よりよい健康教育を協創していくことができれば、すばらしいことだと思います。

Ⅲ　おもしろい健康教育とは

本書は、以下の観点でご覧いただければと思います。

1．学校での健康教育は本当に必要か？
2．健康教育で子どもの何を変えたいのか？
3．具体的な教材研究のしかたと教材の共有化
4．授業の評価とその活用
5．おもしろい授業をつくるための力量形成
6．力量を形成する「場」としての養成機関の役割
7．ネットワーク・コーディネート・プレゼンテーション

さて、おもしろい健康教育をつくるためには、どんな条件が必要なのでしょうか。

第一に、たっぷりと活動できる「時間」の確保です。活動がさまざまに展開し、発展するためには充足した時間が必要です。第二に学習のための「空間（場所）」を自由に選択できることです。その学習に適した場所の設定は、学習を主体的に進めるうえで重要な条件となります。最後に「仲間」の条件です。仲間とは「自分ひとり」も含め、実質的なグループのことです。健康教育の実践にあたって、「時間」「空間」「仲間」という3つの「間」の条件を満たしているかを、チェックしてもらいたいと思います。

私はこの数年、大学、高等学校、小学校において、「死生学（Death Education）」を実践しています。死生学とは「死」をとらえながら「生」を考え、自分らしく生きることの大切さを考えることをめざす授業です。その教材研究をすすめるなかで、そのテーマにのめり込んで、何度かわくわくドキドキする経験をしてきました。そしてその経験をもって実践した授業は、非常に盛り上がるものであることを実感しています。おもしろい健康教育を創出していくなかで、本当に「わくわくドキドキ」する教材研究を経験してほしいと思います。

Ⅳ　さいごに　――おいしく食べるコツ――

私は、この世の中にBestな授業（最高の授業）はありえないと思っています。しかし、Betterな授業（より好い授業）は必ず存在するものと確信しています。そして、Betterな授業を追究していくことが、授業者の資質を高めることにつながると信じています。

この本の読者全員が、健康教育実践者としての主役です。本書をもとに今回執筆された方はもちろん、読者のみなさん自身がネットワークをつくりながら、よりよい健康教育を創出していくことができるようになることを目指して、この教育実践集『「健康教育」アラカルト』をご賞味ください。

小学校編

神奈川県三浦市立名向小学校
及川　比呂子

福井県福井市立鶉（うずら）小学校
酒　井　　緑
（元福井大学教育地域科学部附属小学校）

山梨県西八代郡三珠町立大塚小学校
有野　久美

三重県四日市市立八郷西小学校
小笠原　春美

茨城県守谷市立松ヶ丘小学校
吉丸　暁子

千葉県佐原市立第四中学校
今泉　弘子

静岡県富士市立富士第一小学校
荒川　恵子

神奈川県横浜市立野庭東小学校（前任校）
宮澤　妙子

岩手県前沢町学校保健会保健部会
岩渕　美智子
（上野原小学校）

神奈川県茅ヶ崎市立茅ヶ崎小学校
平野　圭子

オリジナルの授業案を使ってすすめる保健指導

神奈川県三浦市立名向小学校
及川　比呂子

はじめに

保健指導をつくっていくとき、その時間のねらいや授業の流れを考えながら、指導案をたてるのは当然のことだと思います。私も前任校で、初めのうちは指導案をつくりその指導案をもとに担任の先生方に性教育を実施してもらっていました。指導案は授業の流れをつかむことに視点をおいていたので「ここで精通についてふれる」などと簡単に記述し、指導案とは別に精通に関する資料を付けるというやり方をしていました。つまり、授業の流れが一目でわかる指導案とポイントを押さえた資料の２本立てです。

自分ではていねいでわかりやすいだろうと思っていたのです。ところが「あっちもこっちも見ていられないよ」と指摘されました。保健指導に関して、先生方は慣れないうえに自信がないわけで、動きながらしゃべりながら、指導案と資料を行ったり来たりするのがたいへんだったのです。

そこで試しに、指導案の中に資料や指導するときの具体的な言葉づかい、予想される質問への答え方、板書内容などをすべて盛り込んで『授業の流れ』としてつくってみました。すると好評で、実際自分も使ってみて、順番に書いてあることを目で追っていけばいいという安心感がありました。使っていくうちに、だんだんと変化し、オリジナルのものができ上がってきました。

この『授業の流れ』をたたき台に学年会で「うちのクラスならきっとこんな質問がでるよ」「もしこんなこと聞かれたらどうする？」と内容を検討します。「ここまでは担任、この先の質問からは及川が分担しよう」といろいろ書き込んでいきます。すると、基本の流れにいろいろな要素が加わって、その学年の実態に合った独自のものになっていきます。

もう一つ大事なのが、あからさまに『授業の流れ』を見て話すのではなく、いろいろな形でカンニングペーパー的に見える場所に置き、いかにも全部頭に入っているように進めます。

そうすることで先生たちは安心して子どもの前に立てるようです。

この『授業の流れ』は保健指導の内容にあわせ使いやすいように、

① 性教育指導…主に授業の流れ形式
② たばこの指導…主にシナリオ形式
③ 歯科保健指導…主にほけんだより形式
④ エイズ・薬物・心の健康指導…主にポイントだけの流れ形式

にしています。

今回はそれぞれの指導に使っている『授業の流れ形式』『シナリオ形式』『ほけんだより形式』『ポイントだけの流れ形式』を、実際の授業の様子を取り混ぜながらご紹介します。

実際に使っているものなので、手書きでお見苦しい部分も多々ありますが、これも苦労の跡と笑いながら見ていただきますよう、お願いいたします。

1．性教育指導で使っている『授業の流れ』形式

これは性教育で使っているものの一部です。授業の流れのなかに資料・板書事項・質問などを盛り込んであります。

いのち・からだの指導　授業の流れ

4年　私　た　ち　の　成　長

《ねらい》
・大人のからだと自分達のからだの違うところを調べる事により、これからの自分達のからだの変化を想起し、二次性徴の発現に気付かせる。（女子の月経、男子の射精までおさえる）
・現在のからだやこころの変化は、大人に近づくための成長段階であり、発育発達には性差・個人差がある事を知らせ、からだを大切にする態度と男女が互いに理解協力していく態度を養う。

・授業に入る前に『女の子の成長、男の子の成長』から女の子、男の子のパネルを貼り、帽子、洋服を着けて男女の区別がつかないようにしておく。

Q1．黒板に2人の子供のパネルがあります。どちらが女の子で、どちらが男の子でしょうか。

・見た目には男女の区別がないので意見は分かれるはず。

Q2．このままでは見分けがつかないので2人には悪いけれど協力してもらい、身につけているものを1つずつ取ってもらいましょう。
（・帽子から順に1つずつ身につけているものを外し、どこまで取れば男女の見分けがつくか子供たちに尋ねる）
さあ、最後のパンツになりました。ここまででは区別がつかないね。じゃあ取りますよ。――どちらが女の子か、男の子かわかりましたか。

・ペニス、ワギナが見えて初めて区別がつく。

Q3．この2人、パンツを脱ぐまで男女の区別がつかなかったですね。もしこの2人が大人だったらどうでしょう。パンツを脱ぐ前に区別がつきますか。
それではこの2人を、大人のからだつきにかえていってみましょう。子供のからだと、どこがどう違うでしょう。

・それぞれのパーツを女子には女の子のパネル、男子には男の子のパネルに貼らせてゆく。

〈女子〉　乳房、性毛、ワキ毛
〈男子〉　性毛、ワキ毛、口ひげ、あごひげ、胸毛、のどぼとけ

説明1．今、2人を大人のからだつきにかえてもらいました。いくつかからだに貼りつけましたが、正しい呼び方知っているかな。
オッパイ…正しくは乳房といいます。
チン毛じゃないヨ、性毛といいます。
　という風に（ペニス、ワギナも）
1つ1つのパネルに名前の札をつけてゆく。

説明2．どうして、いつ頃から子どものからだから大人のからだへと変わってゆくのでしょう。
・パネルを使って説明する

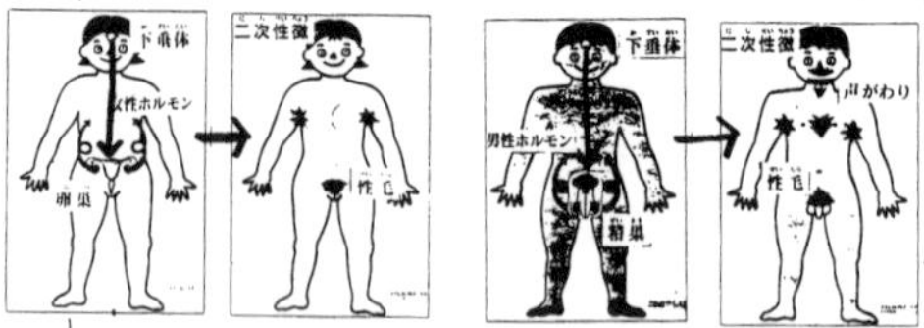

子どもから、大人のからだにかわっていくのは脳からの指令が出るからです。指令を出すのは下垂体といって額の後の方にあります。女子では9～10才、男子では12～13才頃になると、ここから、そろそろ大人のからだにかえていきましょうと指令が出され、女の子はは卵巣に、男子は精巣に指令が届きます。その指令を受けて卵巣からは女性ホルモンが、精巣からは男性ホルモンが分泌されるようになります。

つづく

1

ホルモンというのは、からだの中のいくつかの器官から出され、からだの成長を促したり、からだに抵抗力をつけたり、いろいろな働きをしています。そのうちの1つの女性ホルモンは女性らしいからだつきに、そして男性ホルモンは男性らしいからだつきにする働きをします。そこで、乳房がふくらんだり、ひげが生えたり大人に近づく変化が起きてくるのです。

説明3．からだの変化は外見だけではありません。からだの内部でも大きな変化がおこります。男女に分けてからだ内部の変化をみてみましょう。

〈月経のしくみ〉

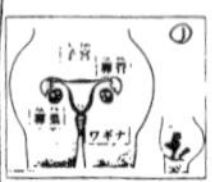

●女子の性器

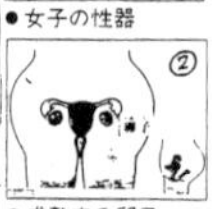

●成熟する卵子

●排卵

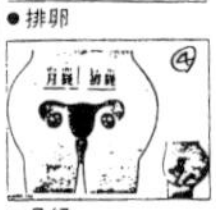

●月経

①女の子の内性器は、大きく分けて卵巣、卵管、子宮、ワギナの4つの部分があります。
卵巣…うずらの卵ぐらいの大きさで、女性ホルモンが作られます。赤ちゃんの時からたくさんの卵子のもとがつまっていて、およそ1ヶ月に1個の割合で卵子をつくり送り出します。
卵管…卵子を子宮に運ぶくだです。
子宮…赤ちゃんを育てるふくろです。握りこぶし位。
ワギナ…赤ちゃんがうまれる時に通るくだです。
②卵巣の中には数十万個の卵子のもとがあります。
③ホルモンの働きでそのうちの1つが成熟し、およそ1ヶ月に1個の割で卵管へと送り出されます。（一生かけて数十万個の卵子のもとのうち300～400個しか卵子に成長しません。）それを排卵といいます。卵子は1週間ほどかけてゆっくりと子宮へと進んでゆきます。
④卵巣の中で卵子のもとが育ち始めた頃から子宮の内側に、血液を含んだ膜ができ、次第に厚くなっていきます。この膜は赤ちゃんに育つような卵子が育つための準備なので、赤ちゃんに育たない卵子が来た時には、これがはがれて外へ出ていきます。これが「月経」です。

説明4．〈精通のしくみ〉

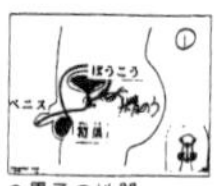

●男子の性器

●生産される精子

●精子の長い旅

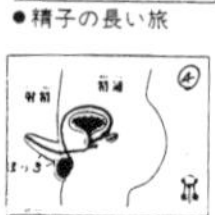

●ぼっき／射精／精通

①男の子の外性器はペニスと、その下に2つふくろのようないんのうがあります。内性器は、いんのうの中に入っている精巣と、膀胱の下にある精のうです。
精巣…いんのうの中には右左に2つ玉のようなものが入っています。これが精巣です。女の子の卵巣にあたり、男性ホルモンを作り出し、赤ちゃんのもとになる精子もうみ出します。
精のう…たんぱく質やミネラルを多く含んだ液を作り、精子の働きを助けます。精子とこの液がまざって精液となります。
②内性器が成長してくると精巣で精子が作られるようになります。大人の男の人では1日7000万～1億もの精子を作ります。
③たくさん作られた精子はグルグルと管を通りながら、精のうでつくられた液と混ざり、精液となってペニスから外に出されます。
④精液が外へ出る時はペニスが固くなりぼっきをします。※そうすることにより、膀胱とつながっている尿の出口がふさがり、精液と尿が混ざることはありません。逆にぼっきしていない時は精液の出口がふさがり、尿しか出ないような仕組みになっています。※ここをQにしてもよい。

Q4．女の子はオシッコ、ウンチ、そして赤ちゃんみんな通るくだがちがっていました。でも男の子はオシッコと赤ちゃんのもとになる精液の通るくだが同じです。オシッコの中に精液が、精液の中にオシッコが混じったりしないんだろうか。

・答えは説明4の※部分。パネルのペニスは可動式になっているのでぼっきした時に尿道がとじるということを動かして示すとわかりやすい。

2

つづく→

性教育指導(いのち・こころ・からだの学習)

三浦市立名向小学校　学級活動　健康・安全

＜ねらい＞

性教育を「生き方を学ぶ人間教育」の一環としてとらえ、性に関する科学的な知識を習得させるとともに、いのちを大切に思う心、人を思いやる心を育てる。

＜教育課程への位置づけと他教科等との関連＞

特別活動のなかの学級活動に位置づけ、全学年を通して一貫した指導を実施する。また『保健』や『心の健康に関する指導』と内容が共通する部分については関連づけて実施する。

＜家庭との連携・理解・協力を得る工夫＞

保健指導はすべて授業公開とし、気軽に来校できる雰囲気づくりをする。指導内容は「ほけんだより」「学級通信」などで保護者に知らせる。

学年	内　　　　　容	教材など
1年	**おへそのひみつ** おへそのひみつにせまることにより、自分が母親の胎内でへその緒を通して栄養や酸素をもらい育ったことに気づき、家族の絆や周囲の人々の愛情によって育てられたことを知り、誕生に喜びを持ち、いのちを大切に思う心を育てる。	赤ちゃん人形 おへそある・ない ペープサート
2年	**おなかの中の赤ちゃん** 母胎内で育っていく赤ちゃんの様子から胎児の成長を科学的にとらえるとともに、自分の誕生までの家族や周囲の人々の喜び・楽しみに気づき、いのちを大切に思う心を育てる。	赤ちゃん人形 母胎内赤ちゃんの 成長ペープサート
3年	**わたしたちのからだ** 男女の違いが外性器だけでなく内性器にもあり、新しいいのちを生み出す器官が自分たちに備わっていることを知り、自分だけでなく友達のからだも大切にし、男女の特性を認め合う心を育てる。	チャート式性教育授業セット『からだのつくり』
	＊年度末に成長の早い女子の保護者に対し、4年生で使用する初経指導資料を配布する。	4年生用初経指導資料
4年	**思春期のからだの変化（保健1h/5h）** 思春期という言葉を知り、男女のからだの変化（初経・精通）の様子について理解するとともに、個人差があるが誰にでも起こることを理解する。男女の特性を認め合う心を育てる。	性教育授業セット 『女の子の成長』 『男の子の成長』
	初経指導 保健の授業後1時間扱いで、女子のみに具体的な手当ての仕方を含めた初経指導を実施する。	ビデオ『ステキな女の子』　初経指導用資料
	4年○組ってなかなかだ（心の健康に関する指導） 友達を肯定的に見ることで思いやりの心を育て、友達にほめられることにより自分に自信がもてるようにする。	4年○組って なかなかだカード
5年	**心の健康（保健1h/3h）** 心の発達・心と体のかかわり・不安や悩みへの対処のしかたについいて、解決の方法を考えたり、判断したりするための力を育てる。	ロールプレイ グループエンカウンター
	友達たくさん5年○組（心の健康に関する指導） 友達のよいところやいろいろ知らない面を知り、お互いに親近感を持たせる。	グループエンカウンター
	キャンプ前事前指導 キャンプと月経が重なる女子もいるため、具体的な手当ての仕方・入浴の方法を含めた指導を実施する。	キャンプ 前事指導用資料
6年	**エイズへの正しい理解（保健1h/1h）** エイズに関する正しい知識（病原体・感染経路など）を理解するとともに、薬害エイズや社会的な差別・偏見にも触れ、病気としてだけではなくいろいろな側面からの理解を深める。	エイズ指導用 ペープサート
	エイズ　君だったらどうする？（心の健康に関する指導） もし自分が感染者だったらカミングアウトするだろうか、しないだろうか。両者のメリット・デメリットを考えたうえで自分の気持ちをまとめ、発表・話し合いをすすめる。	ロールプレイ グループエンカウンター
	修学旅行前事前指導 修学旅行と月経が重なる女子もいるため、具体的な手当ての仕方・入浴の方法を含めた指導を実施する。	修学旅行 前事指導用資料

＊（保健）は保健の授業として実施、（心の健康に関する指導）は「心の健康に関する指導」として関連づけて実施

2. たばこの指導で使っている『シナリオ』形式

たばこの指導では、指導計画で決まっている内容をどんなふうに仕立てれば楽しく学習できるのか検討し、案をつくっていきます。４年生では１年生からの復習に加え、諸外国の警告文やたばこと税金などを学習します。おさえる内容はまったく同じでも2001年度は「仲良し４年３人組」、2002年度は「海部家のリビング」という設定で授業をしました。

次に掲げるのはは2001年度に４年生で実施した「仲良し４年３人組」で使ったシナリオでの一部です。担任４人と及川の５人で実施しました。担任役の高橋先生だけが喫煙者だったので、ちょっとイジワルして「そう言えば高橋先生はたばこ吸うんだよね。どんな味、おいしいの？」という質問に対してのセリフは用意せず「**どんな味でしょうか？　生の台詞をどうぞ**」とだけ書いておきました。

高橋先生のアドリブをご紹介しましょう。

＜たばこの味を聞かれて＞

いやーこれがうまいんだなあ。気分がすーっとして頭もすっきり。もう体の中にしみわたる感じだなあ。（ここまで言われたときは、あとの４人は血の気が引きましたよ）

＜いつ、どうして吸い始めたの？との問いに答えて＞

先生は20歳の誕生日に「今日からお酒もたばこもOKだ！」って、嬉しくてすぐに試したんだ。たばこは売っている銘柄すべて買って１本ずつ味見をしたんだぞ。でも思っていたよりおいしくなくて、ただ煙たかったなあ。おいしくなかったけれど、たばこを吸っているといかにも大人って感じがして、カッコつけて吸っていたらいつの間にかやめられなくなっていたんだ。先生が子どもの頃にはたばこの害や危険性を教えてくれる人なんていなかったから、なにも知らずに常習者になっていたんだな。先生には20歳を過ぎた子どもが３人いるけど、だれもたばこは吸わないよ。「お父さんみたいになりたくない」って言ってる。今の若い者もみんなも、ちゃんと教えてもらえるから幸せだな。

セリフは一応きめますが、このようにアドリブ合戦。子どもたちは担任の熱演に大喜びです。

アドリブで熱く語る担任役

仲良し3人組（机の上には台本が貼ってある）

4年生　たばこの指導「仲良し4年3人組」

ナレーター（及）	ここは名向小学校4年1組の教室です。仲良し3人がなにか話しています。
厚子さん	知ってる？　中学校で隠れてたばこを吸う人がいっぱいいるんだって。
祐司さん	日曜日にサッカーをしに学校へ来たんだ。ボールが新校舎の裏に行っちゃってさ、取りに行ったら中学生か高校生が学校の裏でたばこ吸ってたよ。こわかった。
真澄さん	ちゃんとたばこの勉強をして悪いって知っているのに、なんで吸うのかなあ？
ナレーター	あっ、担任の高橋先生がやってきました。
高橋先生	みんな何を話してるの？　楽しそうだね。
祐司さん	そう言えば高橋先生はたばこ吸うんだよね。どんな味、おいしいの？
高橋先生	**＊どんな味でしょうか？　生の台詞をどうぞ。** 先生は大人だから吸ってもいいんだよ。みんなのおうちの人だって吸う人いるだろ。
厚子さん	なんで大人はよくて、子どもはいけないんですか。
ナレーター	それではここで（本物の4年生たち）みなさんに質問です。 Ｑ１　たばこを吸っていいのは何歳からでしょう？（質問パネルあり） Ｑ２　どうして子どもは吸ってはいけなのでしょうか？
高橋先生	＊Ｑ１、Ｑ２それぞれ手をあげている子ども何人かを指名し、答えを簡単に板書してください。
ナレーター	それではこれを見てみましょう。さあ、わかったかな。 パネル１『たばこを吸い始めた年齢と肺ガンの発生割合』
真澄さん	はーい（元気よく手をあげる）。
高橋先生	では真澄さん。
真澄さん	早く吸い始めるほどいろいろな病気になりやすいです。なぜかというと私たち子どもは成長しているからです。（同じような意見を言った子がいたら○○さんと同じで、と付け加えてください）
祐司さん	たばこはからだに悪いって言うけど、あんな煙のどこが悪いんだろう。
ナレーター	ではこれを見てください。 パネル２『たばこに含まれる有害物質』
祐司さん	これ、みんなたばこの煙に入っているの？　毒でしょ。怖いなあ。
厚子さん	「たばこイコール肺がん」のように言うけれど本当なのかなあ。
ナレーター	ではこれを見てください。 パネル３『たばこで心筋梗塞が増える割合』 パネル４『たばこで心肺ガンが増える割合』 パネル５『たばこで胎児や妊婦の以上が増える割合』 パネル８『たばこ煙のゆくえ』
厚子さん	（パネル２を示し）煙に入っているこの有害物質が（パネル８を示し）からだじゅうにまわってしまうから、いろいろなことが起きてくるのね。

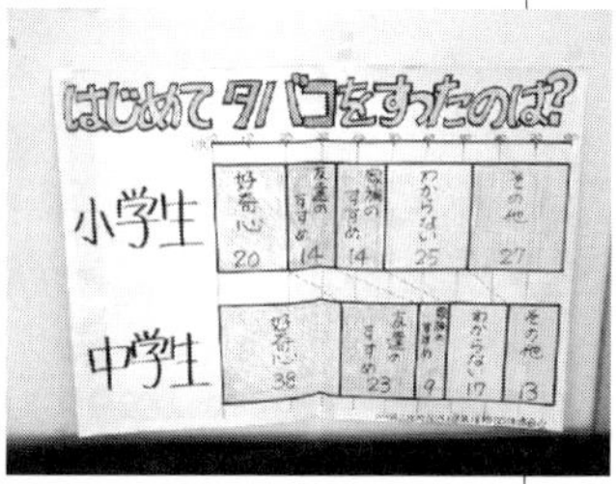

真澄さん　はーい（元気よく手をあげる）。

高橋先生　はい、真澄さん。

真澄さん　先生はからだによくないってわかっているのに、どうしてたばこを吸うんですか？

高橋先生　吸い始めのころはいつでもやめられると思っていたんだけれど、これがなかなかやめられないんだよ。

真澄さん　やめたいのにやめられないの？なんで？

ナレーター　パネル６『副流炎の害』を貼る。
たばこに含まれているこのニコチンていう中毒物質が、やめたくてもやめられないニコチン中毒にしてしまうんです。

祐司さん　先生はいつ、どうして吸い始めたの？

高橋先生　＊正直にどうぞ。

ナレーター　資料１『初めてたばこを吸ったのは』を貼る。

祐司さん　友達・家族にすすめられて吸う人がこんなにいるんだ。

厚子さん　ほかの国でも同じなのかな。

ナレーター　資料２『世界の喫煙対策とスウェーデンのたばこの警告文』を貼る
いつでも誰でも簡単にたばこが買える国は、ほかにあまりないようです。たばこに付いている警告文も日本はずいぶん簡単ですね。

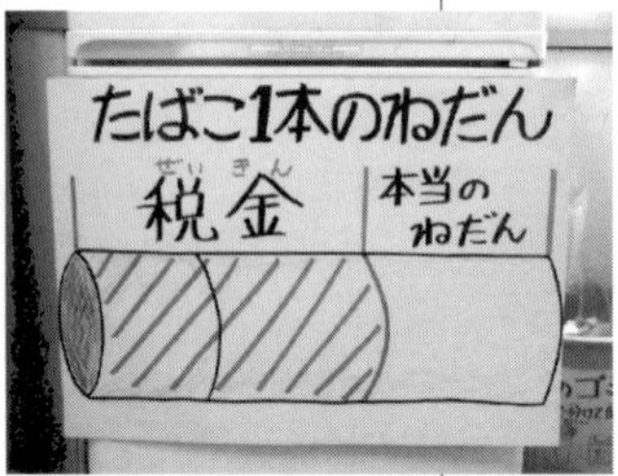

厚子さん　どうして日本はこんなにたばこを買いやすくしているのかしら。

ナレーター　こんなことが関係しているのかもしれません。
パネル『たばこ１本の値段』

高橋先生　日本はたばこの広告規制がゆるく、自動販売機もありちょっと興味・好奇心があれば誰でもたばこを吸える環境にあるようです。
今たばこを吸っている大人もできればやめたいと思ったり、自分の子どもには吸わせたくないと思っています。

厚子さん　日本の環境はすぐには変わりそうもないので、私たちのほうがたばこについて正しい知識をもち、正しい判断をすればいいんですね。＊これが前半のまとめとなります。子どもたちに伝えたいことがありましたらここで加えてください。

ナレーター　ある日の４年１組では、とてもためになる話し合いが行なわれたようですね。たばこについての小学校での勉強は４年生でおしまいです。その締めくくりとして、１年生のときに一度行なった実験をもう一度やってみます。みなさんの目でしっかりと見て正しい判断のできる人になってほしいと思います。

喫煙模型の実験……及川が行ないますが、お手伝いをおねがいいたします。

☆指導終了後の子どもたちの感想などを学級通信で保護者に伝えていただけるとありがたいです。
　その際及川にも通信を１枚ください。参考資料とさせていただきます。よろしくお願いいたします。

パネル等は手作り教材、写真は手作り教材の一部

たばこ・アルコール・薬物乱用防止指導

三浦市立名向小学校　学級活動　健康・安全

＜ねらい＞

勇気をもってNOといえる判断力を育てる。たばこ・アルコール・薬物にはすべて依存性があり、心身の健康に影響を及ぼすことを理解させ、危険な誘いに対して

＜教育課程への位置づけと他教科等との関連＞

特別活動のなかの学級活動に位置づけ、全学年を通して一貫した指導を実施する。また『保健』や『心の健康に関する指導』と内容が共通する部分については関連づけて実施する。

＜家庭との連携・理解・協力を得る工夫＞

保健指導はすべて授業公開とし、気軽に来校できる雰囲気づくりをする。指導内容は「ほけんだより」「学級通信」などで保護者に知らせる。

学年	内　　容	教材など
1年	**からだをよごすたばこの煙** ビデオ視聴と喫煙模型の実験により、たばこの煙にはからだをよごす害があることを視覚的にとらえる。	低学年用編集ビデオ 喫煙模型・たばこ・灰皿 脱脂綿・ライター たばこ指導用パネル
2年	**副流煙・受動喫煙の害** 大人が吸うたばこからでる副流煙には、主流煙より多い有害物質が含まれていることを知り、受動喫煙の害から身を守ることを考える。	低学年用編集ビデオ ビデオ『警告となりのたばこ』 たばこ指導用パネル
3年	**たばこの煙には毒がある** たばこの煙についての日常生活での体験やビデオ視聴（動物実験など）から たばこの煙には毒性があることを理解する。	ビデオ『たばこの煙には毒がある』 たばこ指導用パネル・表 グラフ
4年	**自分で守る自分の健康** 諸外国の喫煙対策・たばこへの警告文と日本のたばこにかかる税金などから、日本における喫煙問題を考える。１年生で実施した喫煙模型の実験を行いたばこの指導最後のまとめとする。	喫煙模型・たばこ・灰皿 脱脂綿・ライター たばこ指導用パネル・表 グラフ・諸外国の喫煙対策・たばこへの警告文
5年	**アルコールとからだ** アルコールの依存性や心身への影響について知り、全員にパッチテストを実施、アルコール分解酵素と急性アルコール中毒死についての理解を深める。	パッチテスト一式（エタノール・カットバン） アルコール指導用パネル・表・グラフ
	お酒に甘い日本　君は上手に誘いを断れるか（心の健康に関する指導） 誘う側、断る側を体験することにより、危険な誘いに対して勇気をもってNOといえる判断力を育てる。	ロールプレイ アルコール指導用パネル・表・グラフ
6年	**薬物に依存する心（保健1h/1h）** シンナーや覚せい剤などの薬物は心身の健康に深刻な影響を及ぼすことや１回の使用でも死にいたることがあることを理解する。	薬物指導用パネル・表・グラフ　ビデオ『シンナー・覚せい剤・ドラッグ』
	あなたはどうしますか　NOという勇気（心の健康に関する指導） 友達にたばこを誘われたら、万引きを目撃してしまったら……。いざというときには、正しい知識と勇気が正しい判断を生むことを理解する。	ロールプレイ 薬物指導用パネル・表・グラフ　児童記入用プリント　断り方マニュアル

＊（保健）は保健の授業として実施、（心の健康に関する指導）は心の健康に関する指導として関連づけて実施

3．歯科保健指導で使っている『ほけんだより』形式

保健指導は原則として担任とのT.Tで実施しますが、歯科保健指導は及川が一人ですすめます。他の指導と違って内容が毎年そう変わらないため、ちょっと手を抜いて詳しい資料や授業の流れを準備せず、配布する「ほけんだより」を利用します（保健指導の内容はほけんだよりで家庭へお知らせします)。ほけんだよりに書いた内容を見ながら必要な資料を掲示してすすめるのです。

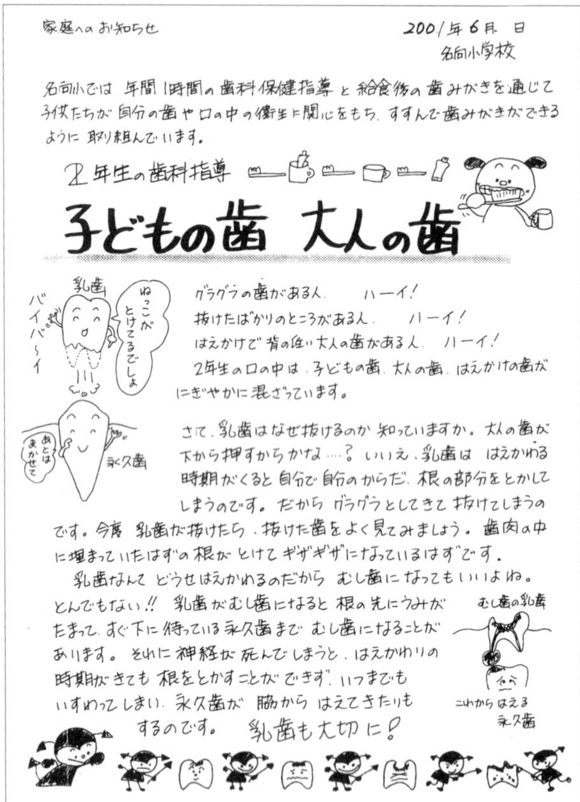
家庭へのお知らせ
2001年6月　日
名向小学校

名向小では 年間1時間の歯科保健指導と給食後の歯みがきを通じて子供たちが自分の歯や口の中の衛生に関心をもち、すすんで歯みがきができるように取り組んでいます。

2年生の歯科指導

子どもの歯　大人の歯

グラグラの歯がある人、　ハーイ！
抜けたばかりのところがある人、　ハーイ！
はえかけで背の低い大人の歯がある人、　ハーイ！
2年生の口の中は、子どもの歯、大人の歯、はえかけの歯がにぎやかに混ざっています。

さて、乳歯はなぜ抜けるのか知っていますか。大人の歯が下から押すからかな…？　いいえ、乳歯は はえかわる時期がくると自分で自分のからだ、根の部分をとかしてしまうのです。だから グラグラとしてきて抜けてしまうのです。今度 乳歯が抜けたら、抜けた歯をよく見てみましょう。歯肉の中に埋まっていたはずの根がとけてギザギザになっているはずです。

乳歯なんて どうせはえかわるのだから むし歯になってもいいよね。とんでもない!!　乳歯がむし歯になると根の先にうみがたまって、すぐ下に待っている永久歯まで むし歯になることがあります。それに神経が死んでしまうと、はえかわりの時期がきても根をとかすことができず、いつまでもいすわってしまい、永久歯が脇からはえてきたりもするのです。　乳歯も大切に！

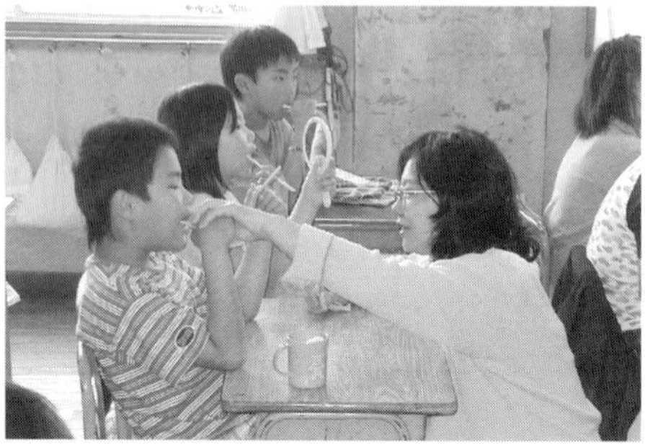
子どもの様子をみる担任

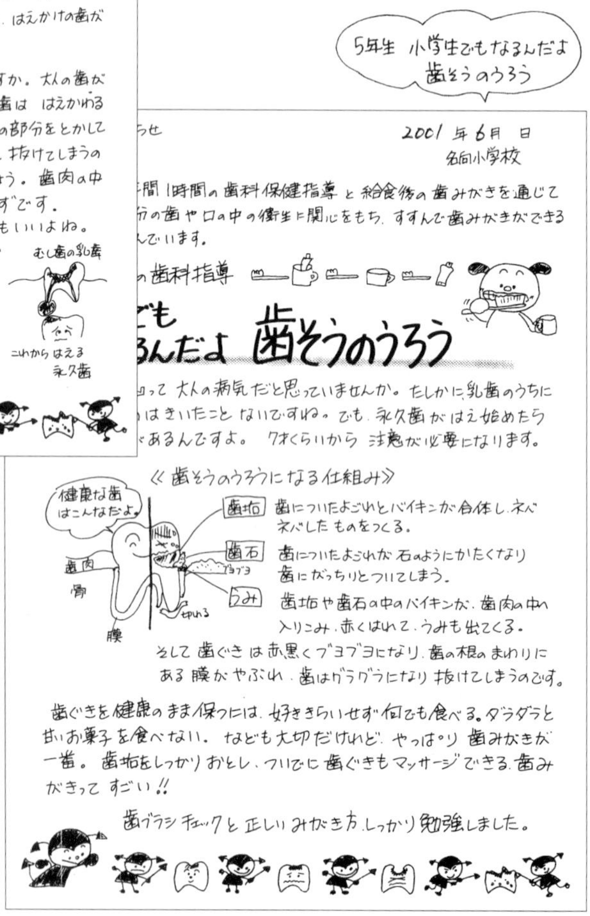

…らせ
2001年6月　日
名向小学校

…年間1時間の歯科保健指導と給食後の歯みがきを通じて…分の歯や口の中の衛生に関心をもち、すすんで歯みがきができる…んでいます。

…の歯科指導

…でも…るんだよ　歯そうのうろう

…って大人の病気だと思っていませんか。たしかに、乳歯のうちに…はきいたことないですね。でも、永久歯がはえ始めたら…があるんですよ。7才くらいから注意が必要になります。

《歯そうのうろうになる仕組み》

歯垢　歯についたよごれとバイキンが合体し、ネバネバしたものをつくる。
歯石　歯についたよごれが石のようにかたくなり歯にがっちりとついてしまう。
うみ　歯垢や歯石の中のバイキンが、歯肉の中へ入りこみ、赤くはれて、うみも出てくる。

そして歯ぐきは赤黒くブヨブヨになり、歯の根のまわりにある膜がやぶれ、歯はグラグラになり抜けてしまうのです。

歯ぐきを健康のまま保つには、好ききらいせず何でも食べる。ダラダラと甘いお菓子を食べない。なども大切だけれど、やっぱり歯みがきが一番。歯垢をしっかりおとし、ついでに歯ぐきもマッサージできる、歯みがきってすごい!!

歯ブラシチェックと正しいみがき方、しっかり勉強しました。

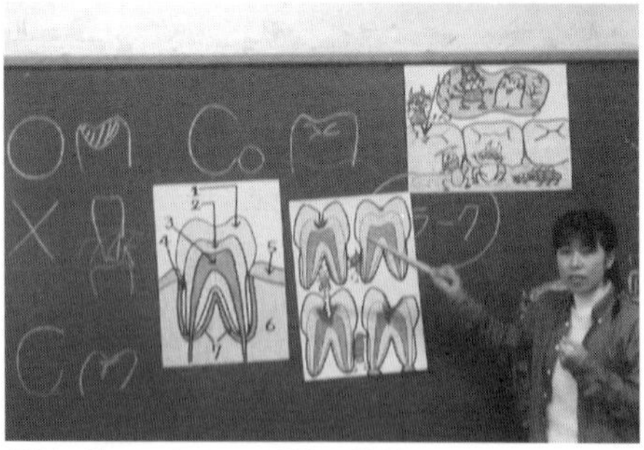
黒板に貼ってあるのは手作り教材

歯科保健指導

三浦市立名向小学校　学級活動　健康・安全

<ねらい>

むし歯・歯周疾患になるしくみや食生活との関係を理解させ、正しく有効な歯磨きでむし歯を予防し、丈夫な歯でよく噛むことが健康につながることから、食後の歯磨きや規則正しい食事などの望ましい生活習慣を身に付けさせる。

<教育課程への位置づけと他教科等との関連>

特別活動のなかの学級活動に位置づけ、全学年を通して一貫した指導を実施する。また『保健』と内容が共通する部分については関連づけて実施する。また、特設の時間として給食後の歯磨きを実施する。

<家庭との連携・理解・協力を得る工夫>

保健指導はすべて授業公開とし、気軽に来校できる雰囲気づくりをする。指導内容は「ほけんだより」「学級通信」などで保護者に知らせる。

学年	内　　容	教材など
1年	**6歳臼歯生えたかな** ・鏡を使って6歳臼歯を観察　・6歳臼歯の特徴　・6歳臼歯がむし歯になりやすいわけ　・6歳臼歯の磨き方の工夫　・歯ブラシチェックと正しい磨き方	歯科指導パネル ビデオ『はじめまして大人の歯』 顎模型・歯ブラシ
2年	**子どもの歯　大人の歯** ・鏡を使って生え変わりの様子を観察　・歯の生え変わりのしくみ ・混合歯列の磨き方の工夫　・歯ブラシチェックと正しい磨き方	歯科指導パネル ビデオ『前歯も大人の歯になったよ』 顎模型・歯ブラシ
3年	**どうしてむし歯になるの** ・むし歯になるしくみ　・むし歯になりやすい時期とむし歯になりにくい時期 ・むし歯を予防するために　・歯ブラシチェックと正しい磨き方	歯科指導パネル ビデオ『大切な歯どうしてむし歯になるんだろう』 顎模型・歯ブラシ
4年	**たくさんかんで　元気なからだ** ・かむということはどんなことなのか　・古代の食事と現代の食事 ・たくさんかんでいいことといっぱい　・歯ブラシチェックと正しい磨き方	歯科指導パネル ビデオ『丈夫な歯・健康なからだ　歯と食生活』 顎模型・歯ブラシ
5年	**小学生でもなるんだよ　歯槽膿漏** ・鏡を使って歯肉の様子を観察　・歯周疾患の原因と進行の仕方 ・健康な歯肉を保つブラッシング　・歯ブラシチェックと正しい磨き方	歯科指導パネル ビデオ『歯ぐきは元気』 顎模型・歯ブラシ
6年	**きれいにみがこう　12歳臼歯（保健1h/1h）** ・鏡を使って12歳臼歯の様子を観察　・12歳臼歯の特徴　・6歳臼歯がむし歯になりやすいわけ　・12歳臼歯の磨き方の工夫　・歯ブラシチェックと正しい磨き方	歯科指導パネル ビデオ『きれいにみがこう大人の歯』 顎模型・歯ブラシ

＊（保健）は保健の授業として実施

特設　　給食後の歯磨き	歯ブラシ・コップの保管
・給食後の歯磨きを意識づけるために昼の放送の後ゴシゴシデンターマンを流す ・各クラスの実態に合わせ時間設定する（給食を食べ終わった順に歯みがきをする、食べ終わったグループ順に歯みがきをする、クラス一斉に歯みがきをする　等） ・原則として歯磨き剤は使用しない	・給食袋にコップと歯ブラシを入れて毎日持ち帰る ・給食袋とは別に袋にコップと歯ブラシを入れて週の初めに持ってきて週末に持ち帰る どちらにしても清潔と乾燥が大切 **＊歯ブラシをくわえたまま立ち歩いたりふざけたりしない**

4．エイズ・薬物・心の健康指導など
ディベート・ロールプレイを行なう保健指導で使っている
『ポイントだけの流れ』形式

子どもの動きや発言で流れがどんどん変わっていく授業内容なので、あまり細かいことは決めず、おさえたいことをポイントにして流れをつくっておきます。これ以上脱線したらまずいぞ、という線ですね。

5年　アルコール　授業の流れ　1時間目／2時間『アルコールの正体を知る』

何も知らせず全員にパッチテストを実施する（バンドエイドを貼ったら20分おく）。
①飲酒経験を聞く（あるクラスのアンケート結果あり。参考に示してもよい）。
・どんなときに飲んだのか、どんな味だったか、体に変化はあったか
・何かと間違えてお酒を飲んでしまった人は？　何と間違えて何を飲んでしまったか

⬇

子どもが間違えて飲むようなところにお酒を置く大人の意識の低さに気づく
②表『この1ヶ月間にたばこを1本以上吸った人とお酒を飲んだ人』を貼り、どちらがお酒でどちらがたばこか質問する。

⬇

たばこには厳しくお酒には甘い日本人の考えが見えてくる
③『お酒に酔う』ってどんなことがからだに起きているんだろう（正しい科学的な知識を知る）。パネル『脳の仕組み……大脳・小脳・脳幹』
④パネル『急性アルコール中毒』と『アルコール依存症』
⑤『二日酔い』ってなんだろう。
パネル『アルコール分解酵素』➡パッチテストの種明かし
⑥バンドエイドをはがす。
写真ニュース『脳の細胞を壊していくアルコール』
パネル『酒に弱いのに飲むと、食道がん危険度60倍』などを説明
⑦パッチテストの判定をする。
写真ニュース『アルコール体質判定テスト』　パネル『パッチテスト結果A～D』
パネルA&B　分解酵素なし。お酒で具合が悪くなる。急性中毒で危険な目にあうかも。
パネルC&D　分解酵素あり。弱い気持ちでお酒に手を出すと依存症になる可能性が高い。
⑧まとめ：アルコールの正体を良く知ること、自分の体質をよく知ること、一時的な見せ掛けの楽しい気分にだまされたり、弱い気持ちでお酒に依存しないこと。

パネル・表などは手作り教材

まず担任がパッチテストのモデルに

黒板に貼ってあるのは手作り教材

心の健康に関する指導（心をほぐし ゆさぶり きたえる学習）

三浦市立名向小学校 学級活動 健康・安全

＜ねらい＞

自己肯定感（自分を大切に思うことのできる気持ち）をもち、必要なときにはＮｏと言える。自分と同じように他者も大切にする。そんな人間関係のなかで生き生きと自立できることをめざし、児童の心をほぐし ゆさぶり きたえる。

＜教育課程への位置づけと他教科等との関連＞

特別活動のなかの学級活動に位置づけ、『保健』や『性教育』『薬物乱用防止指導』のなかで、特に児童の心に働きかけの必要な内容について時間を設定し実施する。

＜家庭との連携・理解・協力を得る工夫＞

保健指導はすべて授業公開とし、気軽に来校できる雰囲気づくりをする。指導内容は「ほけんだより」「学級通信」などで保護者に知らせる。

学年	内容と関連教科等	教材と指導方法等
4年	**4年○組ってなかなかだ（心の健康に関する指導）** 友達を肯定的に見ることで思いやりの心を育て、友達にほめられることにより自分に自身がもてるようにする。	グループエンカウンター 4年○組って なかなかだカード
5年	**心の健康（保健1h/3h）** 心の発達・心と体のかかわり・不安や悩みへの対処のしかたについいて、解決の方法を考えたり、判断したりするための力を育てる。	ロールプレイ
	友達たくさん5年○組（心の健康に関する指導） 友達のよいところやいろいろ知らない面を知り、お互いに親近感をもたせる。	グループエンカウンター
	お酒に甘い日本 君は上手に誘いを断れるか（心の健康に関する指導） 誘う側、断る側を体験することにより、危険な誘いに対して勇気をもってNOといえる判断力を育てる。	ロールプレイ アルコール指導用パネル・表・グラフ
6年	**エイズ 君だったらどうする？（心の健康に関する指導）** もし自分が感染者だったらカミングアウトするだろうか、しないだろうか。両者のメリット・デメリットを考えたうえで自分の気持ちをまとめ、発表・話し合いをすすめる。	ロールプレイ グループエンカウンター
	あなたはどうしますか NOという勇気（心の健康に関する指導） 友達にたばこを誘われたら、友達の万引きを目撃してしまったら……。 いざというときには、正しい知識と勇気が正しい判断を生むことを理解する。	ロールプレイ 薬物指導用パネル・表・グラフ 児童記入用プリント 断り方マニュアル

＊『保健』や『性教育』『薬物乱用防止指導』のなかで時間を設定し実施している『心の健康に関する指導』の内容をひとつにまとめたもの。
この他に学年・学級の実態に合わせ、必要に応じ臨時の『心の健康に関する指導』を実施することもある。

エンカウンターを連動させた「保健学習」授業づくり
―学習指導要領をいかに読み、調理し味つけするか―

福井県福井市立鶉(うずら)小学校
酒 井　緑 (元福井大学教育地域科学部附属小学校)

1. これからの保健学習とは
自己肯定感を高め、コミュニケーション能力を育成する保健学習にエンカウンターの手法を取り入れる

私は、福井大学附属中学校（1980年～1996年勤務）で、1989年から学級単位で生徒の「心の健康づくり」をねらいとして、エンカウンターの授業を継続して実践してきました。1996年に附属小学校に替わってからもエンカウンターの授業を続けてきました。途中、有志で保健学習の勉強会を始めたのですが、私はそこで、エンカウンターと保健学習の連動した授業を効果的にやれないものかと考えたわけです。

保健学習は、心身の保持増進にかかわる実践力を育成することを基本的なねらいとしています。たとえば、4年生の「育ちゆく体とわたし」という単元では、体の発育発達の一般傾向を学びます。そこで求められていることは、体の成長の仕組みを理解するだけではありません。自分の心や体の変化に気づき、その変化を受け入れられるようになることです。これが、自己肯定にもつながっていきます。

私は、新たな学習指導要領における保健学習のねらいを知るにしたがって、構成的グループエンカウンターが有効な手法の1つであることを確信しました。理由は、2つあります。

1つは、エンカウンターが体験学習だということです。友達から肯定的なメッセージをもらったり、自分のことを伝え合ったりする体験を、エクササイズ（心理面の発達を促す課題）という形で意図的に設定することができます。自分自身を肯定的に受け止めるということは、このような「感覚的、体験的な理解」によってこそできると考えています。

もう1つは、エンカウンターが実存主義（自分の人生の主人公は自分であるという思想）に支えられているからです。保健学習は、健康を通して自分自身の生き方を考えることに

つながっています。個別のスキルを学ぶだけでなく、「自分の人生を生きよ」「そしてその行動の責任を引き受けよ」と説くエンカウンターは、保健学習にもっとも適切な手法であると考えています。

1999年度あたりから、前任校で学校保健の研究として指導案づくり、カリキュラムづくりを進めてきました。3年生から6年生までの合計24時間の保健学習のうち、18時間分の指導案、ワークシート、振り返りシート、学習材をつくりました。

下の一覧表をみてください。各単元のなかに、1時間分（5年生は2時間分）エンカウンターの手法を使った保健学習を入れてあります。SGEと明記してある授業です（各保健学習の授業のなかに分散して入れているのではない）。

2002年度　鶉小学校「保健学習」授業プラン

学年	単元（実施予定時間）		鶉小　授業　タイトル（太字は養護教諭担当）	実施時期 学期（実施時間） 1	2	3
3年生	毎日の生活と健康（4時間）	1日の生活の仕方	**①きみとぼくは探偵団！ SGE** **②それゆけそれゆけ しじみちゃん**		2	
		身のまわりの清潔や生活環境	③④気持ちのよいこと悪いこと			
4年生	育ちゆく体とわたし（4時間）	体の発育・発達と食事、運動などの大切さ	**①身長の伸びとわたしたちの成長** **②わたしたちの成長に必要な3つのかぎ**	2		
		思春期の体の変化	**③大人の準備を始める私たち** **④気づかないすてきな自分を大切に SGE**			2
5年生	けがの防止（4時間）	事故の原因とその防止	**①3つの発生要因を考えよう** **②尊い命が散った交通事故から学ぶこと**	2		
		けがの手当	**③ぼくら鶉小救急隊**	1		
		いまある命に感謝して	**④危機一髪あぶなかったよ SGE**	1		
	心の健康（4時間）	心の発達	**①②心の成長に必要な栄養ってなあに？** **③ねえあなたのこと教えて SGE**			2
		心と体の密接な関係 不安や悩みへの対処	④心と体はいっしょ 不安・悩みを取り除こう			2
6年生	病気の予防（8時間）	病気の起こり方	**①②病気を引き起こす** **4つのキーワードをみつけよう** **③④インフルエンザ予防対策チームVS** **推進対策チーム**	3		
		病気に負けない	**⑤病気にまつわる思い出を語ろう SGE**	1		
		生活行動がかかわって起こる病気の予防	⑥生活習慣病の予防 ⑦喫煙・飲酒が私たちの体に与える影響 ⑧薬物乱用が私たちの体に与える影響			

SGE――構成的グループエンカウンターの手法を用いた「心・思い・交流」を大切にする授業で保健学習の内容と連動して構成してある。

2．どのように、学習材をつくっていくか

保健学習が保健指導とはっきり異なるのは、保健学習が学習指導要領に基づいて学習指導計画を立てるという点にあります。教材研究のもとにあるのは、学習指導要領です。それをもとに教師が、子どもの実態やニーズに合わせて、学習内容や指導方法を適切な学習材として、体系化して考えていくのが基本的な方法です。

したがって、児童生徒が、どの地域の学校で学習しても、また、だれに習っても、指導方法が異なっていても、その授業のなかで学習指導要領のねらいは、しっかり押さえられていなければなりません。指導者は、子どもたちに噛み砕いて調理し味付けをするために何回も熟読する必要が出てきます。そこから教材化がはかられるわけです。

例えば3年生について私は、「生活リズム」に焦点を当て、3年生の子どもたちにも視覚ですぐそれを理解できる両面カードを開発しました。悪い生活リズム・良い生活リズムを実践するのは、「しじみちゃん」という私のオリジナルの登場人物です。2人の子どもをもった母親「しじみちゃん」が自分の小学校時代を振り返るストーリーをつくりました。それを20枚の紙芝居にしたのです。この学習材を完成するまでには、多くの時間と改良の努力がいりました。

しかし、友人たちが追試をしてみてかなりの手ごたえを感じてくれています。私の1つの願いである、「多くの養護教諭が共有化できる学習材」に近づいたと思っています。この紙芝居があれば、自分の学校の実情に合わせてすぐ授業をすることができます。ベースはできていますので、あとは、自分の味付けをして授業をつくっていってもらえればよいからです。6年生については、病気の予防で、容量の多い学習指導要領のねらいをどのように授業として形づくるか、たいへん苦労するところです。私はそれをイメージ化をはかることで、形にしようと考えました。

3．私の3年生・6年生の指導案づくり（一例）

3年生の指導案づくり

○どのような授業の流れにしたか

学習指導要領では、「健康の大切さを認識するとともに、健康によい生活の仕方が理解できるようにする。」　**ア　毎日を健康に過ごすために、食事運動休養及び睡眠の調和のとれた生活を続ける必要があること。**　イ　毎日を健康に過ごすためには、体の清潔を保つことや明るさ、換気などの生活環境を整えることなどが必要であること。

解説にも明記されているように、食事運動休養及び睡眠の内容を個々に扱うのではな

く、1日の生活リズムに合わせて、これらを適切に実践することが大切であることを中心として取り扱う。また自分の生活を見直すことを通して健康によい1日の生活の仕方を実践する意欲をもてるようにする。となっている。

↓

私の指導案の流れは、新学習指導要領づくりに携わった戸田先生の言葉が大きなヒントになっている。「基本的に生活リズムを視点にします。食事の例では、食事の内容ではなく規則正しく食べているかという程度です。運動は精一杯動いているか、夜更かしのために朝起きられないとか、午前中ぼーっとするなどは健康な生活ではないことに気づかせるものです。」（引用：全国養護教諭連絡協議会第2回研修会記録　講義4　戸田芳雄先生（文部省体育局学校保健課教科調査官））

↓

- 3年生に効果的な学習材として紙芝居を採用することにした。
- 1人のかわいい登場人物「しじみちゃん」が悪い生活リズムから良い生活リズムに変わっていく変化を時の流れを追って表わしたいと考えた。
- 「ウォーリーをさがせ」の手法を使い遊び心を入れたり、紙芝居の途中で意図的に子どもたちに「考える・発表する」場面を設定した。

↓

完成した紙芝居20ピース「それゆけそれゆけ　しじみちゃん」と5枚の両面カード＊

○授業の流れ

子どもの流れ	子どもの思い	支　援
1　本時のめあてをつかむ 2　健康という言葉から連想することを発表する	あんまり考えたことなかったな 何が思い浮かぶかな	単元名を板書
3　紙芝居（前半）を見る	しじみちゃんてだれ？ あの女の子かな？ えっ、あのママなの	単元名をゆっくり読む
4　健康によくない生活は何かを考え、記入する	さっき紙芝居のなかに出てきたよね、わかった	ワークシートを配布 なぜ健康によくない生活なのかを、養護教諭が補足する
5　紙芝居（後半）を見る 6　健康によくない生活の連動性に気づき、生活リズムの大切さを知る	1つがよくなると、ほかのもよくなるよ！	ゆっくり読む
7　まとめとふりかえりをする	ぼくは20年後に、健康な生活を送っているかな？　送りたいな	ふりかえり用紙を配布、回収 教師2人の感想を伝える

3年生「わたしとしじみちゃんの生活リズム」

紙芝居のストーリーと構成はすべて私が行ないました。絵は、福井大学の美術専攻・玉川清美さんに依頼しました。やはり絵がきれいでかわいいと、子どもたちもぐっと引き付けられるようです。彼女に私の中で抱いている「しじみちゃん」のイメージを３つぐらいのパターンにして持ってきてもらいました。「このイメージでいきましょう」。１つに絞り込み、「しじみちゃん」ができ上がりました。なぜこの名前をつけたかといいますと、子どもたちに同じ名前がないことが必要不可欠の条件だったからです。そして家族がしじみのみそ汁が大好物だったことからも由来しています。

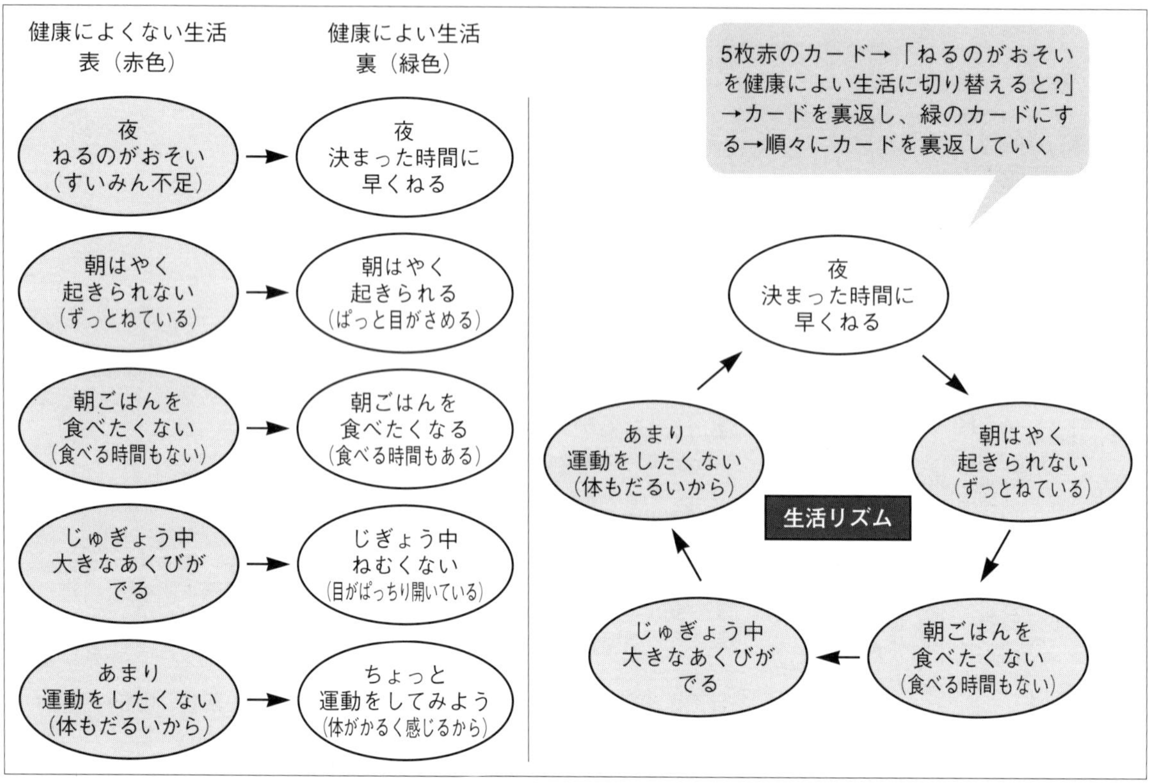

6年生の指導案づくり

○どのような授業の流れにしたか

学習指導要領では、「病気の予防について理解できるようにする。」**イ　病原体が主な要因となって起こる病気の予防には、病原体を体に入れないことや病原体に対する体の抵抗力を高めることが必要であること。**解説では（ア）病原体がもとになって起こる病気として、たとえばインフルエンザ、結核などを適宜取り上げ、その予防には、病原体の発生源をなくしたり、その移る道筋を断ち切ったりして病原体を体の中に入れないことが必要であることを理解できるようにする。（イ）病原体がもとになって起こる病気の予防には、予防接種や調和のとれた食事、適切な運動、休養及び睡眠をとることによって、体の抵抗力を高めておくことが大切であることを理解できるようにする。となっている。

↓

この容量の大きいねらいをどのように形にしていくか　→　まずイメージ化をはかる

↓

病原体がもとになって起こる病気は、体の中でのいわば「戦い」である。
この見えないミクロの世界を、まず見える外界の戦いに置き換えてみよう！

↓

完成した指導案　「カオリ姫と最強軍団の戦い」

○授業の流れ

児童の思いを広げ深める活動	教師の支援と評価（☆）
1　「物語の設定」を聞く。 2　フクロウ王国の兵士をやっつける方法を、ノートにまとめ発表する。 3　思ったことを発表する。 4　「病原体」「抵抗力」「道すじ」についてT2から説明を聞く。 5　プリントにそって説明を聞く。 6　西ナイル熱の「病原体」「抵抗力」「道すじ」はなにか発表する。 7　自分たちにできる具体的な予防対策（どの視点からの予防対策なのか3つに分けて）を班で考え、カードに記入する。 8　黒板にカードを貼る。 9　カードの内容を確認していく。 10　西ナイルウイルスの発生源を聞き、日本への侵入の可能性について考え、発表する。 11　今日のまとめをする。	T2　掲示物6枚を順々に貼っていく。 T2　児童の発表に反応しながら、カードを裏返していく。 T2　3つの項目について説明する。 T1　プリント配布 T2　板書 3色のカード各5枚ずつとマジックを取りにこさせる。 T1　カードは横書き ☆　西ナイルウイルスに打ち勝つための具体的対策を考えることができたか。 T2　予防接種・ワクチンの開発等は、「抵抗力を高める」ためであることを押さえる。 T2　世界地図を掲示し、ウガンダとニューヨークを掲示する。

ここは、うずら王国。とてもやさしくてそれはそれはかわいらしいカオリ姫と21人の兵士たちがたいそう仲良く暮らしていました。ところが、自分たちの仲間を増やすために、このうずら王国を支配下におこうとフクロウ王国の最強軍団がねらっているとの情報が入りました。さあ、大変!!　21人の兵士たちは、このオンボロ城とカオリ姫を守ることができるのでしょうか。(戦いの条件は、省略)
さあ、何とかカオリ姫とオンボロ城を救う方法を考えてください。いざ、戦うのです。

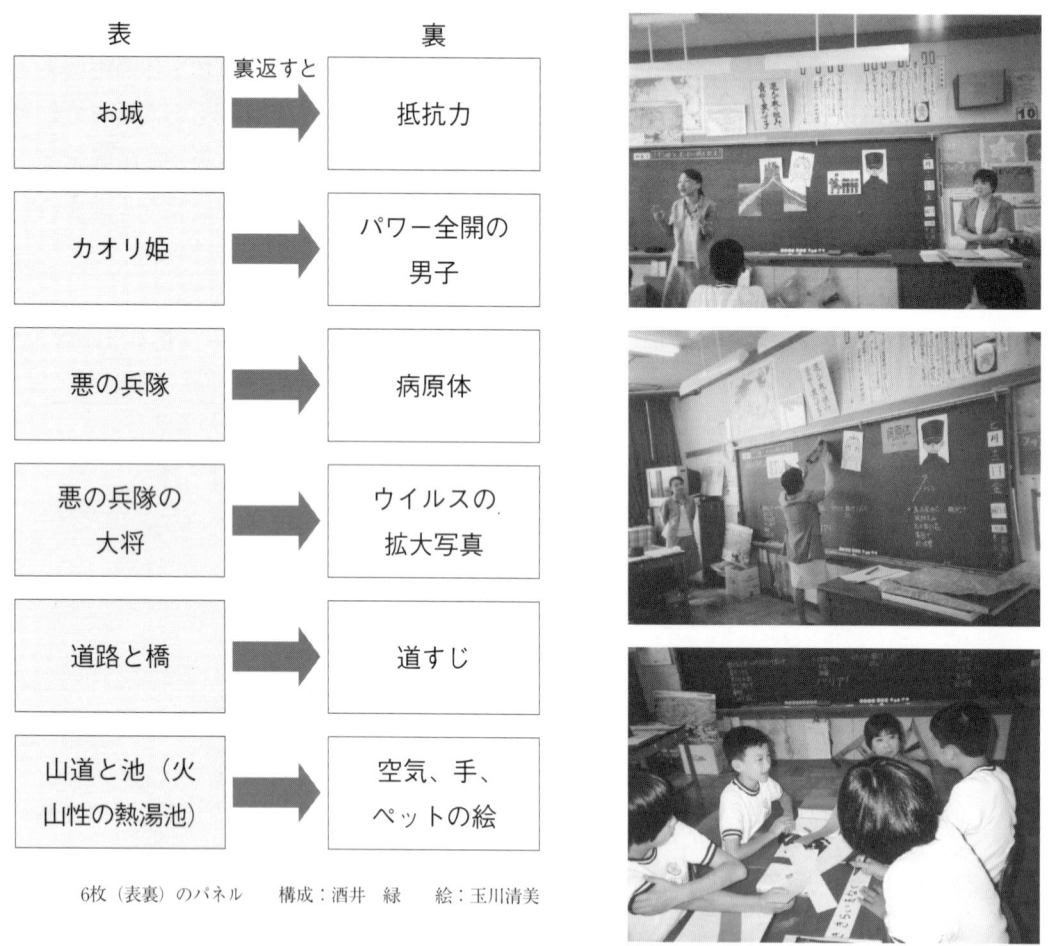

表	裏返すと	裏
お城	→	抵抗力
カオリ姫	→	パワー全開の男子
悪の兵隊	→	病原体
悪の兵隊の大将	→	ウイルスの拡大写真
道路と橋	→	道すじ
山道と池（火山性の熱湯池）	→	空気、手、ペットの絵

6枚（表裏）のパネル　構成：酒井　緑　絵：玉川清美

4．エンカウンターの手法を取り入れた授業内容について

私は、各単元に１時間ずつエンカウンターを配置しました。導入として単元の最初の時間にもってきたり、４時間の単元の総仕上げとして最後の時間にもってきたりして工夫しています。どんなエクササイズを用いたか下記の表に示しました。

たとえば３年生の「毎日の生活と健康」では、１次にエンカウンターを配置しました。ねらいは、２つあります。１つは、「コミュニケーション」や「他者理解」の促進です。もう１つは、自他の生活リズム（時間・内容）を確認し合うことで、２次の導入とすることです。健康生活に関係のある問題を他児童へ問いかけるようワークシートを工夫してあります。楽しく他者とコミュニケーションをとりながら、次の時間のベースとなる生活リズムを確認していくことができるようになっています。

４、５年の「育ちゆく体とわたし」「心の健康」では、まさに学習指導要領のねらいである自己肯定感が高まるエンカウンターを単元のまとめとして配置しました。

５年「けがの防止」と６年「病気の予防」についても、けがや病気の発生機序やかかり方を科学的に学習したあとに、命の尊さ、大切さを感じてもらえるよう最後にエンカウンターを配置しました。けがや病気の体験をクラスみんなで共有していくことで、かけがえのないお互いの存在を実感し、実践力を高めていってくれることを期待しているのです。

エンカウンターのエクササイズ

エクササイズ	内　容
きみとぼくは探偵団！ ３年「毎月の生活と健康」／１時 『エンカウンターで学級が変わる小学校編１』 「印象ゲーム」河村茂雄より	自分以外のグループの人の、家での生活時間や内容について推理しカードに記入する。その後、本人が正解を言う。最多正解者には拍手。最後に推理と答えを比べて驚いたこと、気がついたことは何かを発表する。
気づかないすてきな自分を大切に ４年「育ちゆく体とわたし」４／４時 『エンカウンターで学級が変わる中学校編１』 「気になる自画像」酒井線より	クラスメートから、自分にあてはまると思う肯定的な言葉をリストより選んでもらう。その活動を通して、自分や他者を見る目は人によって異なることに気づく。また自己の存在感や肯定感を高める。
危機一髪あぶなかったよ ５年「けがの防止」４／４時 『ふれあいの人間関係づくり』 「わたしはだーれ？」酒井緑より	自分がこれまでに体験したもっとも大きな事故やけがをカードに書く。教師が回収して読み上げ、だれのことかを当てる。教師が温かいコメントをフィードバックすることで、命の大切さといま元気でいることのすばらしさを共有する。
ねえ、あなたのこと教えて ５年「心の健康」３／４時 「エンカウンターで学級が変わる小学校編２』 「友達発見」服部ゆかりより（表を一部改編）	プリントに書かれていることのなかから、相手に質問をする。よい意味で相手にまっすぐ、興味関心を示し、おだやかな会話のやりとりを通してお互いのよさに気づく。クラス内における自己の存在感と自尊心を高める。
病気にまつわる思い出を語ろう ６年「病気の予防」５／８時 『ふれあいの人間関係づくり』 「わたしはだーれ？」酒井緑より（高学年向けに変更）	自分がこれまでに体験した病気をカードに書く。教師が回収して読み上げ、だれのことかを当てる。温かいコメントをフィードバックすることで、命の大切さといま元気でいることのすばらしさを共有する。

［出典］
『エンカウンターで学級が変わる小学校編パート１』『同小学校編パート２』『同中学校編パート１』ともに國分康孝監修　図書文化
『ふれあいの人間関係づくり』酒井緑著　自費出版

エンカウンター授業の自己評価シート

福井大学附属中学校（1980年～1996年）のエンカウンターの授業実践でも、５段階評価を作り使用していましたが、1996年に附属小学校に替わってからは児童向けのニコニコマークの表をつくり、以来ずっと子どもたちが気に入っているこの表を使用しています。

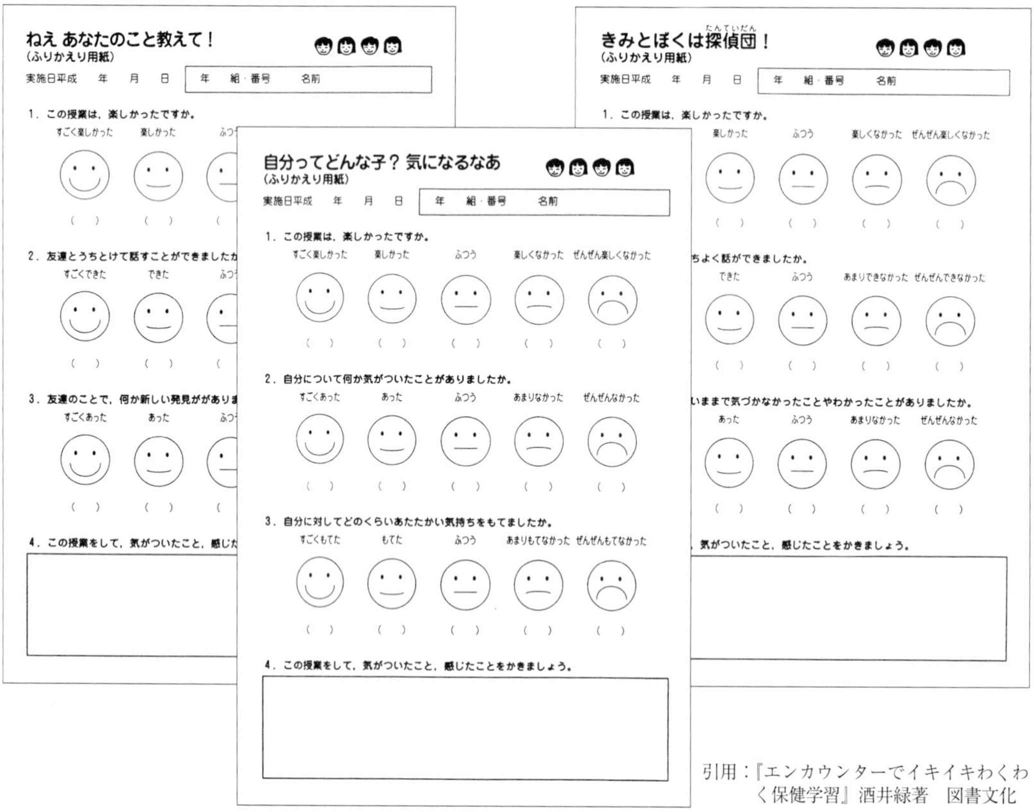

引用：『エンカウンターでイキイキわくわく保健学習』酒井緑著　図書文化

5．どのように評価しているか

2002年度から相対評価（集団に準拠した評価）から絶対評価（目標に準拠した評価）にかわり、教育現場の教師も戸惑いを隠せないのが現状です。授業に入る養護教諭は、授業づくりに精一杯で、とても評価までは考えが及ばない、という方が多いのではないかと思います。しかし、授業に入る以上は、その授業のねらいがあるわけです。そのねらいがきちんと達成されたか否かを把握することが必要になってきます。

評価については、自分なりに、

1）「学習指導要領に示す目標の実現の状況を判断するための評価規準」
2）「何で評価するのか評価の方法について」
3）「学校が達成の程度を判断する（ものさし）評価基準」

について理解しておかなければなりません。また保健分野の観点別評価は、「関心・意欲・

態度」「思考・判断」「知識・理解」の３つの観点が中心になります。

1）については、国立教育政策研究所から出ているものを参考に考えていけばよいでしょう。

2）については、①ペーパーテスト②ワークシート、学習カード、ノート③レポート、学習ファイル、ポートフォリオ④作文、作品⑤教師の観察記録、聞き取り、アンケート調査などがあります。

3）については、学校によって（授業の流れやねらいによって）達成の程度を判断するものさし（基準）は、流動的であり微妙に異なってくるものです。

下記に本校の３年生の単元における評価基準の例をのせておきます。

観点	評価規準	評価基準		
		A（満足）	B（おおむね満足）	C（努力を要する）
関心意欲態度	意欲的に授業に参加し、自分の考えや意見を言おうとしている。 友達の発言を真剣に聞こうとしている。 健康に関する資料を見たり自分の生活を振り返り、課題を見つけようとしている。	友達の健康についての発言を真剣に聞いて意見を言ったり、自分の生活を振り返って課題を見つけようとしている。	健康な生活について自分の考えや意見を言おうとしている。	自分の考えがもてないために、発表できない。
思考判断	資料などをもとに予想したり関係を見つけたりすることができる。 健康生活について振り返り、良い点や問題点を見つけることができる。 学習したことを自分の生活にあてはめることができる。	自分の生活を振り返り、自分の良い点や問題点を考えるとともに、学習したことを自分の生活にあてはめることができる。	健康な生活について、自分のよい点や問題点を見つけることができる。	健康な生活について、自分のよい点や問題点を見つけることができない。
知識理解	睡眠不足や不規則な食事、運動不足は健康な生活を送るのによくないことを知っている。 毎日を健康にすごすために、食事運動睡眠などの正しい生活リズムを送ることが必要であることを知っている。	健康によくない生活の項目をあげることができ、また調和のとれた生活（生活リズム）が大切であることを自分の言葉で具体的に表わすことができる。	健康によくない生活とはなにか、また調和のとれた生活（生活リズム）が大切であることを知っている。	健康によくない生活とはなにか、調和のとれた生活の仕方とはなにか、わからない。

評価方法

授業の観察態度、学習シート、振り返りシート（植田誠治先生（現茨城大学）が作成された学習過程評価表を参考につくる）

振り返りシートは、主に「関心意欲態度」「思考判断」が把握できるが、「知識理解」については、その授業内容に合わせて子どもたちに問うようにしている。児童の自己評価イコール評価にはならないが、それでも大きなウエイトを占める。

おわりに

2002年４月に、22年ぶりに公立に出ました。公立でも、すばらしい同僚に恵まれ、素直で純真な子どもたちに囲まれて、保健学習の実践を継続しています。

学習指導要領に基づいたオリジナルの指導案・学習材を創っていくことは、容易ではありませんが、生みの苦しみを喜びに換えながら、今後も細く長く実践していきたいと思っています。

〔引用文献〕
「エンカウンターでイキイキわくわく保健学習」酒井緑著　図書文化　2002年2月
「それゆけそれゆけしじみちゃん」（３年保健学習材）酒井緑著　図書文化　2002年2月
「北陸学校保健学会会誌第59回講演要旨集」酒井緑分担執筆　北陸学校保健学会　2002
「ふれあいの人間関係づくり」酒井緑著　自費出版　1998
「第２回研修会記録　講義４」戸田芳雄　全国養護教諭連絡協議会　1999
「小学校学習指導要領解説　体育編」文部省　東山書房　1999
「６年西組保健学習指導案」伊達薫里・酒井緑　鶉小学校（公開研究授業）2002

〔参考文献〕
「養護教諭が行う保健学習第5回研修会記録」酒井緑分担執筆　全国養護教諭連絡協議会　2002
「月刊　健」酒井緑分担執筆　日本学校保健研修社　2003　2月号
關　浩和「ウエッピング法」明治図書　2002
小島　宏「小学校　絶対評価の方法と実際」明治図書　2002
国立教育政策研究所・教育課程研究センター「評価規準の作成と活用」教育開発研究所　2002
北尾倫彦・後藤一彦「平成14年度小学校体育新評価基準表」図書文化　2002

子どもの「なぜ」「なるほど」の声にこだわって

―西八プランを含めた保健学習の実践―

山梨県西八代郡三珠町立大塚小学校
有野　久美

はじめに

学校教育が変わりはじめている。各学校がそれぞれ創意工夫を生かした教育活動のなかで、「自ら学ぶ意欲を持って、判断し、社会の変化に主体的に対応できる能力」を培うことをめざしている。そのなかで、健康教育はあらゆる教育活動のなかで取り組み、地域と連携し、生涯を通じて健康で安全で活力ある生活を送るための基礎づくりを目指している。

本校のある西八代郡は、1970年代から保健学習の自主編成にこだわってきた地域である。今までの経過をふまえ現在も西八代郡保健教育研究会を中心に取り組み続けている「保健学習西八プラン」の自主編成を、本校でとり入れたささやかな実践をご紹介していきたい。

1．保健教育研究会・「保健学習西八プラン」とは

西八代郡保健教育研究会は、1972年、西八代郡教育研究協議会の問題別研究会に位置づけられた研究組織である。そのなかで「小学校保健学習の6領域試案」を提唱していた小倉学氏（茨城大学名誉教授、故人）を迎え、共同で保健学習の研究と実践を継続的に行ない、つくりあげたのが「保健学習西八プラン」である。

健康に関わる6領域を子どもの発達段階をふまえ学習していく内容構成である。郡内の各小学校では、教育課程のなかで実践を重ねてきたプランである。しかし、指導要領の改訂のなか、学級活動や裁量の時間が削減され、自主編成で行なっていく時間が各学年10時間も確保できなくなってしまった。と同時に教育の流れが変わり、科学的知識を教授するというプランは、「内容が難しすぎる」「子どもの興味に対応しない」等の声があがってきた。そこで、領域数を削減した時期もあった。しかし、一部省略したプランは保健学習プランではなく、ただのつぎはぎになってしまった。そこで、原点に立ち戻り、悩み苦しみ

小学校保健学習西八プラン

保健教育研究会

	第1領域		第2領域	第3領域		第4領域		第5領域		第6領域
	A分野	B分野	環境と健康	疾病の予防		安全(災害防止)		労働と健康		集団の健康
	人体の構造と機能	発育と発達		病気の予防	健康評価	傷害一般	交通安全	疲労	栄養	
1年	からだの各部の名前とはたらき	大きくなるからだ 形体の発育	のめる水とのめない水	病気のふせぎ方	健康診断ではかるところ	あぶないあそび	安全な遊び方	元気なからだと疲れたからだ 運動と疲労	毎日食べるのは 食物摂取の意義	
2年	目のしくみとはたらき	耳のしくみとはたらき	教室の明るさ	うつる病気とうつらない病気	健康診断でお医者さんにみてもらうところ	けがをしやすい場所	車による交通事故 歩行者が気をつけていても事故にあう	疲れの少ない元気なからだ	いろいろな食べもの	
3年	食べ物の通り道	大きくなるには 発育の条件	教室の空気	赤痢の予防	病気のみつけ方 自覚症状の限界	やけどの予防 家庭災害について	あぶない道路道路と交通事故	疲れと休養	栄養のつりあいバランス	みんなの健康を守る学校の仕事
4年	息の通り道	血の通り道	暑さ 寒さ	インフルエンザの予防	伝染病のうつり方とその予防 赤痢とインフルエンザの対比	心身の状態とけが 交通事故を典型として	自転車と交通事故	運動の時の体の変化 運動と生理	栄養のはたらき	健康を守る町 市町村の仕事
5年	からだを養うはたらき からだを守るはたらき	男女の発育	環境の科学的な検査法 のみ水を中心	病気の進行とその影響	病気の早期発見の方法	けがの手当	交通事故のもと 交通事故の被害原因の防止	学習のしかたと学習環境	運動と栄養 労働の疲度とエネルギー消耗	消費者保健 健康に関する情報宣伝 商品の信頼評価と見方
6年	脳と神経のしくみとはたらき		公害病 新潟水俣病	病気の三要因	薬のはたらき	働く人のけが	交通事故の三要因	働く人の環境 作業条件と作業環境	生活時間と余暇	国民の健康問題 国民の病気のうつりかわり

研究会メンバーが論議を重ね、たどり着いたのが「保健学習西八プラン」をベースに新たな保健学習プランという新たな一歩であった。小倉先生がいない今、私たちだけで行なっていくことができるのかという不安を抱えながらも、自主編成という財産を生かすためには前に進むしかなかった。

最初に、第１領域「人体の構造と機能」は健康教育の体系のなかで中心的な基礎的教材であることを確認した。自ら進んで意欲的に健康な生活を実践するには、必要な基礎的基本的事項は系統的に必ずおさえること。そして、そこから発展可能な内容として、学習を広げることで、「保健学習西八プラン」の領域とリンクさせることを目指して、今も研究を続けている。

小学校保健学習西八プラン構想（第52次）

	第一領域（人体の構造と機能）	発展可能な内容	性に関する指導	環境	…	…
	題材					
1年生	からだの各部の名前と働き	なぜねむくなるのかな				
2年生	食べもの通り道	野菜は血管の宝				
3年生	目のしくみと働き	セルフエスティー				
4年生	息の通り道／血の通り道	むかつく				
5年生	脳の働き（心の健康）	薬物乱用防止				
6年生	体を守る働き	エイズと生きる				

一つひとつの授業について基礎基本となる事項の洗い出し－私たちが学ばせたい内容と子どもたちが学びたい内容とが一致する素材探し－指導案作成－模擬授業－研究授業。プラン全体の完成までにはまだまだ時間がかかるものの、メンバーの思い入れの強さで地道に研究は続いている。そして、その成果を受け、それぞれの学校で実践を進めている。本校もそのうちのひとつである。

2．大塚小学校の健康教育

本校では、健康教育の基盤つくりを保健学習と学級活動の保健指導の両方で行ない、その基盤の上に種々の場面へと学習が、広がっていくことを目指している。とくに保健学習は、１年生から「からだの学習」の自主編成として、保健学習西八プランの内容を教育課程に設定している。

大塚小学校健康教育全体構成

総合的な学習の時間	個別指導	教科・道徳 特別活動
保健学習（自主編成）	⟷	学級指導（保健指導）

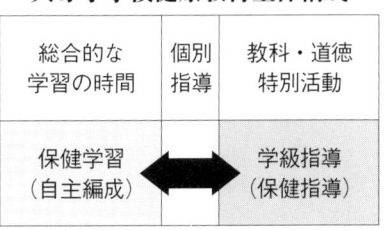

保健学習は基礎基本を扱う役割をもち、保健学習で学んだものからの広がりが、教科の内容と関連づけた設定になっていたり、総合的な学習の時間の課題設定になりはじめている。

たとえば、前年３年生は総合的な学習の時間「お菓子工場」で、むし歯とお菓子の関係を調べ学習する子どもたちが現われた。

また、６年生は総合的な学習の時間のテーマを「食から考える現代」と設定し、大豆を中心に学習を進めていった。そのなかで、保健学習で学んだ「病気の予防」から生活習慣病と大豆とのかかわりに関心をもち、課題設定し取り組みもあった。学びの広がりが、ささやかではあるが始まっている。

それゆえに、保健学習の内容設定は、限られた時間のなかでより学ぶ価値のある内容、学びの広がりが可能なものでなくてはならない。素材選びが重要になってくる。

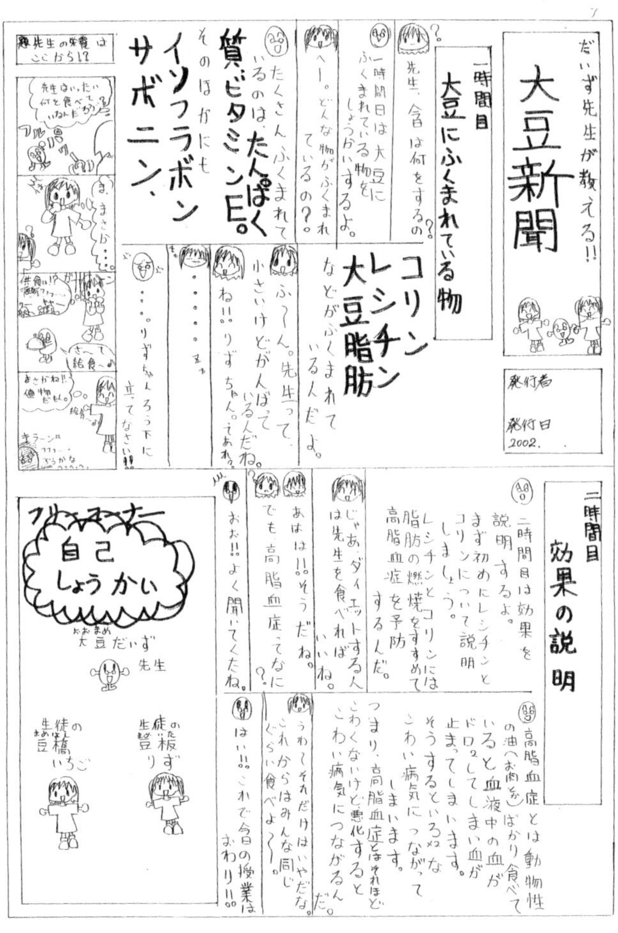

また、素材をどういう形で子どもたちにつたえるかも、大切な視点である。科学的事実を教授型に提示するのでは、子どもたちにとって学ぶ喜びにはならない。子どもたちが今での生活のなかで得た常識を揺さぶり、「どうしてなんだろう」「自分が今まで思っていたこととは違うのかな」という設定をあえて学習のなかに取り入れている。ブラックな素材こそ子どもの学ぶ意欲をかきたて、「もっと知りたい」と学びがおのずと広がっていくはずである。そんな考えを元に保健学習の実践をすすめている。

大塚小学校　学校保健計画（一部）　　2002年

月	健康教育		
	保健指導	保健学習	性に関する指導
4	・健康診断の目的・種類・方法の指導 ・保健室利用の指導 ・健康診断の事前事後指導 ・清掃の徹底、手順の確認 ・交通安全指導		
5	・修学旅行事前事後指導 ・身体、衣服の清潔の指導 ・健康診断の事前事後指導		
6	・林間学校事前事後指導 ・ブラッシング指導 ・歯の健康にかかわる指導（L） ・梅雨期特異要因の指導 ・水泳時の保健指導	3年生 「健康って何？しっかり運動をしよう」 「バイキングでたしかめよう」 「何でねむるのかな」「健康を支える人」 「目のしくみとはたらき」＊	
7	・夏休みの保健指導 ・夏に多いけがと病気の予防指導	4年生「なぜ息をするのかな」＊	1年生 「からだのなまえ」＊
8			
9	・生活リズムつくりの指導 ・運動と疲労回復の指導 ・避難訓練事前事後指導		
10	・運動と健康の指導 ・目の健康指導	4年生「育ちゆく体とわたし」 5年生 「けがの原因と予防方法」 「事故の原因と予防方法」 「けがの手当」 「心って何？」 「脳のしくみとはたらき」＊ 「大人になる心」 「むかつく心」「自分らしさ」	
11	・簡単な救急処置の指導 ・ブラッシング指導 ・暖房時の指導	2年生「食べ物の通り道」＊	3年生 「女らしく男らしく」 （ジェンダー）
12	・冬休みの保健指導 ・冬に多いけがと病気の予防指導 ・スケート教室事前事後指導	6年生 「病気の三要因」 「体を守る働き」＊ 「体を守る働き（おたふくかぜ）」「体を守る働き（エイズ）」 「生活習慣病（動脈硬化）」「生活習慣病をふせぐ」 「タバコとお酒」「よい薬？悪い薬？」	1年生 「からだのせいけつ」 （性器の働き） 6年生 「エイズから考える」 （人権、共生）
1	・かぜの予防指導 ・スキー教室事前事後指導		
2	・かぜの予防指導 ・体の機能（免疫とアレルギー）についての指導		2年生 「わたしのたんじょう」 （受精）
3	・耳の健康指導 ・かぜの予防指導 ・春休みの保健指導		5年生 「命のはじまり」 （性交）

※西八プラン（自主編成）

3．大塚小学校の保健学習

（1）3年生の実践から

3年生保健学習（毎日の生活とけんこう）計画

（1）単元の目標

①自分の生活を振り返り、健康には睡眠、運動、食事など、調和のとれた生活が深く関わっていることがわかる。

②睡眠、運動、食事などが具体的に健康的な生活にどう関わっているかがわかる。

③健康には、環境や自分を支えてくれる多くの人の支えが必要であることがわかる。

④目の仕組みと働き、目は感覚器のひとつであることがわかる。

（2）単元の計画（全5時間）

①健康って何？
　健康のために、パートⅠ「しっかり運動をしよう（運動）」

②健康のために、パートⅡ「バイキングでたしかめよう（食事）」

③健康のために、パートⅢ「なぜ眠るのかな？（睡眠・休養）」

④私の健康を支えてくれる人

⑤目のしくみと働き（西八プラン　感覚器）

●実践のなかで考えたこと

教科書をみると「きそく正しい生活をしていますか」と自らの生活のなかから学習を出発させる工夫がされているものの、「健康には、食事・運動･休養・睡眠の調和が必要である」という説明でわかりやすく説明されている。これでは、子どもたちが今までしつけられたことと大差なくなってしまう。「早寝早起きがよい」「食事は好き嫌いなくバランスよく食べる」「しっかり運動をする」。学習の答えがすでにわかっているのである。これでは、子どもがわくわくする学習にならないと思い、子どもの「なぜ」を引き出し、答えを考え合うように設定してみた。

「③健康のために、パートⅢ『なぜ眠るのかな？』」の授業は、以下のように進めている。まず、最初の発問が大切になる。

私　　「なぜ　人間は眠るのですか？」。こう問いかけると子どもたちは、
子ども「眠らないと死ぬから」
子ども「眠くなるから」と答える。

事実そうである。しかし、再度そのことを質問し直す。

私　「なぜ眠らないと死ぬのですか？」「なぜ眠くなるのですか？」

子どもたちは黙ってしまう。（あれ、どうしてだろう）と疑問が、新たになる。子どものなかにあるあいまいなものを突き詰めることで、学ぶ意欲を引き出していく。

私　「よくわからないから、寝ている間に体の中で何が起こっているか考えましょう」

と子どもたちに思考の第一段階を提示する。

指名をしなくても、子どもたちはそれぞれの考えを言い合う。今まで見聞きした知識を総動員して一生懸命考える。まさしく主体的に学ぶ姿である。こうなると私は、子どもたちの発言の舵とり役になり、発言をまとめ板書する。「成長ホルモン」に気がつく子どもが必ずいる。

すかさず、成長ホルモンの説明をすると、「だから、寝る子は育つっていうんだ」「だからお母さんがカゼのとき早く寝なさいって言うんだ」など、少しずつ睡眠の果たす役割に近づいていく。

いくつかの問いかけを投げかけることで、「よりよい睡眠は睡眠時間でなく、睡眠の質であること」。そして、「よりよい睡眠のために就寝時間がポイントである」ことがおのずと理解できる。教師が教え込むのではなく、子どもたちが考え答えにいきつくのである。

昨年の学習のなかでは、1人の子どもがこんなことをつぶやいた。

子ども「どうしよう。週2回剣道練習があるから、10時過ぎにしか眠れない」

学習で学んだことを自分の生活レベルで考えることができるからこそ、出てくるつぶやきである。私はすぐに答えるのでなく、このつぶやきを学級の課題として投げかけてみた。

私　「早く眠ったほうがいいのはわかっていても、10時過ぎにしか眠れない時はあるよね。○○さんの場合どうしたらいいかな」

子どもたちは、いろいろなアイデアを出してくれる。保健学習は正解を見つける勉強ではない。学習したことを自分の生活にどう生かしていくかが、究極のねらいである。そして、友達のつぶやきにより学習が深まり、そして広がってこそ、集団で学ぶ意義があるのであろう。

子どもたちのやり取りを見ながら、学びの姿をあらためて気づかせられた。子どもたちの学ぶ力は、偉大である。

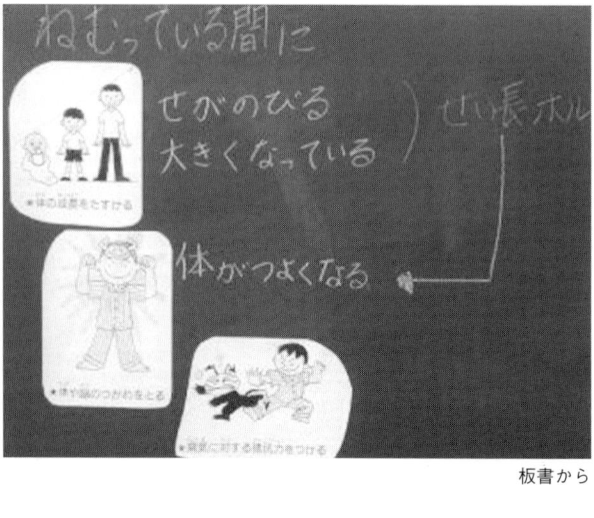

板書から

(2) 4年生の実践から

4年生保健学習（育ちゆく体とわたし）計画

（1）単元の目標

①呼吸の仕組みと働き（ガス交換）、血液循環と心臓の働きがわかる

②年齢とともに変わってくる体の発育や成長に関心を持ち、よりよい成長のために、適切な食事運動休養が必要なことがわかる

③体は思春期になると体つきが変わったり第二次性徴が起こってくることがわかる

（2）単元の計画（全5時間）

①なんで息をするのかな（西八プラン　呼吸器・循環器）

②大きくなってきたわたしの体

③大人に近づくからだ①

④大人に近づくからだ②

⑤大人に近づくからだ③

●実践のなかで考えたこと

子どもたちの第二次性徴発現の早期化は本校の子どもにもみられる。そのため「育ちゆく体とわたし」の単元は新指導要領の移行期から4年生の単元として実践してきた。不安なく、自らの体の変化を受容できるようにとの考えである。からだの学習としては、呼吸器・循環器を扱っている。同じ内容は、6年生の理科でも扱う。しかし、理科では、三人称としての人体の構造を学習し、保健学習では一人称としての人体の構造、自分の体の働きを学習し、望ましい生活の基礎基本的な知識の理解をねらいとしている。それも、ただ知識を教示するのでなく、子どもたちの常識知をゆさぶり、学ぶ意欲を高めるという視点を盛り込んでいる。

第4学年　保健学習指導案

（1）題材「なぜ　息をするのかな」（息の通り道・血の通り道）

（2）題材設定の理由

体の学習は、多くの子どもたちが興味を持って取り組む題材である。体のすばらしさとそのしくみの巧みさ故に、子どもたちが、学ぶ感動と知り得た充足感を大きく感じる学習でありたいと願う。体のしくみと働き（骨、消化器、呼吸器、循環器等）は、6年生の理科の学習でも扱うが、保健では生物学的な知識の積み重ねだけでなく、自らの体や命への慈しみを育てることも大きなねらいとしている。また、体の基礎的な知識を持つことで、日常生活のなかでしつけられてきた「保健の常識知」を自らの生活のなかで生かせる「納得知」に高めていきたい。

今回扱う（息の通り道）では、無意識に行なっている呼吸を意識させ、生命の維持になくてはならない働きとしくみを学習したい。そうすることで、呼吸や循環の様子（呼吸数・リズム・脈拍など）が自らの体の生体リズムの一つであるという体の主体者としての認識と、日頃いわれている換気についても主体的に考え行動できる認識を育てられると考えている。

（3）目　標

・生きていくために必要な呼吸や循環のしくみと働きが理解できる。
・呼吸の意味がわかり、よりよい生活の見直しをしようとする。

（4）指導計画　1時間（2002年6月12日　5校時）大塚小学校4年生教室

（5）展　開

	主な学習内容・活動	教師の支援	資料
導入課題確認	1．宇宙旅行に持っていく必要な物を考える ・生きるために必要な物を考える ・2つの宇宙服の違いに気づき、呼吸に必要な物を考える なぜ息をするのかな？	・宇宙旅行をイメージさせる ・ｲﾗｽﾄを提示し2つの宇宙服の違いを明確化させる ・本日の学習課題をつかませる	ﾌﾟﾛｼﾞｪｸﾀｰ ｲﾗｽﾄ
呼気吸気の違い	2．呼気と吸気の違いに気づく ・ﾋﾞﾆﾙ袋にとった呼気と吸気の違いを考える ・ﾋﾞﾆﾙ袋に石灰水を入れ、反応の違いから呼気と吸気の成分の違いに気づく ・違いがどこで起こっているのか考える	・見た目には違いがないことを確認する ・全員が違いが確認できるよう実験をおこなう	ﾋﾞﾆﾙ袋 石灰水
息の通り道	3．息の通り道と働きがわかる ・口、鼻から息が入る　・のどを通る ・息の通り道と食べ物の通り道の分け方（喉頭蓋の働き） ・気管、気管支を通る　・肺、肺胞のしくみ	・絵やｺﾝﾋﾟｭｰﾀｰｸﾞﾗﾌｨｯｸを手がかりに一つひとつをていねいに理解させる	絵 文字 カード CD-R ﾌﾟﾛｼﾞｪｸﾀｰ
ガス交換	4．血液に溶け込んだ酸素と二酸化炭素の行方と循環器の簡単なしくみがわかる ・生きていくのに必要な酸素は、肺胞で血液の中にとけ込み体内に取り込む ・酸素は体の活動になくてはならない物で全身に運ばれる ・全身で生産されたいらない物（二酸化炭素）は血液にとけ込み、肺から吐く息となって体外へ捨てる	・「食べ物の通り道」で扱った栄養吸収栄養の循環と関連づけて理解させる ・血液循環を肺→心臓→動脈→毛細血管→静脈→心臓→肺で説明する	絵 カード
呼吸の役割	5．呼吸の役割を確認する ・酸素と二酸化炭素の流れを再確認する ・他の動物の酸素の取り込み方と比較する ・運動時の呼吸数脈拍数の増加の意味を考える	・カードを使い循環に気づけるよう理解させる ・日常生活の体験から気づかせる	カード
まとめ	6．なぜ息をするのかがわかる ・2つ目の宇宙服の欠陥に気づく ・これからどのような行動や態度が必要かを考える	・これからどのような行動や態度が必要かをより具体的に考えさせる	

（6）評　価

・呼吸と循環のしくみと働きがわかったか
・理解した内容を生かして自らの生活を見直せたか

（7）文献

小学校保健教育の計画と実践	小倉学著	ぎょうせい
保健の授業とからだの学習	数見隆生著	農文協
いきをするのはなぜだろう	藤森弘著	偕成社
呼吸をする	鈴木喜代春・鈴木隆著	岩崎書店
宇宙飛行士になりたい	関口千春著	三一新書
宇宙生活読本	菊山紀彦著	ビジネス社
マルチメディア人体	人体映像百科事典ダヴィンチの書	NEC

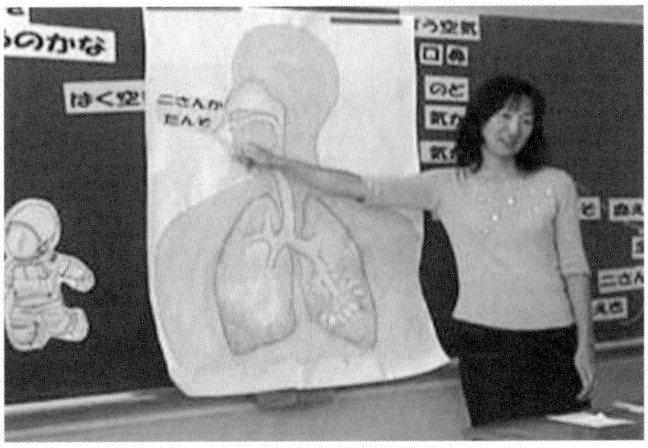

この学習を終えると、子どもたちは自分の生体リズムに関心をもち、換気など積極的に行なうようになる。確かな理解が、行動変容を確かなものにするのであろう。

（3）5年生の実践から

5年生保健学習（けがの防止）計画

（1）単元の目標

①生活の中で起こる事故やけがの理由を通して予防に必要な視点がわかり、けがの簡単な手当てができる

（2）単元の計画（全3時間）

①けがの原因と防止方法

②交通事故の原因と防止方方法

③事故やけがにあったら

5年生保健学習（こころの健康）計画

（1）単元の目標

①心の発達と心と体の関係がわかり、心の発達に伴う不安や悩みへの対処の仕方を考える

②脳の仕組みと働きがわかる

（2）単元の計画（全5時間）

①心って何？　②脳の仕組みと働き（西八プラン）

③大人になる心　④むかつく心　⑤自分らしさ

●実践のなかで考えたこと

心の健康についての実践はまだまだ少ない。また、「心の健康」がどういう状態なのかが、指導要領の中で明確にされていない。悩みの多い単元である。教科書をみると、とてもわかりやすく、事例の紹介などを交えて心の健康に必要なことがまとめられている。しかし、わかりやすいということは、自分の思考の中で繰り返し考えるとか、友達の意見を聞きながら自分の考えをまとめるという過程が設定しにくいことにもなる。

そこで、子どもたちの現状から、心の健康に関わるいくつかの場面を設定し、一緒に考え、自分なりの考えを見つけることができること、また、自己肯定感を高めることをねらいとして計画をしてみた。また、西八プランの「脳の仕組みと働き」を心の健康のなかに取り入れ、心と体の関連性をより具体的な視点で学習が行なえるよう設定してみた。

子どもたちがよく口にする「むかつく」を素材として、むかつく心の意義やどう対処していけばよいかを考える学習。心理テストの結果から、一人ひとりの違いは個性であり、違っていたほうがよいこと。そして、短所は見方を変えれば長所であることを実感できるような学習も試みている。ベストな学習計画のためには、まだまだ努力を積み重ねていかなければいけない単元である。

(4) 6年生の実践から

6年生保健学習（病気の予防）計画

（1）単元の目標

①病気の三要因（病原体環境宿主）がわかり、ぞれぞれの原因に対応した予防方法と対処方法がわかる

②タバコや酒、薬物の使い方に対して適切な考えをもつことができる

（2）単元の計画（全8時間）

①病気とその起こり方　②体を守る働き　③体を守る働き(西八プラン)　④エイズ
⑤生活習慣病　⑥生活習慣病を防ぐ　⑦タバコとお酒　⑧よい薬？悪い薬？

●実践のなかで考えたこと

「病気の予防」の単元は、もともとの小倉先生のプランでも第3領域に設定されているほど健康教育の中で中心概念になる大切な単元である。三要因理論から学習が始まり、流行性耳下腺炎とエイズを素材として、病気に対する人体の抵抗力を理解するよう計画してみた。免疫の学習では、麻疹を素材に扱うことが多いが、今回はあえて流行性耳下腺炎を設定してみた。麻疹は、予防接種の普及により発症の経験が少なくなっている。子どもたちが経験を通して考えられるようにということで、流行性耳下腺炎を扱ってみた。

「体を守る働き」の学習は、次のような発問から始まる。

私　「妹の美和さんは、おたふく風邪にかかり、出席停止で家で寝ています。姉の麻

紀さんは、美和さんの寝ている部屋にはできるだけ入らないほうがよいと思っていました。担任の先生から、出席停止で休みでいる友達の家には遊びに行かないようにといわれていたからです。でも、お母さんは、普通にしていてよいと言います。美和さんは、悩んでしまいました。なぜ、お母さんは、普通にしていて、いいよと言ったのでしょうか。」

子どもたちは、身近な問題だけに活発に意見を言い合う。6年生にもなると、自分たちで舵取り役もこなしてしまう。私は、討論の軌道を修正したり、必要な科学的事実をころあいを見て提示するだけのこともある。子どもたちが自ら学習をすすめるのである。学ぶ価値のある素材、学ぶ楽しさが感じられる素材は、こんな魅力をもっている。同じ考え方で、生活習慣病については「動脈硬化」を典型教材として扱っている。

また、薬物乱用防止については、以前から6年生の保健学習で扱っていたが、なんとなく気になっていることがあった。タバコ、お酒、覚せい剤をはじめとするドラッグについて、子どもたちはすでに「恐ろしいもの」「人間をやめるもの」などと知っている。授業の中でも「大きくなってもしません」と発言するものの、どうもその発言が模範解答のようで、うさんくさいと感じでいた。本当にそういう場面で、よりよい行動選択ができる深い理解ではないと感じていた。そんなとき、一人の子どもの言葉が気になった。

子ども「そんな危険で悪い薬なら、この世の中からすべて処分してしまえばいいじゃない」

この子どもの言葉から、私の思考が始まった。

「なんで、ドラッグはあるのだろう？……　使いたい人と売りたい人の存在。闇の世界の資金づくり……。でも、もともとの使用目的は違うはず……」

ドラッグに関わる本を何冊か読んでいるうちに、アンデスの人々がその過酷な環境、寒さ、飢えをしのぐのにコカの葉を噛んでいたことを知ったとき、学習に使えると感じた。よい薬・悪い薬という概念はなく、使い方が問題なのである。薬局で売っている鎮痛剤だって、使い方が適切でなければ死に至ることもある。小倉先生のプランにもあるように薬の使い方を授業のなかで扱うことで、ドラッグに対する一人ひとりの考え方が深められるのではないかと考えている。

昨年からの実践だが、今年度も子どもたちのつぶきを大切に、この学習の実践を積み重ねていきたい。

4．私のこだわりを支える3つの力（子ども･仲間･同僚）

保健学習で子どもたちの前に立つとき、なんともいえない緊張を感じる。ある意味、真剣勝負である。限られた時間の中で、子どもたちが楽しいと感じる学習でなければ、子どもたちはそっぽを向いてしまう。学ぶ楽しみを経験すると、「次はいつ？何をする？」という言葉が出る。子どものつぶやきが、そのまま自らの評価になる。子どもたちからの「だから○○なんだね」「じゃあ、こういう場合はどうなるの？」という声が、「もっと面白い授業にするぞ」と私のがんばりの素になる。

子どもたちが、がんばらせてくれるのである。素直な子どもたちが、私のこだわりを支えていると言って過言でない。この子どもたちが、生涯を通して自分なりの健康な生活を送るために、ささやかではあるが私は、これからもこだわっていくだろう。

そして、もう一方で支えてくれているのが、研究会の仲間と同僚である。私が、こんなにも保健学習にこだわり始めたのは、西八代郡の学校に転勤してからである。転任以前は、保健室で子どもたちに関わっるなかで、「前に、○○のことを知っていたら、こうはならなかっただろう」と思うたびに漠然と体系的継続的な学習の必要を感じていた。そう思うなか、転任をして小倉学氏の研究が、今もって教育課程に息づいているのに驚きを感じた。

そうして、健康教育の基礎基本を保健学習で育てる考えは、おのずと自らの考えになった。また、免許法の改定前から、本郡では養護教諭が授業を行なっていた。養護教諭の専門性が高く評価されていた。養護教諭の先輩方の取り組みの成果である。

そんななか、西八代郡保健教育研究会の仲間は、先にも述べたとおり、今もって保健学習の自主編成にこだわっている。１人でここまでつくり上げるのは、なかなか難しい。仲間がいるからこそ、効果的な実践が続く。真摯な態度で、教材探しから指導案立案、授業実践、そして検証。23人の仲間がいるから、23倍以上の力になる。困ったとき、悩んだとき、結論に行き着かないとき、支えてくれるのが仲間である。そんな仲間がいるからこそ、こだわりが萎えることなく取り組むことができる。そして、この研究会を気にかけ、あたたかく見守ってくれる山梨大学の中村和彦先生も、私のこだわりの支えでもある。今後もご指導をいただきたいと願っている。

そして、同僚。いくら意欲や計画があっても、実践の場を与えられなければ、検証を続けることができない。私のこだわりを理解して、また信頼してくれる同僚がいるから、実践を重ねることができる。学校長をはじめ同僚が、快く兼職発令を認めてくれる。校内研究会での研究授業実践。保健学習の教育課程の立案など任せてくれる。こんな仲間がいるからこそ、もっともっといいものをつくり上げなければと意欲をもち続けられることができる。これからも同僚の期待に、応えられるよう努力を続けなければと強く感じている。

小倉学氏の提唱した「自然科学と社会科学の統一視点に立った保健の科学を教える」という考えには、まだまだ到達しないが、大きな目標に向かってこれからも多くの人の支えを大切にし、こだわりをもって実践を積み重ねていきたい。

性の教育と人権学習を関連させて

三重県四日市市立八郷西小学校
小笠原　春美

はじめに

本校は、全校児童221名の小規模校である。校区のほとんどを新興住宅地がしめ、歴史の古い町から通う児童はほんの少数である。住宅地がつくられ30年少々がたち、現在では住民の高齢化や少子化が進んできており、本校の児童数も年々減少している。また、児童の転出入もきわめて少ない。そのため、学習の積み上げがしやすく、継続的な指導がしやすい環境にある。

本校での性の教育のとりくみは、1993年に「性に関する指導の進め方」について学習会を持ち、性の教育の必要性や方向性などを確認するところから始まっている。できるところから、学習を実施していったが、学校全体でとりくむまでにはなかなか進まなかった。そのため、1995年に養護教諭が中心となって「性の教育指導計画」を作成し、計画的にとりくみを進めた（**資料1**）。

現在では、校内研修の「生きる力の土台となる体づくり」の一環として位置づけられ、系統的な指導ができるように継続してとりくんでいる（**資料2**）。「性の教育指導計画」は子どもやまわりの実態にそった指導ができるよう毎年見直し、職員会議において確認をしている。

性の教育を実施するにあたり、養護教諭は計画段階から担任と連携をとり、担任が指導する時には、必要に応じて授業に入ることにしている。保護者へは、たよりで学習した内容を報告したり、授業参観で実施したりするなどして家庭との連携も大切にしている。

また、性の教育を深めるため、関連する教科から発展させたり、総合的な学習の時間へつなげたり、工夫をしている。こうした性の教育の実践は、長い年月をかけてようやく軌道にのり、子どもたちのなかにも積み上げができてきている。

2001年度は、第6学年で総合的な学習の時間において、性の教育と人権学習を関連させた実践を行なった。

資料1　2002年度　本校の性の教育指導計画の概要

＜目標＞

からだのしくみのすばらしさを知り
　　自分も他の人も大切にできる子どもの育成

＜具体的目標＞

低学年

・日常の生活活動の中で、からだの清潔、手洗いなどの基本的生活習慣を身につける。
・いのちのはじまりについて知り、そのすばらしさや大切さを知る。

中学年

・からだの発達や心身の発達について基本的な知識を科学的に理解し、性に関する正しい判断力を身につける。
・男女相互の性差を知り、互いに思いやる心と態度を養う。

高学年

・生命誕生のしくみやいのちの連続性、親子関係や家族について知り生命尊重についての精神を養うとともに、家族を大切にし、協力しようとする態度を培う。
・社会における性に関する状況を見つめ、健康で安全な生活を営む能力や態度を培う。

学年別主題の一覧表

	内　容		
1年	○おとこのこおんなのこ ＊男女のからだのちがい ＊男女とも赤ちゃんのもとをつくる器官があること ＊性器の名称	○からだをきれいに ＊よごれやすいところ ＊清潔にする方法 ＊排泄後の始末の仕方	○みんなだいじな子 ＊人が困っているときに優しく助け合うことの大切さ ＊おもいやり
2年	○わたしのたんじょう ＊おへそのひみつ ＊母胎内の赤ちゃんの様子 ＊家族や周囲の喜び	○大きくなるからだ ＊誕生から現在までの成長 ＊いのちのすばらしさ大切さ	○みんななかよく ＊人のいやがること ＊仲間はずれや弱いものいじめ ＊みんなともだち
3年	○男の子女の子 ＊からだの器官の名称と働き ＊男女のからだのちがい	○いのちのはじまり ＊いのちのもと（精子・卵子） ＊性交・受精	○男女の協力 ＊心の成長

4年	○育ちゆくからだとわたしたち ＊おとなへのからだの変化 ＊月経と射精 ＊成長の個人差と男女差	○男女の協力 ＊異性に対する理解 ＊男女の協力の大切さ	＊男女ともに良さを認め合い、協力していくこと ○さそいにのらない ＊危険な誘いの手口 ＊被害を防ぐ心がまえ ○プライベートなわたしのからだ ＊プライベートな体の部分 ＊性的ないたずら ＊性被害について
5年	○ひとの誕生 ＊ホルモンの働きとからだの変化 ＊月経と射精 ＊受精の仕組みから出産まで ＊生命誕生の神秘、いのちの大切さ	○楽しい家庭 ＊家族の機能と人間関係 ＊家族の役割分担	
6年	○病気の予防（エイズについて） ＊エイズの病原体HIVと感染経路 ＊HIV感染からエイズ発症まで ＊予防方法 ＊差別、偏見について	○思春期と自分 ＊自分を知る ＊思春期について考える ＊友達、異性とのかかわり	

資料2　本校の研修計画の概要

学校教育目標

やさしく豊かな心と健やかな体をもち、
粘り強く取り組む子どもを育てる。

＜めざす児童像＞

・意欲的で、明るく、思いやりのある子ども
・よく考え、よく発表し、粘り強く取り組む子ども
・すすんで健やかな体づくりに取り組む子ども

○研究主題

「生きる力をはぐくむ授業の創造」
－確かな学力をもち、主体的に活動する子の育成をめざして－

生きる力をつけるために

生活　総合的な学習の時間

- 生きる力に結びつく基礎基本と個の育成
  基礎基本　全教科・全領域
- 核になる子を中心とした学級集団づくり
  学級集団づくり　人権教育　全教科・全領域
- 生きる力の土台となる体づくり
  性の教育　食教育　体づくり 全教科・全領域

□人権教育の具体的な方策

- 人権教育年間計画を作成し実践する。
- 差別や矛盾に気づき怒りを持つ感性と、差別や矛盾を許さずなくしていこうとする実践力を低学年のうちから育てる。
- 6年生は部落差別をはじめ現在のさまざまな差別問題について考えさせる。
- 差別は、差別する側の問題というスタンスで取り組む。
- 保護者の啓発を進める。

1．2001年度のとりくみ

6年生では、2学期後半から3学期にかけて社会科や道徳で人権問題について学習をし、その発展として総合的な学習の時間において、現代のさまざまな差別や偏見について調べた。そのなかの一つとして、エイズ問題を取り上げ、性の学習と関連して扱った。HIV感染者やエイズ患者に対する差別や偏見があることを知らせ、エイズという病気を正しく理解することをねらいとした。

その後は総合的な学習の時間へつなげて、HIV感染者やエイズ患者に対する差別や偏見が感染者や患者を苦しめている事実を知り、差別や偏見をなくそうとする気持ちを養いたいと考えた。

(1) 人権学習のとりくみの流れ（単元構成）

社会科
部落問題学習
沖縄・アイヌに対する差別の問題
在日コリアンに対する差別の問題

道徳
「障害」者をどうとらえるか
現在の部落差別

保健学習
エイズについて
☆1

総合的な学習の時間　（全56時間）

誰もが幸せに生きられる世の中に！
－差別をなくすために、何をすればよいだろう－

自分が調べたいテーマを決めよう

部落問題について

在日コリアンに対する差別の問題について
「障害」者問題について
女性問題について
エイズについて

グループの中で調べる内容を考え計画を立てよう

調べよう　☆2

人権フェスティバルを開こう

ふり返って自己評価をしよう

☆印の部分は養護教諭がかかわったところ

(2) 保健学習の流れ「エイズ」を知ろう

めあて

・エイズに対する正しい知識を持ち、感染を予防する方法を知る。
・HIV感染者やエイズ患者に対する差別や偏見が、感染者や患者を苦しめている事実があることを知り、差別や偏見をなくそうとする気持ちを持つ。

全4時間

学習の流れ	教師の支援
1　HIV感染者、エイズ患者に対する差別があることを知る。（資料3） 担任	・ライアン・ホワイトの新聞記事を読み、感想や疑問などを出させる。 ・エイズに関する知識をどのくらい持っているのかつかむ。
2　エイズとはどんな病気かを知る。 養護教諭（資料4）	・9月の保健指導「けがのてあて」を振り返りながら、HIVに感染すると免疫が働かなくなることを説明する。 ・HIV感染者とエイズ患者の違いを理解させ、感染後発症するまでには長い年月があることをおさえる。

3　エイズの感染について知る。 　　養護教諭　　　　　　　（資料4）	・HIVは、血液・精液・膣分泌液・母乳に多く含まれていることや、これらが体内にはいることによって感染することがあることをおさえる。 性交による感染 血液による感染（薬害エイズ） 母子感染
4　HIV感染者、エイズ患者の苦しみを考える。 　　担任 5　エイズを予防するために必要なことを知る。　　　　（資料6） 　　養護教諭 6　感想を書く 　　担任	・エイズに対する間違った考えがあることを気づかせる。 ・まわりの差別・偏見について知らせる。 松本事件　神戸事件　高知事件 ・ストリートチルドレンの生きるための売春にもふれる。　　　　（資料5） ・感染ルートについて具体的に知らせる。 ・性交・援助交際についてもふれ、考えさせる。 ・感染者の免疫力を高めるには、周りの支援が大きくかかわることを知らせる。

＊担任とのT.T形式で進めた。

資料3　エイズに関する新聞記事（1990年4月6日『朝日新聞』から作文）

① アメリカにライアン・ホワイトという少年がいました。ライアン君は13歳でエイズにかかりました。このことがわかり，級友の家族などから一緒の教室で勉強することを拒否され中学校に行けなくなり，自宅で電話で授業を受けることになりました。その後，地区の主任医療担当官が「登校しても他の生徒には影響ない」との決定をしましたが，登校日になって半分近い生徒がライアン君と一緒に勉強するのをいやがり学校を欠席してしまいました。結局，ライアン君は，転校しなければならなくなりました。

② しかし，ライアン君はくじけず，テレビや雑誌でエイズにおかされた子どものつらさを淡々と訴えました。さらには，病気におかされながらもアメリカ連邦議会で意見を聞かれ「エイズ患者だって，健康な人と同じように充実した人生を送る権利があります。どうか差別も特別視もしないでください」と訴えアメリカ中の人たちに感動を与えました。アメリカの多くの学校でエイズ教育が行われたりエイズ患者を受け入れるようになりました。

　ーぼくを排除した人たちはエイズを知らなかったのですー　ライアン・ホワイト

名前（　　　　　　　　　　　　　　）

〈感想・疑問〉

資料4

HIVによってからだの抵抗力がさがってくる病気AIDS

AIDSという病気を知る②

HIVとは?

H　Human（ヒト）……………………………人間
I　Immunodeficiency（免疫不全）……病気からからだを守る働きが不十分になる
V　Virus（ウイルス）…………………………ウイルス

HIVがからだに入ると、「免疫（病気からからだを守る働き）」が十分に働かなくなって「抵抗力」が弱くなります。そのためHIV感染者は、自分が病気を他人にうつすより、自分がいろいろな病気にかかる危険性の方がはるかに大きいのです。

AIDSとは?

A　Acquired（後天性）………遺伝によるものではなく、生まれてから
I　Immuno*（免疫の）…………病気になるのを防ぐ働き
D　Deficiency（不　全）……不十分になる
S　Syndrome（症候群）………いろいろな病気や症状

＊Immuneと表記される場合もあります

HIVに感染してから、平均8〜10年、とくに症状のない時期の後、いろいろな症状がでることによって、初めて「AIDS」と診断されます。しかし、HIVに感染した人がすべてAIDSを発症するかどうかは、まだはっきりしていません。

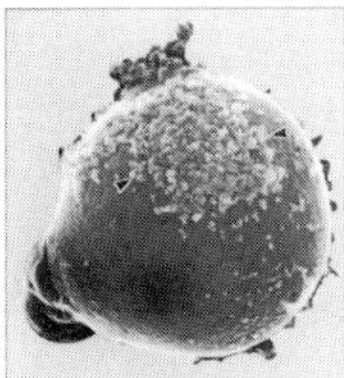

HIV粒子の電子顕微鏡写真。HIVに感染したリンパ球。表面に群がるようについているたくさんの小さな粒子がウイルス（▶印で示したもの）

＊1

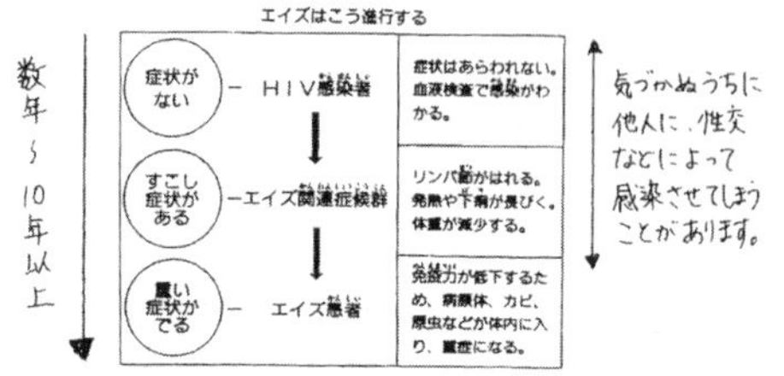

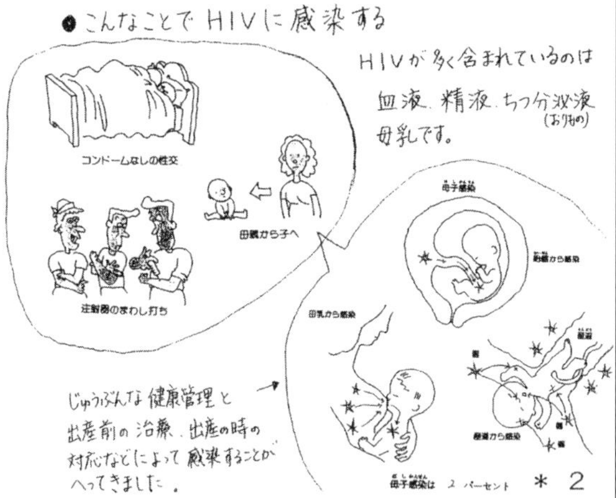

エイズはこう進行する
数年〜10年以上
症状がない

症状はあらわれない。血液検査で感染がわかる。
すこし症状がある
エイズ関連症候群
リンパ節がはれる。発熱や下痢が長びく。体重が減少する。

免疫力が低下するため、病原体、カビ、原虫などが体内に入り、重症になる。
気づかぬうちに他人に、性交などによって感染させてしまうことがあります。

●こんなことでHIVに感染する
コンドームなしの性交
注射器のまわし打ち
母親から子へ
HIVが多く含まれているのは血液、精液、ちつ分泌液（おりもの）母乳です。
母子感染
胎盤から感染
母乳から感染
産道から感染
じゅうぶんな健康管理と出産前の治療、出産の時の対応などによって感染することがへってきました。
母子感染は　2　パーセント

＊2

資料5

一回の売春は「六グールド」＊3

中央墓地。ここにも、ストリート・チルドレンが頻繁に出入りしていました。実は、ここは売買春のメッカなのです。買うほうは男性ばかりですが、売るほうは、男性も女性もいるということでした。そこにいるのは、ほとんどが、十二、三歳の子どもたちでした。十二、三歳といえば小学六年生です。

売春している人たちの七二パーセントはＨＩＶ（エイズウイルス）に感染しているという報告が出ています。ハイチ国民全体では、一五パーセント。約六人に一人がＨＩＶに感染しているということです。これも貧しさからです。

墓地で売春している少女ニコルは、小柄で目立たない服装をしていました。まだ十二歳でした。彼女は、ポケットにたくさんコンドームを持っていましたが、相手がいやがれば使わないことも多い、といいました。そして、テレビ朝日のカメラマンに「ねえ、私を買ってよ」といいました。「いくら?」と聞くと、「六グールドでいいわ」といいました。日本円に直すと、四十二円です。ブランド物がほしくて、売春行為をしているのとは違います。これで家族を養っている子もいるのです。この子が、「エイズ怖くないの?」という私たちの質問に、こう答えました。「怖いけど、エイズになっても何年かは、生きていかれるでしょう? 私の家族は、明日、食べる物が、ないんですもの」。

私たちは、何もいうことができませんでした。

近くの墓石の上で、男女が抱き合っていました。餓死しないために、子どもたちが売春をする。貧しさとは、こういうものなのだと、私たちに教えてくれているように思いました。

エイズの赤ちゃん

同じポルトープランスに、アメリカのキリスト教団体が運営している子どものためのホスピス、死ぬのを待つ家という施設がありました。

そこには、エイズを発症した赤ちゃんもいました。生後六ヵ月になるという、その男の赤ちゃんは、お母さんが、七年間、エイズで苦しみ、死ぬ直前に、生んだ子どもでした。だから母子感染してしまったのです。

赤ちゃんは、大人の目をしていました。そして遠くを見るような目をしていました。私は、話しかけました。

「あなたは、病気にはなりたくなかったのよね。元気で生まれてくればよかったのにね。こんな病気で生まれてきちゃって。でもね、元気になってね」

すると、遠くを見ていた目が、私のほうを向きました。私の話しかけているのが、わかったのです。

突然、赤ちゃんは、胸の上にあった小さな手を、口のところにもっていって、一生懸命、私に何かいおうとしました。まだ、何も、しゃべることなんかできない赤ちゃんなのに、必死で私に話しかけようとしていました。私は顔を近づけて「ええ、あなたのいおうとしていることは、わかるわ」と、いいました。その子は、小さな口を動かして、私に何か訴えるように話しました。私は、ずっと、その子の無音の訴えを聞いていました。いま、死にかけているエイズの赤ちゃんに、私がしてあげられることは、そのくらいのことでした。そして、それは、つらい時間でした。

しばらくして、行かなければならない時間になりました。私が「さよなら」というと、その子の目は、スーッと遠い所に行ってしまいました。そして、あきらめた表情になりました。

資料6

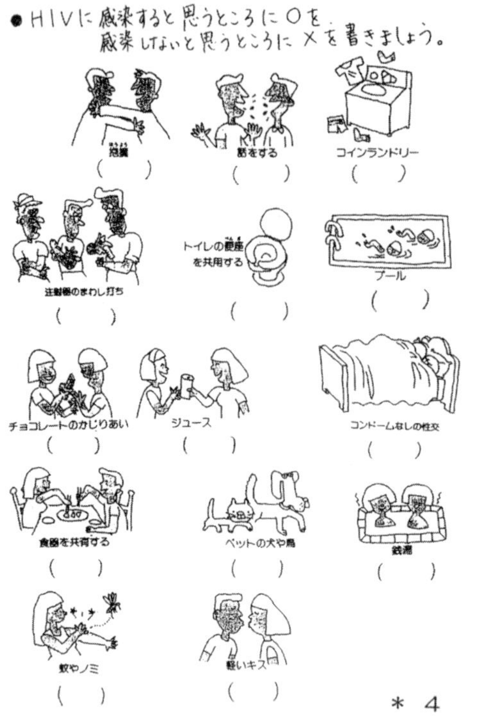

＊ 4

もしHIVに感染していたら

実際にHIV感染を知らされれば、誰もが大きなショックを受けます。自分ひとりでHIVにたいする不安や悩みを解決するのは、とても大変なことです。HIVに感染したというショックを乗り越えたたかうためには、支えてくれる人が必要です。一人で抱え込まないで、医療機関やカウンセラー、同じ立場の感染者、また感染者を支援するボランティア団体などに相談しながら、根気よく治療を受けましょう。

HIVに感染しても医師の指示を守り、睡眠不足やストレスをさけ、バランスのとれた食事や適度な運動をすることや、発症を遅らせる治療などで感染症や発症を管理することもできるようになりました。またAIDSを発症しても、治療などによって健康状態がおちついて、いままでどおりの生活を維持することもできます。

免疫力を高めるには、本人の病気とたたかう意識、まわりの人々の支援しだいで かわってくるということが確認されています。

最近では、17年以上も発症しない例が報告されており感染した人すべてが 発症するわけでもないことが わかってきています。

＊ 5

(3) 総合的な学習の時間のなかでのかかわり

いろいろな差別や偏見について学習をした児童は、その後、それぞれが興味のあるテーマにわかれて、差別をなくすためにできることについて考えた。

エイズをテーマに選んだ児童は、「エイズの歴史」「薬害エイズについて」「レッドリボンについて」「世界エイズデーについて」などを本やインターネットを利用して調べていた。また、保護者に対してエイズについての知識がどのくらいあるかアンケートをとりまとめたりもした。養護教諭は、それらの活動を見守り、資料を提供したり、いっしょに考えたりした。調べ終わった子たちには、調べた結果から気づいた事を確認し、さらに深く追求できるよう支援しながら図や表に表わしていった。

これらの活動のまとめとして、人権フェスティバルで発表を行なった。

2. 成果と課題

「エイズ患者を苦しめているものは、病気よりも差別的な目で見られることだと思う」

「エイズにかかった人がどれだけがんばって生きていても、まわりの人たちの反応で、生きるのがつらくなったりするから、まわりの人もエイズを知ることが大切なんだと思った」

「エイズの人たちはかわいそうだけど、まわりの人たちもエイズを知らなかったから近寄らなかったりしたと思う。僕もエイズのことを知らなかったら、近寄らなかったかもしれない」

などの子どもの感想から、HIV感染者やエイズ患者をさらに苦しめているのは、まわりの差別や偏見であるということに気づかせることができた。また、それはエイズに対しての知識がなかったからであり、正しく知ることの大切さも知らせることができた。

保健学習では担任とのT.T形式で実施したが、学習するにあたってより綿密に打ち合わせを行なったため、スムーズに実施できた。しかし、総合的な学習の時間の調べ学習に入ってからは学習の内容を把握することで精一杯になり、さらに学習を発展させることができなかった。子どもたちが課題を見つけ、深めていく過程でどう支援をしていくべきか、方向性はどうかなど担任との連携をもっと密にとり大事にしていかなければならなかったと反省をしている。養護教諭は担任と授業の計画段階からかかわり、子どもの様子を交換しあうことで、もっと総合的な学習にかかわっていけるのではないかと感じた。

〔出典〕

＊1 「ＡＩＤＳをどう教えるか」五島真理為監修　解放出版社

＊2 「エイズとＳＴＤ（性感染症）」北沢杏子著　岩崎書店

＊3 「トットちゃんとトットちゃんたち」黒柳徹子著　講談社

＊4 「エイズとＳＴＤ（性感染症）」北沢杏子著　岩崎書店

＊5 「ＡＩＤＳをどう教えるか」五島真理為監修　解放出版社

〔参考文献〕

「エイズと闘った少年の記録」ライアン・ホワイト、アン・マリー・カニンガム著　加藤耕一訳　ポプラ社

おとなへジャンプ！
―「総合的な学習」の実践と役割、役割討議法による授業研究

茨城県守谷市立松ヶ丘小学校
吉丸　暁子

はじめに

本校は茨城県の南部に位置し、利根川をはさんで千葉県と隣接している。常磐新線の開発などにより、近年急速に発展してきた地域であり、都心から40㎞圏内という位置にあるため、ベットタウン化がすすみ、人口の増加が続いている。2002年２月２日には北相馬郡守谷町が市制施行により、守谷市が誕生した。

こうしたなかで、本校は1994年度に地元の２つの小学校から分離独立してできた、開校９年目の小学校である。

開校当初は14クラスあり、現在も16クラスの中規模校である。家庭的には核家族が多く、価値観の多様化が見られるが、教育に対する関心は高い。子どもたたちはのびのびとしていて活動的である。

開校２年目に「学校保健・学校安全」の県教委の指定を受けた。「自ら進んで健康で安全な生活習慣を身につける児童の育成」をテーマに、体育科（保健）、道徳、学級活動を中心に、学校教育全体を通して、研究実践に取り組んできた経緯がある。

このことから、本校では、1999年度より創設された「総合的な学習の時間」の校内研修を始めるにあたって、これまで取り組んできた健康・安全分野も継続して研究していこうということになり、総合的な学習の中に健康・安全に関する学習を位置づけることになった。

本校では、総合的な学習の時間の学習計画を作成する上で４つの柱立てを設定した。

⑴　健康・安全に関する課題についての学習活動
⑵　作物栽培に関する学習活動
⑶　国際理解とコミュニケーションに関する学習活動
⑷　各学年の児童の興味・関心に基づく課題に関する学習活動

（1）～（4）は各学年共通で、学習内容は、各学年発達段階に応じて決めるようにして

いる。

(4) の柱については、子どもたちが興味関心をもったテーマについて、主体的に学習し、見識を深めることをねらいにした。

1．総合的な学習年間学習計画

〈2001（平成13）年度総合的な学習の時間年間計画〉　　守谷町立松ヶ丘小学校　第４学年

研究テーマ：　一人一人が生きる学習指導のあり方

学年の学習目標

○自然体験・観察・見学・発表・物づくりなどの体験学習や問題解決的な学習を通して，自己の関心を広げ，これからの活動などで主体的に活動できる態度を育てる。

学習分野	健康・安全に関する学習活動	愛農に関する学習活動	国際理解についての学習活動	学年課題に関する学習活動
学年目標	○自ら進んで健康で安全な生活習慣を身につけることができる。	○体験活動を通して，働く喜びや自然のすばらしさを知る児童を育成する。	○歌や遊び，ゲームなどを通して外国語や外国の文化に関心を持ち，外国語を聞いたり話したりすることになれる。	○植物を栽培し，自然に親しみ各自の課題に主体的に取りくむ力を育成する。
学習計画 学習課題 学習内容・時数・時期	交通事故について考えよう。 （１学期　１７時間） ・自転車における事故原因について調べる。 ・交差点の通行方法について考える。 ・危険な場所がどこにあるか調べる。 ・事故が発生したときの通報の仕方について考える。 ・簡単な応急処置の仕方について調べる。 ・身近な安全問題について考えよう。 ※課題の選択 ※情報の収集 ※資料の作成 ※発表集会の作成 思春期について考えよう。 （２学期　２０時間） ・発育の仕方について調べる ○身長 ○体重 ・発育の個人差と男女差について調べる。 ・体の変化について調べる。 ○からだつき ○体の中の変化 ・心の変化 ※課題の選択 ※情報の収集 ※資料の作成 ※発表集会を行う。	作物を育てよう。 （１学期　３時間） ・サツマイモの苗を植える。 ・野菜の苗を植える。 トマト・ピーマン・ナス キュウリ 成長の様子を観察しよう。 （随時　２時間） ・草取り，肥料，水やり ・野菜の成長の様子を観察する。 野菜を収穫しよう。 （１学期　１時間） トマト・ピーマン・ナス キュウリ 収穫したもので，絵手紙を作る。 （１学期　２時間） サツマイモの世話をしよう （１学期　２時間） ・草取り サツマイモについて調べてみよう。 （２学期　２時間） ・品種・歴史・使われ方などを調べる。 収穫をしよう。 （２学期　１時間） ・いもほりをする。 収穫パーティーをしよう。 （２学期　２時間） ・調理方法を考え，パーティーをしよう。	自己紹介をしよう ・自己紹介 数字が言えるかな ・数字の数え方 好きなものは何 ・好きなもののたずね方 スポーツをしよう ・スポーツの名前 いくつあるかな ・数のたずね方 応援をしよう ・応援の言葉 買い物をしよう１ ・買い物 買い物をしよう２ ・買い物の仕方 ゲームをしよう ・ゲームの仕方 これはだれの ・時間のたずね方・月名 今，何時 ・時間のたずね方	自然に親しもう （２時間） ・身近な植物の観察する。 観察しよう （８時間） （ケナフ・ヘチマ・ひまわり） ・種や苗の観察 ・草取り，水かけ，生長の記録 ・随時実施する。 ケナフについて調べよう （６時間） ・ケナフについて各自調べる。 ①種について ②花について ③葉について ④ケナフの一生について ⑤ケナフで作れる物 ⑥その他の秘密 ケナフを収穫しよう （２時間） ケナフでつくろう （６時間） ・はがき，しおり ・ケナフ料理 ・その他 発表会をしよう （６時間） ・調べたこと，発見したことなどまとめて発表する。

2．具体的な実践（4年生の実践）

第４学年１組・２組　総合的な学習の時間学習指導案

指導者　Ｔ１　小林　直也
Ｔ２　阿部　公子
Ｔ３　吉丸　暁子（養護教諭）

1　学習のテーマ「おとなへジャンプ」

2　テーマ設定の理由

４年生になると性意識が芽生え、成長の早い女子は初経を迎える。また、多くの児童が体の変化について不安を持ち始めてくる時期でもある。

二次性徴を迎えるにあたり、やがて大人になる自分自身の身体の変化や心の発達を学び合うことにより男女が互いの成長について正しく認識する必要があると考え、このテーマを設定した。

3　学習のねらい

(1) 目　標

二次性徴を迎えることや性への関心を持つことは自然なプロセスであることを理解し、正しく性への自認ができるようにするとともに、成長には、性差、個人差があることに気づき、互いに認め合うような心や態度を育てる。

(2) 育てたい力

①男女の体のつくりや発達のちがいを理解することにより、成長を素直な喜びとして受けとめ、自分や他人を大切にすることができる。（相手をいたわり思いやる心や態度）

②図書や資料、父母へのアンケート、専門家からの話などで情報を集め、必要な情報を選択し、学習に活用できる。（情報収集、選択、活用能力）

③集めた情報や資料をわかりやすくまとめ、発表することができる。（表現力）

4　学習計画および評価計画（20時間取扱い）　　※本時は第４次の第８時

学　習　計　画			関　連	評　価　計　画
第１次	オリエンテーションおよび興味関心を高める。（全体）	２時間	体育「体の発育のし方」「大人の体への変化」「心の変化」	
１　これからの学習の見通しについて知る。 ２　性教育のビデオを視聴する。 ３　ビデオ視聴をもとに養護教諭から話を聞き学習の内容や進め方について話し合う。				

第２次	課題を見つけて調べる計画を立てる。（班別または班別）	3時間		興味・関心に基づいて学習課題を設定し、課題追究のために必要な情報を選択して活用することができたか。【情報収集・選択・活用能力】
（予想される課題） ○自分たちの体と大人の体 ○身長・体重の変化 ○体の中の変化 ○心の発達 ○思春期の心 ○お父さん、お母さんのアンケート調査 ○個人差 ○初経と精通 ○思春期の問題 ○出産				
第３次	実際に調べ、課題を追究する。（個別または班別）	5時間	国語「写真や絵を見て伝えよう」 道徳 ２－（２） ３－（２）	課題追究を通して男女の体のつくりや発育の違いについて理解し、成長を素直に受けとめ、自分や友達を大切にすることができたか。【相手をいたわり思いやる心や態度】
（予想される学習活動） ○図書で調べる。 ○インターネットで調べる。 ○病院へ行って調べる。 ○保健室にある資料をもとに調べる。 ○養護教諭に聞いて調べる。 ○父母などに聞いて調べる。				
第４次	調べたことをまとめ、発表する。（班別または全体）	10時間	国語「自分たちの町の環境を守る工夫をしょうかいしよう」 国語「文と文のつなぐことばのはたらきを考えよう」	課題について調べたことなどを自分なりの方法でまとめることができたか。 まとめたことを工夫してわかりやすく発表することができたか。 【表現力】 友達の発表やゲストティーチャーの話を聞いて性への理解を深め、これからの生活に生かそうとしているか。【相手をいたわり思いやる心や態度】
（予想されるまとめ方） ○調べたことを新聞、紙芝居、ペープサート、ＯＨＰなどにまとめる。 （予想される発表の仕方） ○展示、掲示 ○発表、質問、協議 ○学年発表会 （予想される発表の対象） ○同学年 ○異学年 ○保護者 ○地域の人たち				

（1）オリエンテーション

総合的な学習の時間では、子どもたちに「いかに課題意識をもたせるか」が重要であるとされている。そこで導入では、ビデオ「どうしてからだは変わっていくのかな」「どうしてこころは変わっていくのかな」を視聴し、自分のからだや心についての関心を高めることができるようにした。さらに、養護教諭から自分のからだや心について学習をすることがなぜ大切なのか等について、専門的な立場から子どもたちに話をすることで、これからの学習に対して、意欲を高めることができるようにした。

その後、どんなことを学習したいか、話し合いをもった。子どもたちからは、「身長や体重がどれくらい増えたか調べたい」「初経のことについて調べたい」「お父さんやお母さんの小さかった時の話を聞きたい」「自分が生まれた時の様子について調べたい」等、多くの課題が出された。また、少しずつ大人に近づいている自分のからだや、友達のからだについての悩みや不安についても課題が出された。

最終的には、「自分たちのからだと大人のからだのちがい」「身長、体重の変化」「からだの中の変化」「心の発達」等、10の課題にまとまり、各自が自分の課題を決めて追究活動を行なうことになった。

(2) 調べる

子どもたちは主に、次のような方法で調べ学習を進めていった。

○ 図書室、図書館で調べる　○ 保健室にある資料をもとに調べる
○ 養護教諭に聞いて調べる　○ 父母などに聞いて調べる
○ 病院へ行って調べる　○ インターネットで調べる

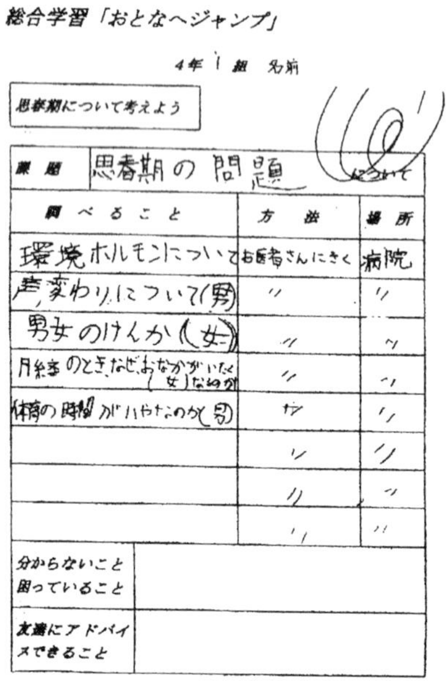

総合学習「おとなへジャンプ」

4年 1 組 名前

思春期について考えよう

課題	思春期の問題について	
調べること	方法	場所
環境ホルモンについて	お医者さんにきく	病院
声変わりについて(男)	〃	〃
男女のけんか(女)	〃	〃
月経のときなぜおなかがいたくなるのか(女)	〃	〃
体育の時間がいやなのか(男)	〃	〃
	〃	〃
	〃	〃
	〃	〃
分からないこと困っていること		
友達にアドバイスできること		

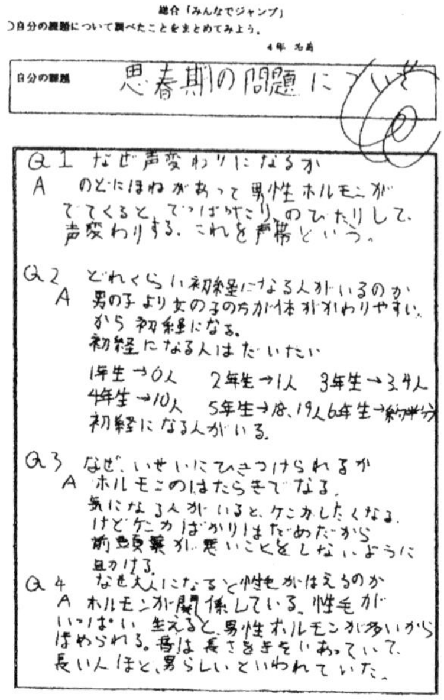

総合「みんなでジャンプ」

○自分の課題について調べたことをまとめてみよう。

4年 名前

自分の課題　思春期の問題について

Q1 なぜ声変わりになるか
A のどにほねがあって男性ホルモンがでてくると、でっぱったり、のびたりして、声変わりする。これを声帯という。

Q2 どれくらい初経になる人がいるのか
A 男の子より女の子の方が体がかわりやすいから初経になる。
初経になる人はだいたい
1年生→0人　2年生→1人　3年生→3、4人
4年生→10人　5年生→18、19人 6年生→約半分
初経になる人がいる。

Q3 なぜ、いせいにひきつけられるか
A ホルモンのはたらきでなる。
気になる人がいると、ケンカしたくなる。
けどケンカばかりはだめだから
前頭葉が悪いことをしないように
助ける。

Q4 なぜ大人になると性毛がはえるのか
A ホルモンが関係している。性毛がいっぱい生えると、男性ホルモンが多いからほめられる。昔は長さをきそいあっていて、長い人ほど、男らしいといわれていた。

＜養護教諭の関わり＞

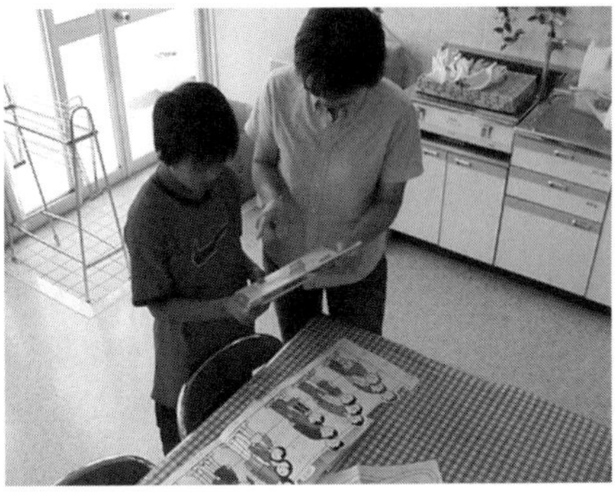

① 本校児童の体格は、全国や県平均と比べてどうなのか知りたいということで、2001年度の体位測定結果より全国平均、県平均、市平均の値を提供した。特に低学年と高学年との伸び方についてや、男女の成長の違い、特徴について助言をした。また数字だけではなく、その年齢におけるからだや心の特徴等についても話をした。

② 精通や初経のしくみや、男女の生殖器の違いについて調べた児童に対して、からだのしくみに関する書籍類や掛図等を提供するとともに、精通や初経を迎える平均的な年齢や、どんな時に迎えることが多いか等について助言をした。恥ずかしがったり、ふざけたりしないで取り組むことができるよう、精通や初経のしくみについてもきちんと話をした。

③ 身近な大人の人に、小さかった頃の様子や二次性徴を迎える頃のからだの様子を聞いたりするよう助言した。また、昔と今の小学生の体格の違いや成長の違いについても話をした。

(3) まとめる

調べたことをそのまま転記するのではなく、内容ごとに見出しをつけてまとめさせることで、資料の丸写しにならないようにした。必要に応じてグラフやイラストを加えるなど、まとめ方を工夫させた。また調べてわかったことに対して、感じたり考えたりしたことを「調べたことに対する自分の考え」として、ワークシートに書かせるようにした。

発表の方法については、教師側で「こんな方法があるよ」と提示したなかから、児童が選んで決めるようにした。調べたことを模造紙に書いて発表する方法のほかに、劇やペープサート、ＯＨＰを利用して発表することになった。

＜養護教諭の関わり＞

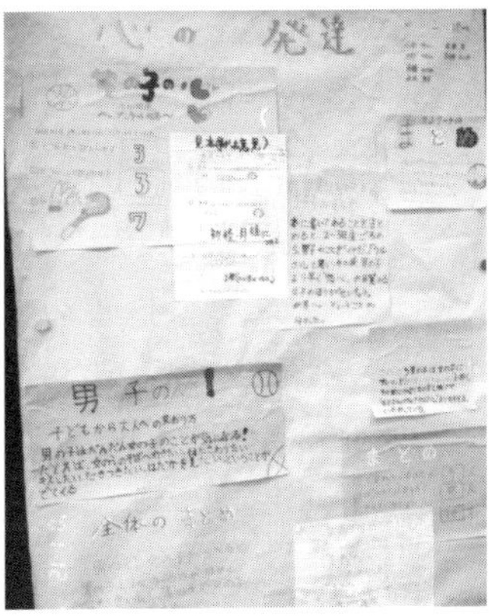

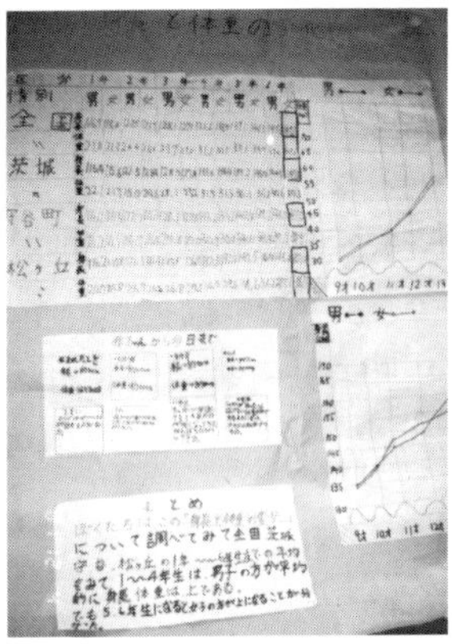

① 模造紙にまとめたり、寸劇を練習するなかで、さらに疑問に思ったことを聞きに来たり、まとめたことを確認するために来室するグループが多かったので、休み時間等も関わった。

② 男女の生殖器等のしくみ図の作成では、色使いや名称等について助言した。

(4) 発表する

発表の時間は１グループ８分間とした。発表するグループの掲示物はオープンスペースや各教室の黒板面に用意しておき、発表を聞くグループが、その場所に移動するようにした（ローテーションで曲が流れたら次に移動）。

またＧＴに医師、助産婦、父母をお願いし、子どもたちの発表に参加してもらった。

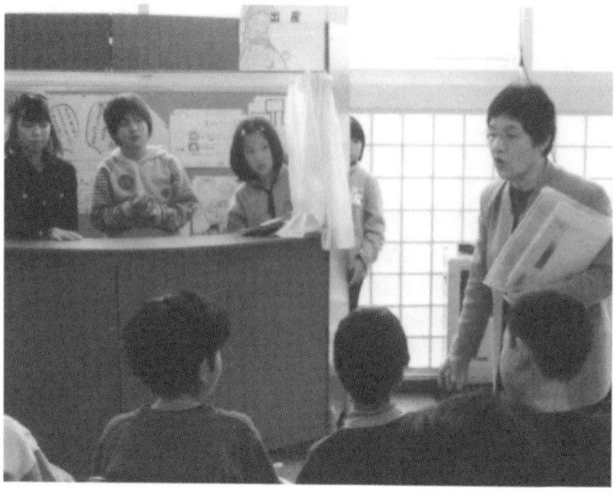

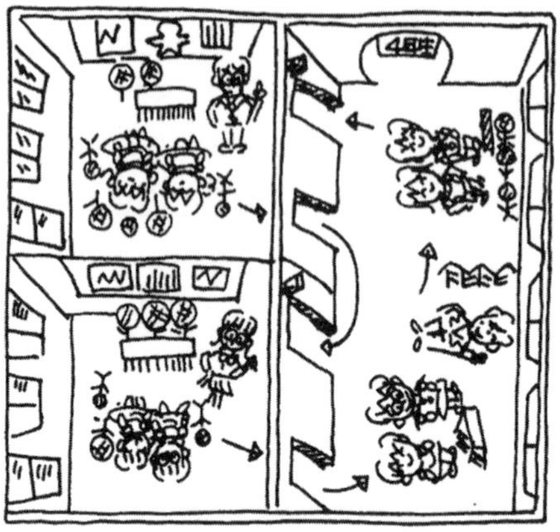

＜養護教諭の関わり＞

① １時間の発表に１グループを担当することになり、子どもたちの発表に補足説明をしたり、助言を行なった。子どもたちの発表と重複しないよう気をつけた。また、子どもたちの発表を生かせるようにするため「○○さんの言ったように」というような言い方をするよう心がけた。

② 個人差という言葉はどの発表グループにも出てくる言葉だったので、個人差を理解させるうえで、病気のために身長が思うように伸びない児童の作文を読んで聞かせた。○○さんには○○さんの伸び方があるし、△△さんには△△さんの伸び方があるように、一人ひとり違うんだから、お互いその人の伸び方があることを理解することが大切であることを話した。

③ ＧＴを選ぶにあたっては、担任と十分に打ち合わせを行ない、保健センターや保健所等にも助言してもらった。

また、ＧＴに子どもたちへの補足説明や助言等をお願いするにあたっては、事前に時間をか

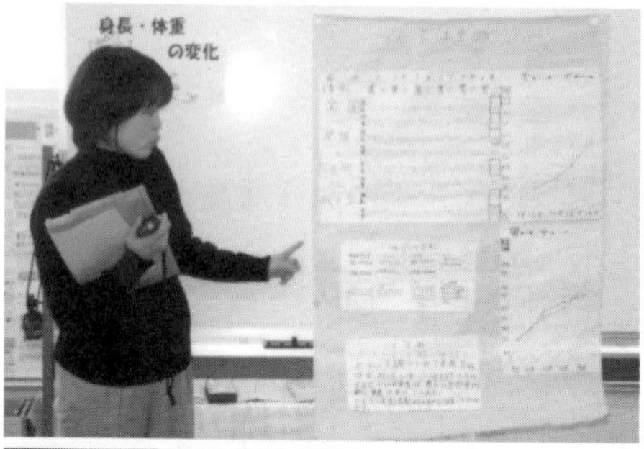

けて打ち合わせを行ない、趣旨や内容について話をした。

(5) 確認する

発表会では、他のグループの発表をメモを取りながら聞くようにした。ワークシートには、他のグループの発表に対しての感想等も記入させた。１時間の発表が終わるごとに、全体のなかで気づいたことや感想を自由に話し合う時間を設けた。

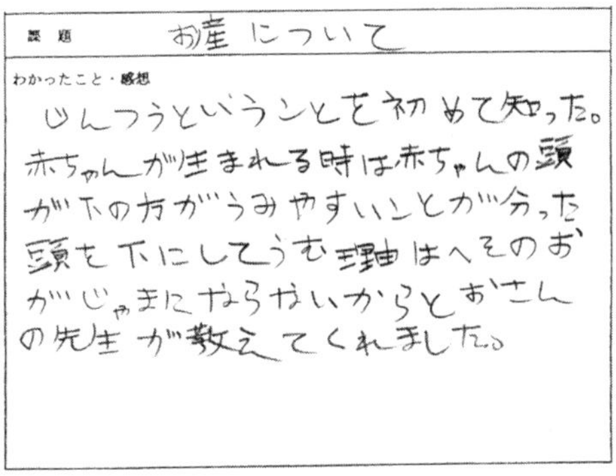

課題　お産について

わかったこと・感想

じんつうということを初めて知った。赤ちゃんが生まれる時は赤ちゃんの頭が下の方がうみやすいことが分った頭を下にしてうむ理由はへそのおがじゃまにならないからとおさんの先生が教えてくれました。

(6) 成果と課題

長時間子どもたちと一緒に学習したことで、交流が持て信頼関係を深めることができた。

専門的な立場の医師、助産婦、養護教諭が参加することで、本物であるというインパクトの強さがあり、子どもたちは意欲的に取り組むことができた。そして、ＧＴからの補足説明や助言等は、課題追究につながる大きな助けとなった。

また、調べ学習の際に自分自身のからだの悩みや、今後おとずれるであろうからだの変化についての不安等、担任には話しにくいことも、養護教諭には相談しやすいといったところがあったようだった。

資料提供をする際には、その資料やデータがほんとうに適当であるかどうか等、迷うことが多かった。さらに資料の不足さも感じた。子どもたちだけなく、教師側からも資料を要求されることも少なくないので、学校の中での保健センター的な役割をきちんと果たしていきたい。また、専門職としての資質向上を目指したい。

３．本校の研究協議の方法について

本校では、校内授業研究の後下記のような役割分担を決め、その役になりきって討議をしていく方法（役割討議法）が提案され、実践されている。

学年＼回	1	2	3	4	5
6年	発表者	褒め役	質　問	記　録	物言い
5年	司　会	発表者	物言い	質　問	褒め役
1年	物言い	質　問	発表者	司　会	記　録
2年	質　問	記　録		褒め役	司　会
4年	褒め役	物言い	司会記録	発表者	質　問
3年	記　録	司　会	褒め役	物言い	発表者

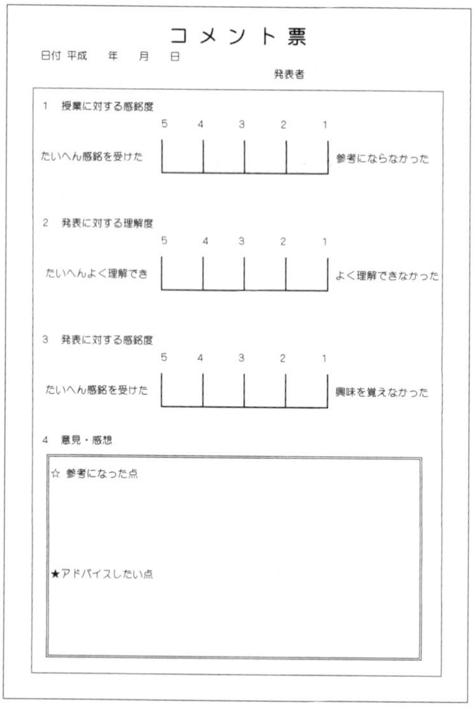
コメント票

日付 平成　年　月　日

発表者

1　授業に対する感銘度

5　4　3　2　1

たいへん感銘を受けた　　参考にならなかった

2　発表に対する理解度

5　4　3　2　1

たいへんよく理解でき　　よく理解できなかった

3　発表に対する感銘度

5　4　3　2　1

たいへん感銘を受けた　　興味を覚えなかった

4　意見・感想

☆ 参考になった点

★アドバイスしたい点

（1）役割分担

①発表者：授業について発表

②司会者：討議の進行・計時・コメント回収

③記録係：討議の記録

④質　問：質疑

⑤物言い：異論提示

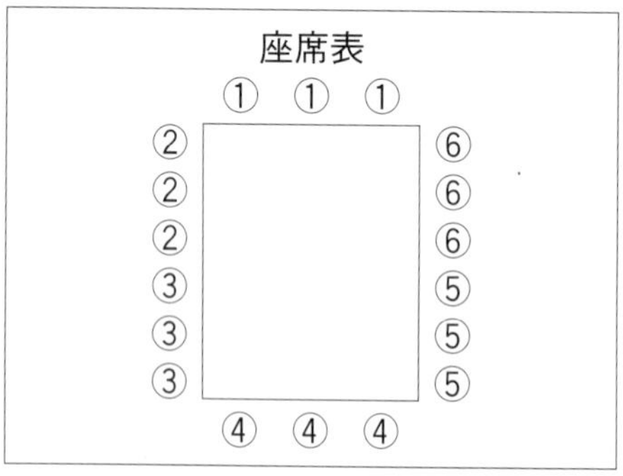

（2）進め方

①各役割紹介：司会者が行なう

②発　表

③コメントの記入

④協　議

⑤コメントの回収

⑥フリートーキング

1	質問	5分
2	質問に対する回答	5分
3	物言い（異論提示）	5分
4	異論に対する回答	5分
5	褒め役による評価	5分
6	フリートーキング	15分

「こころも体も健やかに」と願って

—性・エイズ教育を通したひとつの実践より—

千葉県佐原市立第四中学校
今泉 弘子

はじめに

社会の急激な変化は生活を豊かにした反面、多様な価値観を生み出すとともに、生活様式や考え方に大きく影響を与えている。特に、心のアンバランスから生じる諸々の社会問題や健康問題が、重要な関心事となっている。一方、学校現場では、いじめの問題、不登校、犯罪の低年齢化、子どもたちの人間関係の希薄さをうかがわせる出来事が後をたたない現状である。そんな状況を目の当たりにして、「今、わたしたち大人がしなくてはならないことは……」と考えたとき、子どもたちに今のうちから「自分のいのちや体、存在はかけがえのない大切なものなのだ」ということを知らせるほかにないと考え、学校全体で取り組むことになった。

今回は、前任校の小学校での実践を中心に紹介していきたい。

1.「健康づくりの輪」を広げたい——これまでの取り組み

1996年から健康教育を校内研修テーマに取り上げることになった。

子どもたちを取り囲む“環境”としての家庭や地域も巻き込んで、“一緒に子どもたちを育てていく姿”が私たちの目指している健康教育であり、一番効果のあがる方法ではないかと考え、「家庭と学校の連携」をキーワードとして取り組みを始めた。

主な内容としては、

①毎月第三日曜日を「家族みんなで健康を考える日」と設定し、生活点検を実施

これは、本人はもとより家族の健康への関心を高めることと、親子の触れ合いの場の確保を期待し、10項目について点検を行なった。保健室より毎月コメントを書き返信したり、ほかの子の様子を保健だよりで知らせることにより、良い情報交換の場となった。

②**手軽にできる皮膚鍛錬活動の実施（写真１）**

薬に頼らず、自然治癒力に磨きをかけ、自分の努力で健康をつくりあげていかせたい。

それが、自分を大切にする心や態度に結びついていくだろうと考え実施した。内容は、「薄着でがんばる」「風呂上りに足先に冷水をかける」「水で顔を洗う」「30分以上元気に外で遊ぶ」「乾布摩擦」等など、そのなかからできそうなものを選択し実施した。特に「風呂上りに足先に冷水をかける」は家族で取り組んでいる家庭が多く見られた。

③**自分で決めた健康目標で健康づくり実践活動**

テーマを「未来の自分に健康をプレゼントしよう」として、与えられた健康目標ではなく、健康診断や日常生活のなかから自分の健康目標を立て実践してゆくことで、自分を大切にする心や態度に結びついていくだろうと考えた。

高学年のなかには、「毎日１つは人のために良い事をする」という目標を立てた児童もあり、心の健康にまで意識が及んでおり、嬉しく思った。

④**保護者参加の保健集会の実施（写真２）**

学校での取り組みや友だちの「手軽にできる皮膚鍛錬活動」の実施状況の紹介や、お母さんの食事作りアイデア紹介などを計画し、健康づくりの啓発に協力いただいた。お母さん方は私たちより上手に子どもたちに話しかけ、効果は抜群であった。

おかげで、子どもたちだけでなく家族を含め「健康づくりの輪」が広がっていったように思われた。そして1996年より、今までの取り組みに加え、性・エイズ教育の指導を通して、すこやかな心と体を育み、生涯にわたって心たくましく生きていく力を培っていきたいと考え、取り組みを発展させていった。

写真１　簡単にできる皮膚鍛練法

写真２　保護者参加の集会

2.「まずは、気楽にやってみよう」――校内研修にかかわっての働きかけ

●**性教育の捉え方の共通理解**

必要性は感じているものの、性教育が実践に結びつかない原因の１つに、「性教育は性器や性交を教える学習」というイメージがあまりにも強く、自信がないとしり込みをしてしまうのではないかと考え、「友だちとのかかわり合いの持ち方」「情報の受け止め方」「家庭の仕事と協力」などの学習も性教育であり、むしろ重要な内容ではないかと、性教育の捉え方について考える機会を設けた。すると「そういう内容は、道徳や学級活動でもやって

いたよ」「生活科のなかで扱っている内容と似てるよね」などと改めて大上段に構える必要がなく、気楽に臨めることがわかってもらえたようだった。

3．テーマは『育て健やかな心とからだ』

(1) 学校教育目標の具現化と性教育の捉え方

教育にもさまざまな価値観が生じている今日だが、『知・情・意・体のバランスのとれた人間性豊かな子どもを育成したい』。これが本校の教育目標の根幹だった。一方、性教育を「人間としての生き方を育むもの」と捉え、身体的な理解とともに、精神的・社会的な面を重視して、全教育活動を通して実践していこうと考えた。そして、性教育を実施するなかで「生命の尊さを知る」「自他を大切にする心をもつ」「正しい判断力を身につける」の３つのねらいをもって進めていくことが、本校の教育目標の達成につながると考えた。

そして、仮説を、

【仮説１】性・エイズ教育を総合的に捉え、子どもの実態に合わせた教材や指導方法を工夫すれば、自他を大切にし、正しい判断力を持って行動できる子が育つであろう。

【仮説２】「たより」や「授業参観」「講演会」を通して、学校・家庭・地域の連携を密にし、望ましい環境作りを推進していけば、健やかな子どもを育てていくことができるであろう。

とし、次のようなことを共通理解しながら進めていった。

①各教科・領域を通して、総合的に取り組む。

それぞれの教科等の持つねらいを生かしながら、意図的・計画的に進めていく。

②子どもの人権を守り、尊重することを基盤とした指導を行う。

子ども一人ひとりにとって安心感のもてる学校、学級があってはじめて効果が期待できる。職員が子どもたちの人的環境であることを確認し、声かけや、励ましをし、全職員で見守っていくことを基盤として進めていく。

③発達段階に応じ、系統的に指導する。

低学年からの積み重ねが大切である。低・中・高学年の発達段階に応じたねらいを設け実施する。また、体の発育や心の発達の個人差はもとより、家庭環境の違いも見られるので、個に応じた指導を心がけていく。

④学習意欲を高める工夫をする。

授業内容によって養護教諭の専門性を生かした指導により、理解を深めたり、保護者の協力を得て体験談を聞くなど、教材の工夫や学習過程の工夫をすることで学習意欲を高める工夫をする。

⑤行動選択や意思決定ができる態度を養うための工夫をする。

正しい知識の習得にとどまらず、実際の場面で自主的に、問題に適応できる能力を培うことをめざした指導形態の工夫をする。

⑥家庭・地域との連携を深める。

家庭の協力抜きで効果をあげることは難しい。家庭や地域の実態を知り、その上に立って学校が学習内容を知らせ、家庭・地域と学校が歩調を合わせて取り組んでいく。

⑦エイズの問題については、正しい知識・理解が差別や偏見をなくすと言われているが、小学生の発達段階からして、エイズという感染症のみあえて取り上げ「エイズ教育」として扱うのではなく、**各教科・領域の持つ特性を生かし指導していく。**

低・中学年では、エイズ教育という枠をつくらず、一般的な清潔の観念や、他人を差別していけないという人権感覚を養い、高学年で意識的に位置づけて指導する。

具体的には、学習を通してエイズという病気を理解し、患者や感染者とどうかかわるべきかを考えることにより、自分で判断し行動する力が身につくと考えた。

(2) 実態把握と計画立案

①実態調査の実施

児童の実態把握とその結果をもとに指導内容を決め、これからの方向性を明確にした。

低学年　「用便の拭き方」「友人との係わりの持ち方」の学習が必要

中学年　内面での性的変化が起き始めている実態より、大まかな二次性徴の学習が必要

高学年　知識の情報源はマスコミが中心であり、体の悩みや不安を相談しない児童が大半を占めているという実態より、「正しい知識」や「正しい判断力」の習得が必要

②教科･領域の関連する内容の洗い出し（資料1）

教科・領域の中で関連する内容が、どの程度扱われているのか洗い出し、教育内容のスリム化および横断化の参考にした。

③全体構想・要素表・主題一覧の提示と方向性の共通理解

- 「指導内容要素表」の作成（**資料2**）

子どもの立場から、学ぶ必要があると考えられる内容と、社会が学校教育に期待する内容をもとに、どんな内容をどの程度指導するかを決めた。

- 「主題一覧」の提示（**資料3**）

教科・領域における指導内容の中には、性に関する内容はかなり入っているものの、はっきりとした位置づけがないために、系統だったものにならない。たとえば、性情報や性被害については位置づけられていないため、内容を補充した。また、生命創造に関する内容が5年生に集中していたので、それ以前の学年で系統的に指導できるように計画に盛り込んでいった。

- 「指導のねらい」の提示（**資料4**）

活動案作成にあたって、その授業で何をねらっているのか迷った時のよりどころとなるものとなった。

④指導法について研修の場の設営

正しい知識の習得にとどまらず、実際の場面で自主的に、問題に適応できる能力を培う

資料1　教科・領域の　性に関する内容一覧　○内の数字は指導する月、【　】は性教育の主題、学級活動内容は文部省によるもの

	1　年	2　年	3　年	4　年	5　年	6　年
生活・社会	・友だちと遊ぼう④ 【みんな仲よく】 ・安全な登下校⑥ 【誘いにのらない】 ・アサガオやウサギ をそだてよう⑤⑦ 【わたしの誕生】 ・わたしのしごと⑪ 【家庭の仕事】	・やさいをそだてよう⑤⑦⑩ 【わたしの誕生】 ・生き物をそだてよう⑥ 【わたしの誕生】 ・わたしのアルバムをつくろう② 【わたしの誕生】 【家庭の仕事】			・通信にたずさわる人々⑫ 【性の情報】	・将軍と大名，農民と町民⑦ 【性差別，偏見】 ・力をつける農民，町民⑨ 【男女の人間関係】 ・日本国憲法と国の政治① 【生命尊重】 【異性尊重】
理科			・わたしたちのからだをしらべよう② 【男女のからだ】		・動物の誕生② ・人の成長と誕生③ 【生命誕生】 【二次性徴】	
家庭					・協力して生活しよう④ 【家族の役割】	・心のつながりを深めよう① 【家族の役割】 ・家庭生活とこれからの社会③ 【家族の役割】
保健					・体の発育と心の発達⑥ 【二次性徴】 【異性への関心】	・病気の予防⑥ 【エイズ予防】
道徳	・2－(3)　なかよし　【みんな仲よく】 ・3－(1)　生き物をかわいがろう　【みんな仲よく】 ・3－(2)　いのちを大切に　【わたしの誕生】 ・4－(2)　家のてつだい　【家庭の仕事】		・2－(1)　礼儀の大切さ　【異性とのかかわり】 ・2－(2)　思いやり　【異性とのかかわり】 ・2－(3)　友だちと助け合う　【異性とのかかわり】 ・3－(1)　生き物を大切に　【生命誕生】 ・3－(2)　生命の尊さ　【生命誕生】 ・4－(3)　明るく楽しい家庭　【家族の役割】		・1－(3)規律ある行動　【性の被害と加害】 ・1－(6)自分の特徴　【異性とのかかわり】 ・2－(1)相手の立場を考えて【異性とのかかわり】 ・2－(2)相手の気持ち考えて【異性とのかかわり】 ・2－(3)男女仲よく　【異性とのかかわり】 ・3－(2)生命尊重　【生命誕生】 ・4－(1)自分の役割　【家族の役割】 ・4－(3)わけへだてなく　【エイズ（共生）】 ・4－(5)家族の幸せ　【家族の役割】	
学級活動	・みんな仲よく ・家庭の仕事 ・大切な体 ・誘いにのらない ・男の子・女の子 ・ぼく・わたしの誕生日		・男子と女子の体と成長 ・男女仲良く ・初経（月経）と手当 ・家族の役割		・二次性徴発現と男女差・個人差 ・初経・射精の発現 ・性的な不安や悩み ・生命誕生 ・欲求への対応 ・エイズという病気	
国語	・　場面の様子や場面の移り変わりを想像しながら読む ・　場面の様子や登場人物の気持ちの移り変わりを考えながら読む。		・　相手や場に応じて丁寧な言葉を使うようにする。 ・　人物の気持ちの変化や場面の移り変わりを想像しながら読む。		・　人物の気持ちや場面の情景の叙述や描写を味わいながら読む。 ・　優れた描写や叙述を味わいながら読む。	
	・「こねこを だいたこと ある」⑩ ・「うみへの ながい たび」⑫	・「うしろの まきちゃん」④ ・「つばめ」⑥ ・「土のふえ」⑦ ・「さけがおおきくなるまで」⑫ ・「キツネノオキャクサマ」⑫ ・「かさこじぞう」①	・「りんごの花」④ ・「お母さんの紙びな」⑦ ・「おにたのぼうし」① ・「お母ちゃんの言葉」① ・「わすれられないおくりもの」③	・「一つの花」⑦ ・「青銅のライオン」⑫ ・「野の花をそなえた五万年前の人々」③	・「おはじきの木」⑦ ・「心の中をみつめて」② ・「みすずさがしの旅」③	・「川とノリオ」⑦ ・「ちょうの行方」⑫ ・「もう一人の自分の目で」① ・「田中正造」② ・「自分を支える言葉」③

資料2　性・エイズ教育の指導内容要素表

目標		発育・発達の特徴	基本目標	指導内容要素				資料
					低学年	中学年	高学年	
性の自認	低学年	・体や性器への関心や性別を意識した，いたずらが現れる。	・男女の体の違いに気づき，清潔に保つことができる。 ・命の大切さがわかる。	いのち	・動・植物を大切に育てることができる。 ・自分の誕生前の命の存在を知り，一人一人大切な命であることがわかる。	・命を守るための体のつくりを知ることにより，守られて育ってきた命の尊さがわかる。	・生命の誕生の仕組みを科学的に知り，命はかけがえなく大切であることがわかる。	・あかちゃんの人形 ・胎児の図 ・ビデオ ・母体の図
	中学年	・二次性徴の見られる女子がではじめる。 ・異性への関心がではじめる。	・男女の体の特徴がわかり，発育の仕方に男女差・個人差があることがわかる。	からだ	・男女の体の違いがわかる。 体の中で清潔にしなければならないところを知り，上手な用便の始末や入浴ができる。 ＜性感染症共通＞	・体の発育に伴い，男女の体つきに様々な変化が現れることがわかる。 ・女子は成長してくると初経があることやその仕組みや処置の仕方などがわかる。	・体の発育に伴い，男女の体に様々な変化（二次性徴初経・精通）が現れることがわかる。 ・発育には個人差があることがわかる。	・男女身体図 ・二次性徴図 ・発育グラフ ・体の部位名
	高学年	・二次性徴の発現に不安や関心を持つ。 ・異性への関心が高まる。	・男女の二次性徴と心の成長がわかる。 ・生命誕生のおよその仕組みがわかる。	こころ		・体と同様に心も成長することがわかる。	・心の成長に伴って気になる異性や好きな異性がでてくることがわかる。	・アンケート結果
男女の関係	低学年	・自己中心的である。 ・友達でも力の強いものに憧れる。	・仲間外れや弱い者いじめをせず，みんな仲良くできる。		・一人一人大切な命であることがわかり仲間外れや友達いじめをしないことができる。 ・男女のお互いの良いところを見つけ，認め合うことができ，みんなで仲良くすることができる。	・一人一人を大切にし，仲間外れや友達いじめをしないようになる。 ・男女のお互いの良いところを認め，仲良く助け合って学習や作業ができる。	・男女がお互いにそれぞれの特性と役割を理解し，尊重しあうことができる。	・異性の長所アンケート ・ロールプレイング ・男女仲良く遊んでいる絵 ・人に優しくしている絵
	中学年	・交遊関係・行動範囲に広がりが見られる。 ・男女が分かれて活動することが多い。	・男女が，お互いに良さを認め協力することができる。					
	高学年	・大人より友人との関りを大切にする。 ・女子が男子より積極的に行動する。	・男女の心の成長がわかり，お互いに尊重しながら関わりを持てるようできる。					
性の社会問題	低学年	・周りの大人の影響を大きく受ける。 ・テレビの影響を大きく受ける。	・知らない人の誘いにのらず，身を危険から守ることができる。		・家族には，それぞれ役割があり，助け合わなくてはならないことがわかる。	・家族の一員として，自分のことは自分ですることができる。 ・テレビやマンガの悪影響を受けない心や態度が大切であることがわかり，選んで視聴できる。 ・地域で被害に合いやすい場所・時間がわかる。	・家族の一員として，積極的に協力して生活することができる。 ・性の情報には，様々なものがあることを知り，それらの正しい受け止め方と選択ができる。	・性被害に関する記事 ・家族の仕事分担表 ・被害に合いそうな場所時間のグラフ ・フラッシュカード ・ペープサート ・ビデオ ・パネルシアター（血液の動き）
	中学年	・自立した生活が送れるようになってくる。 ・マンガ・テレビによる影響を受ける。	・家族の一員としての手伝いができる。 ・テレビ・マンガの影響に気づき選んで視聴できる。		・知らない人の誘いにのったり，危険な場所に近づかないようにすることができる。			
	高学年	・マスコミの影響を受けやすく，性情報を話題にする。	・情報を正しくとらえ家庭や学校で責任ある行動をとることができる。		けがの手当てについて，自分でできる応急処置がわかる。 ・病気やけがをした人に思いやりを持って接することができる。	・血液のおよその働きがわかる。	・エイズがどんな病気かがわかり，エイズ感染者に対して正しい理解を持つことができる。	

資料3　性・エイズ教育の主題一覧

目標			1年	2年	3年	4年	5年	6年
生命の誕生及び心身の発育，発達における男女や個人の違いを知るとともに，人には平等の立場で社会から期待される役割があることに気づき，自己の性を受容し，自己を大切に育てていこうとする心情や態度を育てる	性の自認	いのち	動物を育てよう（生活）	わたしの誕生（生活）			動物や人の誕生（理科）	生命尊重　（道徳）
		からだ	からだをきれいに（学活）		だいじな体（理科）	わたしたちの成長（学活） ＊初経の手当てについては女子のみ特設で実施	私たちのからだの成長と変化（保健学習）	
		こころ					私たちの心の発達と変化（保健学習）	
男女には，体のしくみや発達段階に違いがあるが，お互いに相手の人格を尊重しあうことが大切であることを知り，相手を思いやる心情や態度を育てる。	男女の人間関係		みんな　なかよし（道徳）	ぼく男の子，わたし女の子（学活）	男女の助け合い（学活）			異性とのかかわり（学活）
家庭での男女の役割は，重なりあっており，お互いに助け合うことの大切さを知るとともに，性情報や性被害，エイズに関することなどの性的事象を見つめ，健康で安全な生活を営む能力や態度を育てる。	家庭や社会との関連	性・被加害	さそいにのらない（学活）			性被害と加害（学活）		
		いろいろな家庭	おうちの仕事（生活）			明るい家庭　（道徳）		家庭と家族　（家庭）
		性情報			マンガやテレビとわたしたち（学活）		性情報の選択（学活）	
		性感染症	からだをきれいに（共通学活）	病気のひとへのいたわり（道徳）	＊「血液のはたらき」「出血を伴うけがの手当て」について集会活動で全校児童を対象に実施 だいじな体（理科）「血液の話」		わけへだてなく（道徳）	エイズってどんな病気（保健学習） 共に生きる（学活）

資料4　主題のねらい

学年	主題名	目標	ねらい　↕（教科・領域の中で指導するにあたりおさえたいこと）
1年	からだをきれいに	性の自認（からだ）☆	体を清潔に保つことの大切さや、清潔に保つための具体的な方法に気づかせ、習慣化をはかる。
1年	みんななかよし	男女の人間関係	学校生活に親しみ、互いの気持ちを考えながら、なかよく助け合って過ごすことの大切さに気づく。（↕道徳）
1年	さそいにのらない	家庭や社会との関連	誘拐や性的ないたずらから身を守る方法を知り、毎日の生活の中で行動をとることができる。
2年	わたしの誕生	性の自認（いのち）	両親やまわりの人たちに祝福されて誕生したようすを知り、いのちを大切にしようとする気持ちを持つことができる。
2年	男の子女の子	性の自認（からだ）	男の子・女の子の身体のちがいに気づかせ、お互いになかよく助け合って生活しようとする態度を育てる。
2年	病気の人へのいたわり	☆エイズの学習	自分が病気になった時のことを思い起こし、病気の人の気持ちがわかり、病気の人への思いやりの心を持つことができる。（↕道徳）
3年	血液の話	☆エイズの学習	血の働き、仕組みなどについて学習し、体を守るしくみがあることがわかる。 高学年で計画されているエイズの学習に関連する基礎知識としての血の働きや仕組みなどを理解する。（↕理科）
3年	男女の助け合い	男女の人間関係	男女は遊び方などに違いがあるが、互いに相手の気持ちや長所を理解して仲よく助け合っていこうとする態度を育てる。
3年	マンガやテレビとわたしたち	家庭や社会との関連	テレビ・マンガ・雑誌を中心にした暴力・殺人の場面に対する受けとめ方について考えさせ、それを選択し批判する能力の素地を養う。　あわせて乱読や長時間視聴について考えさせ生活のリズムを正しくつくりあげる態度を身につける。
4年	わたしの成長	性の自認（からだ）	男女の体の成長の特徴について理解させ、これからの成長の見通しをもたせるとともに、お互いを大切にする態度を育てる。 二次性徴の発現や、一次性徴の発育、発達には、性差、個人差があることを理解させる。
4年	性被害と加害（ひとのいやがること）	家庭や社会との関連	性被害の実際について正しく理解し、すすんで性被害の予防に努めようとする能力や態度を身につける。　また、何気ない言動や行為が人を傷つけてしまうことを知り、相手の立場や気持ちをよく考えながら生活しようとする態度を身につける。
4年	明るい家庭	家庭や社会との関連	いろいろな家庭があることを知り、楽しい家庭にするために家族の一員としての自覚を持ち、すすんで協力をしていこうとする態度を育てる。（↕道徳）
5年	私たちのからだの成長と変化	性の自認（からだ）	二次性徴の発現とその意味、成長の個人によるちがいについて正しく理解する。 二次性徴の発現に伴う悩みや不安を解消し、伸び伸びと生活しようとする態度を身につける。（↕保健学習）
5年	私たちの心の発達と変化	性の自認（こころ）	心の発達に伴い、性にかかわる悩みや不安が生じてくることを知る。 成長とともに人々とのかかわりが増えるが、好ましい人間関係をつくるには、心の調節（コントロール）が大切であることを理解させる。（↕保健学習）
5年	性情報の選択	家庭や社会との関連	・情報は自分に役立つものもあるが、自分に悪い影響を与えるものもあることを知らせ、正しく判断し、必要に応じて選択することのできる能力や態度を身につける。 ・中には、営利を目的として人間の性を興味本位に扱うものがあり、女性を差別したり、蔑視したり、人の命を粗末に扱っていることに気づかせ、人間を正しく理解することの大切さを知らせる。
5年	動物や人の誕生	性の自認（いのち）	生殖のしくみや生命の連続性について理解する。 生命の継承にまつわる心身の成長に喜びと希望をもち、自他の生命を尊重しながら生活していこうとする態度を身につける。（↕理科）
6年	生命尊重	性の自認（いのち）	生命のかけがえのなさ、大切さを知り、それが多くの人によって守れていることを確認し、進んで自他のいのちを大切にする。（↕道徳）
6年	異性とのかかわり	男女の人間関係	相手の立場や気持ちを尊重しながら、異性と接していくことの大切さを理解し、よりよい男女関係を築いていこうとする態度を身につける。
6年	エイズってどんな病気	☆エイズの学習	エイズという感染症あらましについて正しく理解する。 普段の生活の中では、エイズに感染する心配のないことを理解し、エイズについて正しく判断することができる能力や態度を身につける。（↕保健学習）
6年	共に生きる	☆エイズの学習	エイズという感染症について誤った見方や考え方を正し、不必要な不安や偏見を取り除く。 誰とでも、わけへだてなく接することの大切さを理解し、差別したり偏見をもったりしないようにする態度を養う。

ことをめざした指導形態の工夫をすることが、研修をすすめていくうえでの目標の1つでもあったため、休暇を利用し各種の研究会や講演会に出向き自己研修の機会をもった。関東甲信越静学校保健研究大会で武田敏先生のライフスキル教育に出合い、職場に持ち帰り紹介や研修の場を設営していった。

(3) 授業実践にあたって

授業実践にあたっては、保健主事や養護教諭のようにこの分野に携わる者は、実際に授業の様子を目にしたことがあると思うが、その他の先生方はどんなふうに実践していったらよいのか不安があるのではないかと考え、最初は"真似＋工夫で十分"という姿勢であたり、養護教諭と担任のT.Tで典型的な性教育の授業とみられる「わたしの誕生」の実践から入った。

その後、必要ならば一緒にやっていこうということで、指導計画にそって行なってきた。

実際に授業づくりの活動が始まってからの養護教諭の働きかけは次のようなことをしていった。

・資料集め（先進校の資料、文献を紹介）
・授業づくりでの協力と活動案検討
・家庭への啓発（保健だより、校内掲示物、講演会の計画）**写真3**
・実施した反省を活用し、無理なく指導できるための工夫の参考にした
　（欲しかった資料、計画見直し）

(4) 授業実践の実際

①人材活用や体験学習を取り入れた実践例　……活動案a

2年生の生活科「わたしの誕生」の単元での実践である。生き方を学ぶ生活科では、わからないことは、その道の専門家や経験者に学ぼうということで、さまざまな場面で協力し合い実践した。

たとえば、事前調査では家族に「子どもの成長に関するエピソード」をインタビューし活動の支援をお願いした。また、教材の工夫としては、人材活用として子どもの保護者の参加、胎児の心音テープの使用、赤ちゃん人形や胎児人形を実際に抱いたり腹帯で身につけたりと疑似体験を組み合わせ展開することでねらいを効果的に達成することができた。

子どもたちのなかからは、「お母さんにありがとうと言いたい」「ずいぶん大きくなったんだなあ」と、つぶやきが聞かれ、赤ちゃん人形を抱くしぐさがやさしく変わっていった。

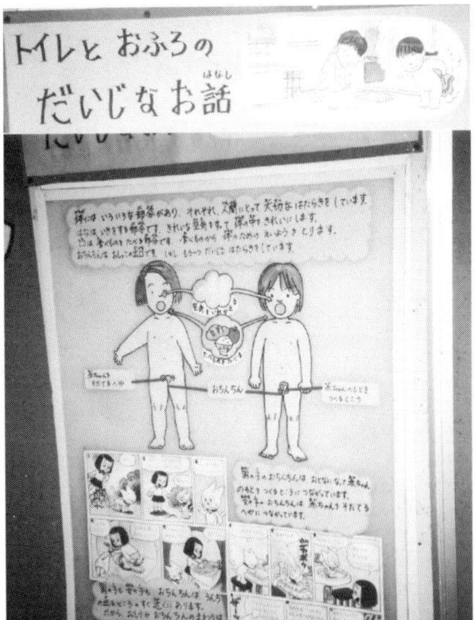

写真3　校内掲示物より

活動案ａ　生活科「わたしの誕生」対象：２年生　形態…学級担任(T1)・養護教諭(T2)・保護者(T2＊)

時配	主な学習活動	支援・評価 T１	支援・評価 T２	資料
１０分	1．誕生したばかりの赤ちゃんと同じ大きさの人形を抱いてその大きさや重さを感じる。 ・わあつ。重い。 ・くたくただ。 ・軽かったんだなあ。	o出生時の赤ちゃんの大きさや重さや柔らかさを体感できるように，赤ちゃん人形を児童に抱かせる。 o全員が抱っこできるように，人形はできるだけ多く用意する。 ・これは本物の赤ちゃんと同じ大きさの人形だよ。 ・抱っこしてごらん。	o児童とＴ１が出生児の大きさについて話し合っている間に赤ちゃん人形を廊下に準備する。 oグループの中のどの子も抱っこできるように助言する。	赤ちゃん人形
５分	2．生まれる前にいた場所や期間を考える。 ・おなかの中だよ。 ・違うよ。 ・弟が生まれる前，お母さんのおなかは段々大きくなったよ。	o児童の興味が体内に向くように誘導する。 ・生まれてくる前はどこにいたのかな ・お母さんのおなかの中で最初からこんな大きさだったのかな。 o１０ヶ月が捉えられるように具体的に暦を使う。 ・おなかの中で段々大きくなっていったんだね。 ・では，養護の先生におなかの中の様子を教えてもらいましょう。	oY. M. 児が学習に集中できるようそばについていてあげる。 ok．T. 児,A．S．児は話が横道にそれやすいので,側で様子を見る。	こよみ
２５分	3．お母さんのおなかの中の赤ちゃんの部屋について聞く。（写真４） 4．胎児の成長について専門の先生に教えてもらう。 （1）受精について ・そんなに小さいの？ （2）３ヶ月頃の胎児とお母さん ・たいへんだったね。 ・わたしが生まれることを喜んでくれたのね。 （3）６ヶ月頃の胎児とお母さん ・心臓の音だ。 （4）９ヶ月頃の胎児とお母さん ・たいへんそうだね。 ・足元が見えない。 ・楽しみにしてくれたのね。	oおなかの中で赤ちゃんが誕生したことを知った時の喜びを絵本に書いてある児童を紹介して読んでもらう。 o児童のお母さんを体験者として紹介する。 評価　観察（表情） o胎児の成長の話を真剣に嬉しそうに聞いているか。 oお母さんの日常生活が体験できるように胎児人形を児童のおなかにつけてあげる。（写真５）	o女の人にはみんな子宮があり，そこで胎児が育つことを２年生にわかりやすく絵を使って説明する。 o受精については２年生にわかる程度に触れる。卵の大きさについては，児童が理解できるように見える資料を準備する。 o３・６・９ヶ月目の胎児の大きさが具体的に捉えられるように人形や心音テープを提示する。 o３ヶ月の頃のお母さんの喜びや体のつらさがわかるように児童のお母さんに体験談を話してもらう。（＊） o胎内での赤ちゃんの成長の喜びを感じることができるように，胎動を感じた時のお母さんの気持ちを話してもらう。（＊） o自分を待つ家族の愛が感じられるように，おなかの大きいお母さんの大変さや我が子の誕生を家族みんなが楽しみに待つ気持ちを話してもらう。（＊）	子宮の絵 精子と卵子のペープサート 針の穴をつけた黒い紙 ３ヶ月の胎児人形 ６ヶ月の胎児人形 心音テープ ９ヶ月の胎児人形 （写真６、７）
５分	5．養護教諭やお母さんの話を聞いた感想を発表する。 ・大変だったんだ ・ずいぶん大きくなったな。 ・生れて良かった。	o養護教諭やお母さんの話を聞いている時の児童のつぶやきを紹介する 評価　観察（発表） o自分の成長やいのちの不思議を感じられたか。 o家族の愛情や自分が産まれてきた喜びを感じられたか。		

写真４　おなかの中の赤ちゃんを知る

写真５　胎児人形をおなかに抱える

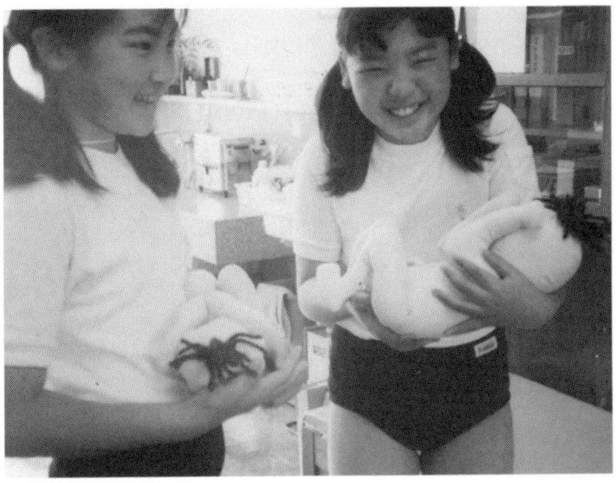
写真６

写真７

胎児人形を抱いて重さを実感する子どもたち

②視聴覚資料の活用を取り入れた実践例　……活動案ｂ

６年生の保健学習「病気の予防」・４年生の学級活動「わたしたちの成長」での実践である。子どもたちにとって謎に包まれたようなエイズの学習や二次性徴についての内容では、次のような点をおさえて指導を行なった。

・未知のことがらを指導するということで、ビデオ教材・写真・粘土人形など視聴覚資料を活用し理解しやすくする。
・感染の可能性を考える場面では、絵カードを使い日常生活の中の具体的場面を提示し、学習の日常化を図る。

つまり、基礎となる知識習得の内容については、視聴覚資料を活用し、調べ学習や講義中心でしっかり覚えさせたいと考えた。

活動案ｂ　学級指導「わたしたちの成長」対象：４年生　形態…学級担任(○)・養護教諭(●)のTT

時配	学 習 内 容 と 活 動	支 援 ・ 評 価	資料
５分	１．男女の体つきの違いを考える。 (1)動物の雄と雌の体つきの違いについて知る。 ・赤ちゃんの頃は区別がつかないけど，大人になるとわかる。 (2)人間の男女の体つきの違いについて考える。 ・大人になるとどんな体つきになるのかな。 ２．本時の課題をつかむ。	○　タイムマシンにいれる前のイラスト(赤ちゃん)とでてきたイラスト(大人)で雌雄の区別をするように問いかける。(写真８) ○　男女の体がどのように成長していくかという本時の課題がつかめるように，タイムマシンに子どもの体つきをした人形を入れる。	タイムマシン 動物のイラスト(ひよこ・ライオン)　(写真９) 子どもの人形(２体)
３０分	大人にちかづくと，体はどのように成長していくのだろう。		
	３．体の変化について考える。 (1) 体の外の変化を考える。 ①　大人の男女の体つきを話し合い，グループで人形を作成する。 ・女性は胸が大きくなる。 ・女性は体つきが丸くなる。 ・男性はがっしりしている。 ・男性はひげが生えてくる。 ・男性はのど仏が出てくる。 ・発毛してくる。 ②　完成した人形を見て，体の外の変化を確認する。	○　グループでの活動がスムーズにできるように，事前にうちの人と風呂に入ることを課題にだしておく。 ○●各グループを回り，恥ずかしがらないよう雰囲気作りに努め，つまづきのあるグループには具体的なヒントを示す。(○1，3，5，7班　●2，4，6，8班) ○●作業がしやすいように粘土を使いやすい大きさに切り分け，水分を与えておく。(写真10) ○　この後の活動の妨げにならないように，手袋をつけて作業させる。 評価　観察（話し合い，人形） 大人に近づくにつれ，体がどのように変化するか考えることができる。	子どもの人形(２体) てぶくろ，粘土 サインペン 師範人形(２体) 子どもの人形(２体) (写真11)
５分	(2)　体の中の変化を知る。 ・月経について ・射精について ・ホルモンについて ・男女の成長の違いについて ・個人差について	●　養護教諭の専門性を生かして，体の中の変化について知らせる。 ●　月経や射精のメカニズムについては，次学年で学習するため，深入りしないでおく。(写真12) ●　体の中でも変化し始めていることを捉えられるように，男女の内性器の図を用いて説明する。 ●　個人差や男女差はあるが，みんな同じように大人の体に近づいていることを話し，体の変化におどろいたり，悩んだりしなくてよいことを理解させる。(写真13)	
５分	４．学習のまとめをする。 (1)　今日の学習でわかったことをワークシートにまとめる。 ・　大人に近づくと，男女で体つきが違ってくる。 ・　発育には個人差や男女差があるから，発育が遅くてもあまり気にしないようにしよう。 ・　体の中でもいろいろ変化しているから自分の体を大切にしよう。 (2)　わかったことや感想を発表する。	●　自分の体を大切にするように話をする。 評価　記録分析(ワークシート) 大人に近づくにつれて起こる体の変化と，発育の男女差・個人差について理解することができる。 ○●わかったことをまとめることができた児童には，そのことからどんなことを思ったかも書くように助言する。 ○●わかったことを自分の言葉でまとめることのできた児童や，体の変化に不安を抱かずに生活していこうという感想を持てた児童を紹介する。	ワークシート

写真８ 「タイムマシン」を使って

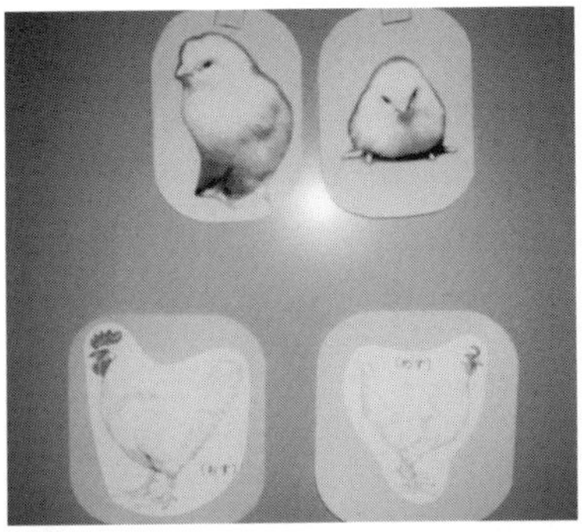

写真９

メス、オス、どっち？

左　　　　右
オンドリ　メンドリ

写真10

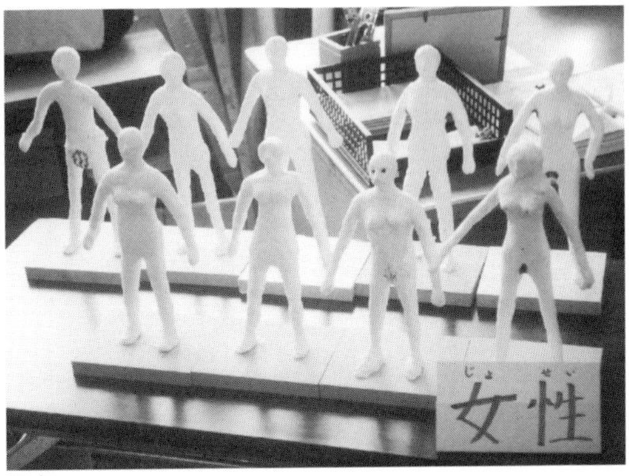

写真11

写真12

写真13 「子どもの町」から「おとなの町」へ向かって歩いているところだよ。でも歩く速さは、速い人もいればおそい人もいるんだ。でもかならずつくんだよ。

③討議形式を取り入れた実践例 ……活動案ｃ

３年生の学級活動「マンガやテレビとわたしたち」での実践である。

特別活動としての指導であるから「学級や学校生活の充実と向上」「不安や悩みの解消」「望ましい人間関係の育成」を扱うが、行動選択能力や意思決定をねらう指導では、係わりの持ち方の訓練的手法（ライフスキル）を学ぶことを中心に考え、討論形式を取り入れた。これは、自分がどうしてそういう行動を選択したのかの理由づけをし、また、友だちの行動選択の理由づけを聞くことにより、内面的変化を期待するものである。

その結果、建前で意見を出す子も見られたが、「でもね、先生、正直言っておもしろいと思った」など本音で話す子どもや、「テレビの人は仕事でやっていることなので、わたしたちがまねをするのはよくない」とはっきりした意見を言葉では表現できない子も、意見表示板の色を変えることで、自分の意見の変容を示すことができた。

最後に、子どもたちの生活に結びついた他の情報ということで、TVゲーム「ストリートファイター」の録画を見せたが、子どもたちのなかから「ぼく同じことやってるかもしれない」とつぶやきが聞かれ、自分たちがさまざまな情報の影響を受けていることを感じることができたと考える。

活動案c　学級活動「テレビとマンガとわたしたち」対象：3年生　形態…学級担任単独

時配	学習内容と活動	支援・評価	資料
15分	1．自分の好きなテレビの番組を紹介する。	o　テレビ番組に関心を持てるように人気番組紹介表を準備する。それらの中から，おもしろいが好ましくない場面もある番組を選んだ児童に，番組紹介をしてもらう。	人気番組の紹介表
5分	2．紹介された番組のVTRを見る。 ・　おもしろい。 ・　すっげえ。 ・　かわいそう。 ・　みたくない。 ・　やめて。	o　VTRを見る視点がはっきりするように話す。 o　視聴した感想を簡単に書けるようにワークシートを用意する。	VTR ワークシート
15分	3．VTRを見て感じたことやいろいろな番組にであった時どうするかを話し合う。	o　紹介された番組が良い番組かいなかを討論する際，紹介した児童が攻撃されることのないように助言する。	
	この番組はよい番組だろうか。		
	・　おもしろい番組だ。 ・　かっこいいことしている。 ・　かわいそうだ。（写真14） ・　見ないほうがよい。 ・　見てもいいけどまねしちゃだめだ。 ・　テレビでは，してはいけないこともやっているんだ。（写真15）  写真14「賛成」  写真15「反対」	o　気の小さい女子の感じたことがつぶされないように挙手しない児童も指名していく。 o　興味本位の発言にならないように座答に流されない。 o　感情的な意見の出しあいにならないように配慮する。 o　番組の完全否定や肯定ではなく，よいところも悪いところもあるという見方ができるように意見を取り上げる。 評価　観察（発表・意見表示板） o　番組にはよい場面とよくない場面があることがわかる。	意見表示板 意見表示板（黄・青・白）
10分	4．これからどんなことに気をつけたいかを書き，話し合ったり，学習の感想を発表したりする。	o　実態調査をもとに変容のあった児童を紹介する。	感想カード

	・テレビのまねばかりしないようにしよう。 ・よい場面かよくない場面かをよく考えながら見よう。	評価　　　　観察（発表・感想） o これからどんなことに気をつけてテレビを見ようと思うか考えることができたか。 o 他の情報を提示し，いろいろな情報についての善し悪しを考える必要があることを話す。	ゲームのVTR

④ロールプレイングや動作化をとりいれた実践例　……活動案ｄ

１年の学級活動「からだをきれいに」「さそいにのらない」、２年生の学級活動「ぼく男の子・わたし女の子」・道徳「病気の人への思いやり」、３年生の学級活動「男女の助け合い」、６年生の学級活動「異性とのかかわり」「共に生きる」での実践である。

指導内容をみればわかるように主に係わりの持ち方（コミュニケーションスキル）を学ぶことが中心になっている。最近よく取り上げられている方法であるが、ロールプレイングや動作化を取り入れることで、実際場面で、自分で判断し行動する能力を身につけることができると考え活用してみた。

今回は動作化を活用した実践例である。「体をきれいに」では、普段自分のやっていたお風呂での洗い方を、友だちの方法と比べることにより違いに気づき、本日学習した「汚れやすいところ」「性器をきれいにすること」などポイントをワークシートで確認をし、気づき、改善したものを実際やって見るというストーリーですすめてみた。

授業のなかで、「たいへんだ！　女の子のオチンチンをきれいにしないと、赤ちゃんの通ってくる道が汚れちゃうよ」と困ったように叫んでいるのが印象的だった。

活動案ｄ　学級活動「きれいなからだ」対象：１年生　形態…学級担任（○）・養護教諭（●）とのTT

時配	学習内容と活動	支援・評価	資料
5分	1. 体の汚れやすい所を調べ話し合う。 汚れやすい所（写真16） ・手・指・腕・顔・首・おなか ・うんちの出るところ　・おちんちん 2. 本時の課題をつかむ。	○ 体の絵にシールをはり，体の汚れや場所に気づかせ，問題意識を持たせる。 ○ 体の図から洋服を脱がせ，汚れやすい所は衣類に隠れた部分にもあることに気づかせる。	男女の人体図 シール （写真17）
	からだをきれいにする方法をかんがえよう。		
15分	3. 体を清潔にする方法を考える。 （1）体を清潔に保つためにしていることについて話し合う。 ・石鹸で洗う。　・お風呂に入る。 ・下着を毎日取り替える。　・頭を洗う。 （2）汚れたままだと，どうなるか話し合う。 ・くさい　・かゆい　・ばい菌が入る。	○ 体を清潔にするために，毎日どんなことをしているか考えさせる。 評価　　　　観察（発表） ・体を清潔に保つためにはどうすればよいか考えることができる。 ○ 病気の予防とともに，エチケットとして大切なことに気づかせる。	

２０ 分	・気持ち悪い。　　　　・病気になる。 ・人にいやな思いをさせる。 （3）汚れたままにして置くとどうなるか説明を聞く。 ・性器のしくみと働きの説明 ・汚れたままや，汚い手で触ったりするとどうなるか聞く。 ・排便後のお尻の拭き方 4．お風呂に入る時の体の洗い方や気をつけることを考える。 （1）体の洗い方を動作化し，どこをきれいにするか絵図に丸をつける。 （2）体の洗い方を発表する。（写真19） ・目に見える汚れを洗う。 ・耳の後ろなど細かい部分を洗う。 ・性器や肛門の周りを洗う。 （3）体の洗い方を全体で練習する。（写真20）	● 性器のしくみと働きについて養護教諭から話しを聞き，将来赤ちゃんを産むための大切なところでもあることを知る。（写真18） ● 肛門は特に汚れやすい所で，性器に近いことも知らせ，正しいお尻の拭き方を知る。 ○ 動作化を通して，体の洗い方や気をつけることを自分なりに考えられるようにする。 ○●つまづいている児童には，日常でのお風呂の入り方を振り返って考えるよう助言する。 ○ 自分の考えた体の洗い方と比較しながら見るようにする。 ○ 発表を見て，洗う部分のつけ加えをしてもよいことを話す。 ○ 性器や肛門の周りをよく洗う。その時，浴室の床にお尻を直接つかないことをおさえる。 ○●みんなが気づかなかったところをきれいにしている子を紹介し広める。 ○ 体を清潔にしたら，下着も清潔なものに替えることに気づかせる。 ○●机間巡視して賞賛や助言を行う。	女の子の性器図（横） キュウピー人形 タオル ワークシート 絵カード
５ 分	5．学習のまとめをする。 （1）　学習したことを家族に知らせる手紙を書く。 ・うんちの出るお尻の周りをよく洗うよ。 ・おちんちんの周りをよく洗うよ。 ・床にお尻をつけないよ。 ・きれいな下着にとりかえるよ。	○ お風呂に入る時に注意することを書けるワークシートを用意する。 評価　　　　　記録分析（ワークシート） ・お風呂での体の洗い方が理解できたか。 ○ 今夜，風呂に入る時は学習した体の洗い方ができるように話し，意欲化を図る。	

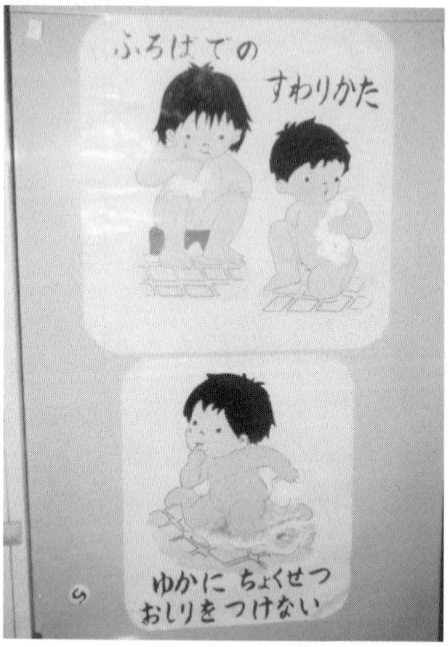

写真16

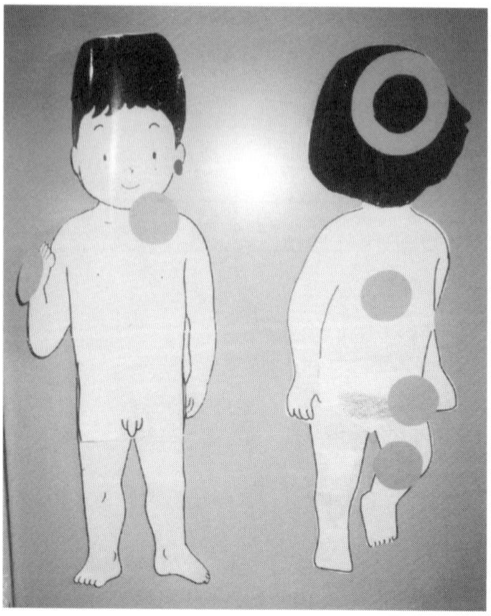
写真17

写真18

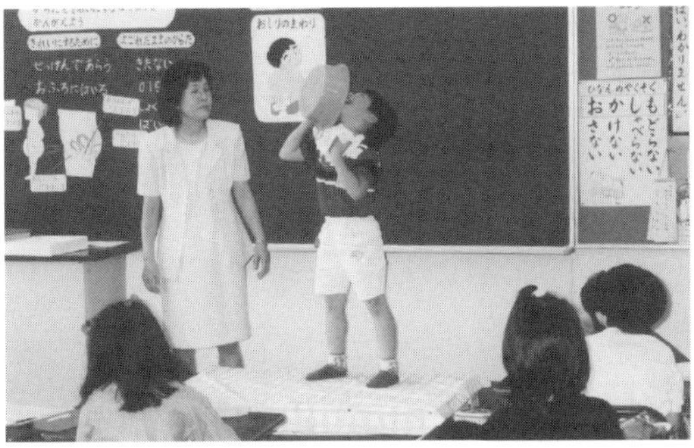

写真19

写真20

その他、課題別グループによる調査活動、養護教諭とのT.Tなど授業形態を取り入れ、子どもの行動選択能力や意思決定をねらう指導方法を工夫した。

(5) 啓発活動の取り組み

保護者の性に対する意識や価値観が多様であり、学校の性教育に対する考えもさまざまであるため、家庭との連携が大切になってくる。また、性教育のなかで「しつけ」や「基礎的な意識」の部分は、家庭教育の範疇になることが多いため、理解と協力を得ながら進めてきた。

①学級だより・保健だよりによる情報提供や啓発活動

性教育のねらいや捉え方、家庭の役割、授業の様子や感想を掲載した。

②授業参観の実施による啓発活動

ミニ先生となり、学習したことをおうちの方に紹介したり、発展学習として授業参観を活用し、紹介した(**写真21**)。

③ＰＴＡ講演会による啓発活動

実態調査より、「こどもからの質問に対して、どのように対応してよいのかわからない」と言う意見が出され、講師を招いて「家庭における性教育」についての講演を実施した。なかにはご夫婦で参加された方も見られた。

写真21
地域社会への啓発活動

これらの取り組みをしていくなかで、保護者との信頼関係も生まれてきたように思われ、“子どもはみんなで育て守っていくもの”という思いが浸透していったように感じた。

3．今後の継続を願って

性・エイズ教育として3年間計画的に進めてきた結果、体の学習を「いやらしいもの、恥ずかしいもの」というイメージで捉え、照れたり隠したりという行動に出ることがなくなり、「からだの学習、次はいつ勉強するの」と保健室を訪ねてくる子もいた。また、エイズの授業でネックとなる「性交」についても、からだの学習の一端という捉え方ができたのだろうか、抵抗もなく進められ、積み重ねや指導者側の思いが着実に子どもたちを育てているという手応えを感じた。

研究指定が終わったが、主題一覧にそって活動案と指導資料を作成しようという意見が出され、１年をかけてまとめあげた。それぞれの指導内容で「使った資料の一覧表」や「使用した用語の系統性の一覧表」（**資料５**）を加え１冊の本にした。指導したい時に、すぐそこにあるという手軽さが継続につながる１つの方法ではないかと考えた。保健室の一角に地域の大工さんが棚をつくってくださり、そこに内容ごとに資料を分け、衣装ケースに入れることにした。わたしたちの職場は１人２人と入れ替わってしまい職場に研修したメンバーが数少なくなっても、活動案や授業記録写真の冊子がわかりやすく保管されていれば、子どもたちの実態に合わせちょっぴり工夫を加え実践できるのではないかと思った。

また、指導する計画の内容を学級活動年間計画に位置づけることで、それぞれの学年の学級活動計画に忘れず取り入れてもらえるようした。

4．新任校にて――健康づくりの輪を広めるところから……

2001年度、小学校から中学校に異動をした。昨年度は特活研修会においてエイズの学習から発展させ「共に生きる」学習に、また、道徳では「命の重さ」についての学習に取り

資料5　性・エイズの指導　主な用語及び内容の系統性

※　各学年の指導内容の関連については要素表を参照にする。

			1　年	2　年	3　年	4　年	5　年	6　年	それ以降
女性の性器の構造、機能	ヴァギナ（膣）	呼	△　赤ちゃんの通る道 →	→	→	→	○ヴァギナ（膣） →	→	◎
	子宮	呼		△　赤ちゃんのお部屋 →	→	△子宮	○子宮 →	→	
	卵巣	呼				○赤ちゃんの卵のできるところ	○卵巣 →	→	
	卵管	呼					○卵管 →	→	◎
	子宮のはたらき			○　赤ちゃんの育つところ		○	◎		
	卵巣のはたらき					○	◎		
月経の知識	卵子	呼		○　赤ちゃんのたまご →	→	→	○卵子 →	→	
	排卵	呼と働					○		◎
	初潮	呼					○　女子のみ◎		◎
	月経（生理）	呼				○	○　女子のみ◎		◎
	月経周期					女子のみ○			◎
	おりもの					女子のみ△			○
月経時の生活	月経のてあて					女子のみ◎	女子のみ◎		○
	月経の記録					女子のみ○	女子のみ○		○
	月経時の生活上の心構え					女子のみ◎	女子のみ◎		○
	初経の早発・遅発（個人差）					○	◎　女子のみ◎		○
	月経の随伴症状					女子のみ○	女子のみ○		○
男性の性器の構造と機能	ペニス（陰茎）	呼	○　オチンチン →	→	→	→	○　ペニス →	→	◎
	陰のう	呼							◎
	精巣（睾丸）	呼				○赤ちゃんのもとのできるところ →	→	→	◎
	精管	呼					○		◎
	ペニス（陰茎）のはたらき					おしっこのでるところ ○赤ちゃんのもとのでるところ	○		◎
	精巣（睾丸）のはたらき					△	○		◎

◎　重点的に扱う（説明する、調べる、覚える）　　○　知らせる（確認する、復唱する）　　△　ふれる程度

資料5つづき

			1　年	2　年	3　年	4　年	5　年	6　年	それ以降
射精の知識と生活の心構	精子	呼		○ 赤ちゃんのもと →	→	→	○ 精子 →	→	◎
	射精	呼と働				○ →	→	→	◎
	精通	呼と働					○ →	→	◎
	精子の生産					△	○		◎
	精液						○		◎
	射精が起こるときの条件（含夢精）						○		◎
	精通の早発・遅発（個人差）					○	○		
二次性徴（男女共通）	二次性徴	呼と働				△おとなに近づくとおこる変化	◎二次性徴 →	→	
	性器	呼	○ オチンチン の表現 →	→	→	○ 性器 →	→	→	◎
	乳房（にゅうぼう）	呼					○ →	→	
	発毛	呼					○ →	→	
	ホルモン	呼					△ 脳からの命令 →	→	◎
	性腺刺激ホルモン	呼					△ →	→	◎
	男性（女性）ホルモン	呼					△ →	→	◎
	脳下垂体	呼					△ →	→	◎
命の始まり	受精	呼と働		△ 合体			◎ 調べ学習の中で		
	へその緒	呼と働		△			◎ 〃		
	羊水	呼と働		△			◎ 〃		
	胎児	呼					◎ 〃		
	胎盤	呼と働					◎ 〃		
血液の働き	血液	呼			○			◎	
	赤血球	呼と働			○			◎	
	白血球	呼と働			○			◎	
	血小板	呼と働			○			◎	

◎　重点的に扱う（説明する、調べる、覚える）　　○　知らせる（確認する、復唱する）　　△　ふれる程度

組んだ。

もちろんエイズの学習では日常生活で感染のリスクを考える場面でフラッシュカードを活用し、ウィルスの弱点の説明では視聴覚を活用して実施した。一方、道徳では、保護者の方の出産についての体験談を録音していただき協力いただいた。また、胎児人形を実際抱いて800gで生まれてきてしまった未熟児の重さ、その赤ちゃんを気づかう家族の思いを実感することができた。

また、卒業前の３年生に、将来に向けての指導ということで、ロールプレイングを活用し望まない妊娠をしないためにどうしたらよいかを考えた。

しかし、系統立てて計画的に行なったわけではなく単発的に実践している段階なのでぜひとも仲間を増やし、子どもたちに思いを伝えていきたいと思う。

それには、活動案の書き方や授業テクニック等、より自己研修に励み、取り組みに賛同してくれる仲間をつくっていくこと、また、その前の基盤となる「健康づくりの輪」をつくり上げていかなくてはいけないなと心新たにしている。

性に関する指導（健康教育）の定着化を目指して

静岡県富士市立富士第一小学校
荒川　恵子

はじめに

「性に関する指導」の必要性が叫ばれて、久しい。今やその取り組みは、かなり進行しており各校にしっかり根をおろしているかのように思われる。全国的にはその道のエキスパートと呼ばれる養護教諭も多数存在し、各地で公開授業等の研修会が盛んに催されている。しかし、果たしてその定着性はどうであろうか。

一度立ち上げても、その時のメンバー（学級担任や推進役の職員）が年度替わりで入れ代わったりすると、足並みが揃わず絶ち消えてしまう場合が多い。しかし、性に関する指導（幅広くは健康教育）は系統性をもってこそ、子どもに定着するものであり他の教科との関連はあるにしても、自分の体や心を通して命の大切さを直接感じ取れる唯一の授業であると思われる。したがってせっかく始めたものを中断させてしまうのは、積み重ね部分が途切れ非常に効率が悪く、さらに再び立ち上げる時には１からではなく、ゼロからのスタートとなってしまう。

現実の子どもたちはさまざまな性情報をいろいろな形で受け止めており、性犯罪も多様化している。10代の妊娠・中絶・性感染症問題とともに、援助交際や複数の異性間交遊という社会環境のなかで、子どもたちが被害者ばかりでなく加害者にもなっていく現実が、すでにある。これらの社会情勢にたいへんな危機を感じている。せめて義務教育の間に心と体の学習（健康教育）に触れ、自分がいかに大切な存在であるかという自己肯定感（＝自己有用感）を子どもたちに培ってほしいと願う。

本校の環境は市街地の繁華街に位置し、前述の現実に近い所にある。実際、高学年になればなるほど異性への興味関心が高まり、女子から男子へのアプローチも積極的になっている。そこで、子どもたちを中学校へ送り出す前に正確な体の知識と、人としての心のあり方を子どもたちに伝えるために、性に関する指導を計画的に系統的に進めることにした

(2001年度)。そして今年はその2年目に当たり、引き続き実践の必要性を強く感じている。

1．系統的な指導をするための背景

私が所属する静岡県富士市の健康教育研究部会（市内小・中学校の養護教諭で構成する）では、1996年度に性に関する指導の学年別系統一覧表（**別表**）を作成した。これは、全市的に同じ内容で性に関する指導を実践しようと発案したもので、3つの班別の研修で進めたものである。これには大きな利点が3つある。

①系統一覧表に合わせた指導案および資料を作成し、それに伴うアンケート集もまとめ、これらすべてをファイリングして各校に保管することとした。
具体物（模型や人形・ビデオ・書籍）などは必要な時に貸借できるようそれを所有している学校名を種類別に記載し、一覧できるようにした。これらの冊子は転任時もその学校保存として持ち出さないことになっている。
②各学年の発達段階を考慮した内容で、小学校6年間、中学校3年間、計9年間を通して指導していける。中学校の指導の際には小学校での学習内容を知る必要がある。教材・資料が重複したり、周知のことと思っていたことを知らなかったりすると授業を進めにくい。また、学習にも新鮮さを欠くことになる。
③市内どこへ指導者が異動しても同じ内容で指導できるので、一般教諭でも養護教諭でも1つの学校で実践に使用した資料や教材などが生かせる。そのため、授業へ取り組みやすくなる。

別表　「性に関する指導」単元系統一覧表

	学年	指導項目（各学年3時間扱い）		
		1	2	3
小学校	1	からだをきれいに	男の子・女の子	さそいにのらない
	2	おへそのひみつ	みんな大事な子	テレビと私たち
	3	いのちのはじまり	思いやりのあるクラス	家族と私
	4	生命誕生	男女の助けあい	家庭と家族
	5	おとなに近づく私たち	男女のいたわり	いろいろな情報と明るい生活
	6	おとなへの準備	異性の友だち	病気（エイズ）の人への思いやり
中学校	1	思春期の心と体の変化	性情報と性意識	エイズを学ぼう
	2	生命誕生と連続性	性の不安と悩み	エイズと共に生きる
	3	性的欲求と性行動	自立・共生・結婚・家族	エイズと人との関

これらをふまえて、市内の小・中学校における「性に関する指導」は必ず1学年最低2時間、できれば3時間をこの表中から選択して教育課程上に載せることを共通理解した。市内全域にこのような指導が行き届くことを期待していたが、それから数年後本校に赴任して、形骸化してきている実態を目にしたとき、本校での基盤をつくっていこうと考えた。

2．授業実践にあたって

健康教育の授業枠は、2002年度の教育課程上では特別活動の学級活動に、全学年2時間を位置づけている。前年度の教育課程編成時期に時間数を確保したのだが、内容的には体育の分野でも構わないと思われる。ただ、全学年とも同じ教科で時間をとったほうが毎年継続していくうえで都合がよいと考えられる。

授業に際しては、上記の富士市健康教育部で作成した指導案・資料・副教材等が十分活用できる。そのうえ今は、絵本一つとっても利用できるものがたくさんあり、いろいろなバリエーションで指導が可能になっている。指導者の工夫次第である。

しかし、教師自身が性に関する指導を受けたことがなく、公開授業や模擬授業も参観したことがない。指導用の資料でさえ初めて目を通すというような場合、いざ授業といっても躊躇するのは当然である。そのような場合は、教材準備や資料作成等の援助に加えて養護教諭も率先して授業に関わり、T.Tでも単独でも他の先生方に範を示すつもりで積極的に出ていくことが大切であると思う。上手とか下手とかの問題ではなく、子どもたちがどのように受けとめるかが重大であり、他にそのような学習の場がないことを考え合わせれば、何らかの感動を確実に与えることができる貴重な時間だと断言できる。失敗を恐れず、果敢に取り組みたいと考えている。

3．初年度実践に際しての問題

初めて性に関する指導を立ち上げるにあたり最も配慮することは、発達段階は考慮するものの性の指導に使用する語彙や用語、体の名称など必ず知っておかなければならない全学年共通の要素がいくつかある、ということである。数字を知らなければ計算ができない、と同様に低学年のうちに学習しておいたほうがその後の授業がわかりやすい、あるいは進めやすくなる事項がある。それを指導者がこれとこれだけは低学年からおさえたい、というしっかりした視点をもって各学年に応じた指導を展開していくのが、系統的学習になるのだろうと思う。

初年度では土台がない。ということは、たとえ高学年でも基本的事項をまったく知らないという認識で授業を進めるべきであり、もっと具体的にいえば、理科や保健体育で二次性徴の授業を受けていたとしても、低学年と同じレベルの話も学習内容に取り込んで、ていねいに扱っていく姿勢が必要であると思う。

そういう視点から、2001年の指導内容は全学年ほぼ同じ内容で授業を行なった。もちろん学年が上がるにつれて、その他の内容も幅を広げていったが、ここであまりたくさん盛り込みすぎると消化不良を起こす。特に高学年ではテレや、羞恥心があり、クラスの雰囲気にもよるが、あまりにも先入観が先行する場合は資料として配布したプリントさえ、裏返しにしたまま1時間を過ごす子どももいたくらいである。

このような状況にある高学年のクラスでは、日頃から明るいオープンなクラス作りを学級担任に心がけてもらい、なるべく警戒心を抱かせない工夫をしてもらうようお願いしておくとよいと思う。

4．授業実践の波及効果

前年度の2学期から始めた心と体の学習は3学期末ぎりぎりまでかかったが、とりあえず全校一斉に始動し、とりわけ良かったのは設定した2時間の授業につなげてクラス独自でさらに発展させていったことである。

2年生以上は全クラス（20クラス）2時間ずつ授業に入り、1年生は1時間で体の話(男の子・女の子)、2年生は2時間のうちの1時間は体の話、あとの1時間は国語の教材「うんちとおしっこのひみつ」の単元で、人間はどうなのかという内容で、ゲストティーチャー的に話をした。

3年生の生命誕生の授業の際には、大人にとってはたいへん苦手な性交についての部分を扱うので、かえってその時間を授業参観にあて、保護者への啓発も兼ねて授業を行なった。結果、そのような教育を受けたことのなかった保護者の驚きと感動を呼んだ。

4年生のあるクラスでは、妊娠中のお母さんの苦労や大変だった気持ちを知るために、実際にそのクラスの子どものお母さんで妊娠されている方をゲストティーチャーとして迎え、子どもたちの質問に答えてもらったりした。また他のクラスでは学級便りに授業の流れをかいつまんで載せ保護者への報告とし、帰宅後の子どもの反応やようすを返信してもらうコミュニケーション活動に広げていった。

また4年生の「新しい命のはじまり」（**資料1**）は、基本的な内容で私が行なった授業を第1時とし、学級独自でさらに子どもの活動を多く取り入れた内容で第2時を行なったものである。素晴らしいのは、子どもたちの発想で生命誕生の神秘性を追求しているところで、表現としては、「ロールプレイ」「ペープサート」「紙芝居」「漫画」と4つの自分の好きなグループに属している。どのグループも他の児童にわかりやすいように一所懸命発表していた。自分の言葉に置きかえて表現することで、深い理解ができたと思う。

5年生は保健体育や理科との関連性もあり、二次性徴について学習した。それぞれの分野で重複しているのにもかかわらず、指導者が違う、視点が違うことなどにより、新鮮に受け止めてくれた。

6年生では「性に関する指導」の前に、保健学習に慣れてもらう意味も含めて、保健体育での「病気の予防」(**資料2**)「健康な生活」(**資料3**)の授業を学級担任とのT.Tで行なった。この授業は指導主事訪問の際に行なったが、使用した資料やワークシート等の扱いが良いということで好評だった。

このようなさまざまな発展をみせた性に関する指導は、全職員で進めていかなければならないものだと授業者はもちろん、管理職を含め誰もが感じたところで、これらの経過があって2002年度の教育課程に位置づけることができたのである。

ちなみに前述の4年の学級担任は今年も4年生の受け持ちとなり、今年度はすでに独自で性の授業を行ない、副教材なども手作りして積極的に進めている。1粒の種から花が咲き始めた感がして、健康教育を進めるうえでたいへん勇気づけられた。

また、今後もそのような動きが次第に拡大し、大きな花を咲かせてもらえるよう私自身も努力しなくてはと強く感じた。

次ページ以降に使用した指導案を資料として載せておく。

＜資料1＞4年生対象…「新しい命のはじまり」

二次性徴・生命誕生を学習した後、子どもたちの新たな発想で大きく前進した授業。

＜資料2＞6年生対象…「病気の予防」

保健体育の「病気の予防」から派生し、エイズを扱った授業。

＜資料3＞6年生対象…「健康な生活」

ワークシート

「健康な生活」の中から“空気と日光”を取りあげた。

それぞれの人間に及ぼす影響を、健康を視点として考えた授業。

5．2002年度の実践より

1年生の「さそいにのらない」の授業を、1年生の生活支援員さんとのロールプレイで行なった。(**資料4**)

今回の授業では、学級担任の先生は子どもたちと同じ立場で参加してもらい、所々で意見が出やすいように支援してくれるようにお願いした。

始めの段階では子どもたちの経験から意見を出してもらい、後半をロールプレイに当てている。1つの場面で2通りの演技をし、子どもの意見を聞きながら実際に子どもたちにも演技してもらった。これは非常に盛り上がり、次から次へとさまざまな考えを子どもた

資料1　教科…学級活動　「新しい命のはじまり」　対象…4年生　　形態…学級担任単

予想される学習活動　□子供の活動　○教師の支援　(評) 評価

受精の仕組みについて、もう少し詳しく知ろう　　共同

○排卵や射精の仕組み、精子が卵子に出会うまでの長い旅について、受精から着床までの様子を絵図を用いて説明する。
○性用語は前時に押さえたものを使い、あまり難しい用語は使わないようにする。
○性交の場面は、お父さんとお母さんの愛情が感じられるような会話を入れて話す。
(評) 興味を持って真剣に受精についての話を聞くことができる。

受精の仕組みを自分たちで表現してみよう　　グループ

○どんな表し方があるか事前に紹介し、グループ分けをしておく。
○次の時間に他のクラスの前で発表することを想定し、会話や気持ちを入れて、わかりやすく表すように、グループを回りながら支援する。
○参考になる本を用意しておく。

劇（ロールプレーイング）グループ
・役を決めよう。
・会話と動きを考えよう。
・父母役「赤ちゃんが欲しいねえ。」
・卵子役「精子さん、待っているわ。」
・精子A役「ぼくが絶対、卵子さんと一緒になって見せるぞ。」
・他の精子達「ぼくだって負けないぞ」
・死んでいく精子達「助けてくれー。」
・生き残った精子達「やっと卵子さんの所にたどり着いたぞ。」

ペープサートグループ
・精子と卵子の絵を描いて、切り抜き、割り箸をつけよう。
・精子はいっぱい描かないとね。
・卵子は1つでいいかなあ。
・女性の性器の絵を大きく描こう。
・こういう道を通って行くんだよね？
・精子「ああ膣の中は酸性だから解けちゃうよう。」
・卵子「私は一番強い精子さんと一緒になるのよ。」

紙芝居グループ
・かわいい紙芝居にしたいね。
・どういう場面を描くか決めよう。
・本を先生から借りてこようか。
・精子と卵子に顔もつけよう。
・最初の場面は、お父さんとお母さんが愛し合っているところにする？
・文を考えて裏に書こう。
・お父さんのペニスから3～5億個も精子が飛び出しましたって書くよ。

漫画家グループ
・先生、1人でやってもいいですか？
・先生が描いた漫画のふき出しの所が空いているから書き入れよう。
・ある日、1つの卵子が◇◇さんの卵巣から飛び出し卵管に入りました。
・これから精子達の厳しい旅が始まるのです。
・精子「うっ、この毛がじゃまして卵管を進めないじゃないか。」

○今日活動してみた感想を質問し、2～3人に発表してもらう。　共同

・受精の劇をするのは、初めは恥ずかしかったけれど、だんだん楽しくなってきた。
・絵を描くのは難しかったけど、精子の動きなどがよくわかるようになった。
・こんなにたくさんの精子と卵子から選ばれて生まれてきなんて、ぼくって優秀なんだな。勝ち残った命を大切にしよう。
・性交はいやらしいと思っていたけど、命が生まれるって、すてきなことなんだな。
・お父さんとお母さんが私に命を与えてくれて本当に良かった。ありがとう。

(評) グループで協力しながら、楽しく活動できる。
(評) 受精の仕組みを理解し、生命誕生の神秘性を感じることができる。

資料2　教科…保健体育　「病気の予防」　対象…6年生　　形態…学級担任とのTT

予想される学習活動・子供の活動　●発問　○教師の支援　［評］評価

●エイズってどんな病気かな。　【一斉】

・病原菌がもとになって起こる病気
・こわい病気
・まだ治し方が分からない病気
・必ず死んでしまう病気
・血液や精液で移る病気

○病原体がもとになって起こる病気のひとつであり、ＨＩＶウィルスが病原体であること、潜伏期間が長く、治ることのないこわい病気である事を押さえたい。

エイズにかからないようにするにはどうしたらいいのだろう。

●病気に負けない体の仕組みを調べよう。

・抵抗力がある
・免疫力がある
・白血球が病原菌をやっつける

○前時に体の抵抗力や免疫力を話題にしていた俊介君や物知り博士の望月君の発表を促す。
○人間には生命を守る仕組みとして血液の中に白血球の働きがある事を押さえる。
○免疫のシステムを紙芝居で確認し、エイズと他の 病原菌による病気との違いに気づかせる。

●エイズウィルスはどのようにして体内に入ってくるのだろう。　【グループ】

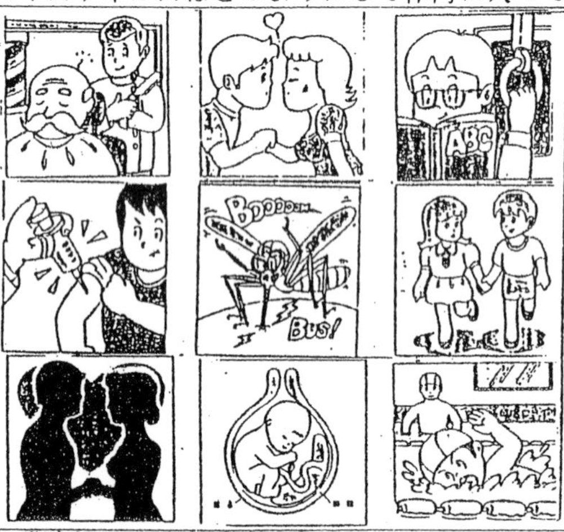

○エイズウィルスが存在する場所が血液、精液、膣の分泌液であることを補足し、それを参考に考えられるようにしたい。
○子供の生活場面に近い絵を資料として提示し、○×クイズとして出題する。
○（Ｔ２と共に机間指導し、素朴な疑問にも対応できるようにする。）
○（正解を、より具体的に分かりやすくＴ２に教えてもらう。）
○（人の血がつくと感染すると思って神経質になるだろう明日香さん、有希さんには特にＴ２が個に応じて指導を行い、エイズウィルスは感染が弱いため普段の生活では絶対に移らないことを強調する。）

●日常生活でどんなことに気をつけたらよいだろう

・自分の血は自分で処理する。
・他の人の血がついてしまったらよく洗い流す。
・ハンカチ、タオル、歯ブラシなどは自分専用にする。

○衛生面に無とん着な駿君や望立君には、血が付かなくてもきちんと手洗いすることが大事なことを知らせる

［評］エイズは血液、精液以外では移らないことがわかる。

ジョナサンが転校して来たらどうしたいかな。　【一斉】

○エイズ患者ジョナサンの体験を紹介する。
○友達の心ない言葉で傷ついたことのある子や自分の苦手なことを気にしている子の発表を促したい。
○本時では軽く触れ、学活や道徳につなげたい。

●学習のまとめを書こう【個】

○学習して分かったことや感想を書いて発表することで自分の問題として考えようという気持ちを高めたい。

指導過程

予想される学習活動　・子供の活動　○Ｔ１,Ｔ２教師の支援　(評) 評価	形態

Ｔ１　**空気が汚れていると、感じるのはどういう時 またはどんな場所ですか。**　（グループ）

・人混み　・電車やバスの中　・車がよく通る道路（排気ガス）
・たばこの煙　・閉めきった教室　・…

きれいな空気の必要性について考えてみましょう。　Ｔ２

Ｔ２○ 資料１（二酸化炭素の量と空気）資料２（体の中の酸素）を提示し、きれいな空気の必要性についての理解を深めていく。

Ｔ１　**空気をきれいにするための工夫があります。調べてみましょう。**　（個人）

○知っていそうな子供を指名する

・換気をする。
・植物は二酸化炭素吸い、酸素を出す。
・この学区にも緑道がある。
・高速道路の分離帯には緑がある。
・住宅地には、必ず公園がある。

Ｔ２○意見を出しやすいように、資料を再提示するなどの支援をする。

(評) 空気(酸素)の役割や重要性に気づく。

Ｔ１　**日光には、どんな働きがあると思いますか？グループで話し合いましょう。**　（グループ）

＜日光の不足＞	＜適当な日光の量＞	＜過剰な日光＞
・ビタミンDが不足する。 ・病弱な体になりやすい	・洗濯物を乾かしてくれる。 ・布団を干すとふっくらする。 ・血行をよくする。 ◎骨の成長に役立つ。 ・細菌を殺す。（殺菌効果）	・肌が日に焼ける。 ・日射病や熱射病になる。 ・目を痛める。（炎症）

Ｔ１＜１～５班＞　○日光の当たり方によって、有意義だったり、害になったりするので、両面について考えられるように各グループに働きかけていく。　Ｔ２＜６～９班＞

日光が、骨の成長にどのように関わっているのかを知りましょう。　Ｔ２

○Ｔ２の説明が理解しにくい点を補足する。

○始めから注目していたＩさん、Ｈさんはどんな反応をするのか留意する。

○６年生が最も関心のある「身長の伸び」に着目し、骨の成長に役立つという日光との関連性を説明する。

（資料３）　骨の成長のし方

目には見えない「空気と日光」について分かったことをまとめてみましょう。　（個人）

・よい空気や日光は、健康のために大切だ。
・外で運動することが、骨の成長を助ける。
・自分のまわりの生活も、よい環境でいられるよう１人１人が注意する。

○ワークシートに記入後、発表を促す。　Ｔ２○意見を簡単に板書する。

(評) 空気や日光が人間にとって大切であることに気づくことができる。

資料3　6年「健康な生活」

＜ 空気と日光 ＞　ワークシート

年　組 名前

1 空気について、わかったことをまとめよう。(よい空気とは……)

2 日光のはたらきについて、気づいたことをまとめよう。

3 自分のまわりの生活を、よい環境にするためには、どんなことに気をつければいいだろう。

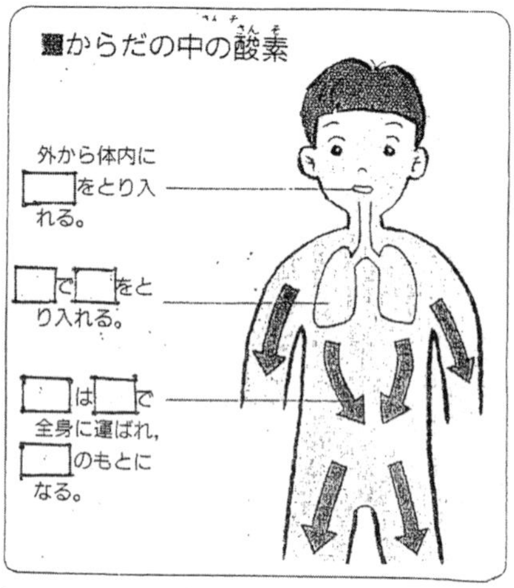

■からだの中の酸素
外から体内に
□をとり入れる。
□で□をとり入れる。
□は□で全身に運ばれ、
□のもとになる。

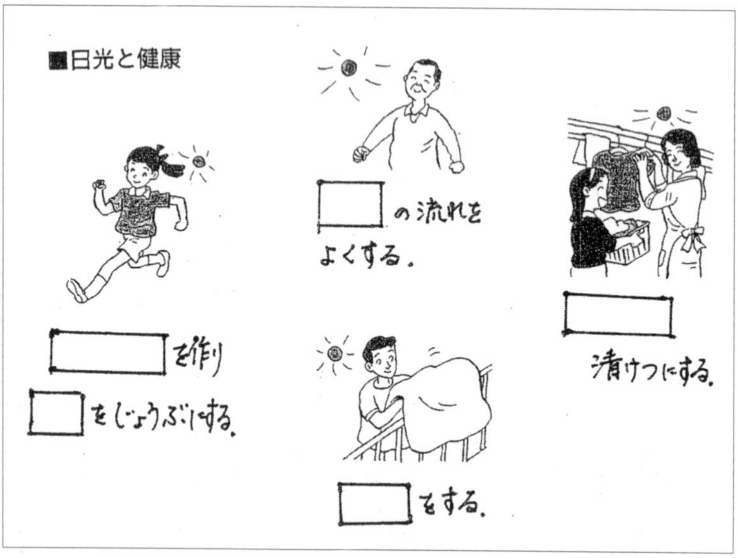

■日光と健康
□を作り
□をじょうぶにする。
□の流れをよくする。
□をする。
□清けつにする。

資料４　教科…学級活動　「さそいにのらない」　対象…１年生

予想される学習活動　　発　問　・子どもの活動（発表）	留意点
知らない人から声をかけられたことがありますか？ 場所は？ ― 学校の帰り道・近くの公園・スーパー 友達の家に行くとき・家の近く 道路で、車に乗って近づいてきた…… どんな人？ ― 若い男の人、変なおばさん、おじさん １人でぶつぶつ言ってるおかしな人… 何て言ってきたの？ ― 家はどこ？・お家の人といっしょ？ お菓子をあげる・静かにしなさい！ それかわいいね（持ってる人形をさして） おしりを見せてきた ……	＊発問をすると思いつきで意見は出るが危険な声かけと、単に注意されたこととが入り交じって出てくるので、区別する。 <掲示> 公園・神社犬の散歩等のイラストを黒板に貼る。
知らない人から誘われたら、どうしますか？ ・絶対に、ついて行かない ・走って逃げる ・声をかけられても、返事をしない ・かけこみ１１０番の家に逃げる ・近くの家の人に助けを求める	<掲示> かけこみ110番の家のマーク
なぜ　・恐い思いをするから、 ・家に帰れなくなるから…… ・へんなことをされるから ・殺されるかもしれないから	<板書> <掲示> わいせつな行為の簡単な絵
これから、○○先生と△△先生で知らない人に会ったときのお芝居をやってみます。 ２つのやり方を見て、自分はどうするのかを考えてください。 <ロールプレイ①> （その１） 知らない人：「小学校へ行きたいので、その道を教えてください。」 １年生　　：「うん、わかった。こっちだよ。」 （その２） 知らない人：「小学校へ行きたいので、その道を教えてください。」 １年生　　：「え、その角を右へ曲がってまっすぐ行くとすぐだよ。 分からなかったら、また人に聞いてね。」（走って逃げる。）	＊養護教諭→（知らない人） 生活支援員→（１年生）のロールプレイ
・（１）じゃだめだよ、つかまっちゃう。 ・（２）ならいいね。　……	＊子ども達から感想・意見を聞く。
●　では、実際にやってもらいましょう。	
＊教師とのロールプレイ：１年生は１年生役のみ ＊演じた後、必ず他の子どもの意見を聞きながら、数人と演技をしてみる。	

＜ロールプレイ②＞ （その１） 知らない人：「お母さんが交通事故にあって、病院へ運ばれたので、 すぐ一緒に来てください。」（手をひっぱる） １年生　：「えっ、それは大変だ！つれてって！」 （その２） 知らない人：「お母さんが交通事故にあって、病院へ運ばれたので、 すぐ一緒に来てください。」（手をひっぱる） １年生　：「えっ、それは本当ですか？でも、家に誰かいるかもしれないから、電話をしてみるよ。ありがとう。」（走って逃げる） ●　では、実際にやってもらいましょう。 ＊教師とのロールプレイ：１年生は１年生役のみ ＊演じた後、必ず他の子どもの意見を聞きながら、数人と演技をしてみる。 ◎最後に本時の復習・まとめをして終わる。	＊子ども達から感想・意見を聞く。

ちはぶつけてくる。「やりたい人？」と問うと、半数以上の子どもが手を挙げ、それぞれのやり方を披露してくれた。

ロールプレイ①は、現実的にもよくありがちな内容である。実際に体験したことのある子どもも数人いた。

返事の仕方で留意したことは、この質問が果たして犯罪目的なのか、純粋に道を尋ねているのかを判断することは、難しい。そこで、どちらにしても通用するような答え方にしたかった。子どもたちの演技の際にも、その点については触れておいた。

ロールプレイ②は、非常な緊急事態でありめったには起こらない内容であるので、かえって冷静さを失ってしまうことが考えられる。いろいろなパターンを想定してみたが、最も現実的に回避しがたいものをぶつけてみようと思った。

「交通事故」でもよいし、「病気で入院」でもかまわないと思うが、このような場合でもあくまでも子どもたちには、冷静な対応をさせたいと考えている。

最後のまとめの部分では、次のような内容を確認した。

＜みんなのやくそく＞

◎ 下校時刻や帰宅時刻を守る。
◎ 知らない人とは、長い間話をしない。（短めに切り上げる。）
◎ 防犯笛を、必ず持ち歩く。
◎ 外出するときは（下校時も）、なるべく２人以上で歩く。
◎ 何かあったら、おかしいと思ったら、近くの大人や、家に助けを求める。
◎ かけこみ１１０番の家を、普段から確認しておく。

6．成果と今後の課題

2年目にあたる2002年は、前年度の基盤があるので安心して先へ進めることができた。何より子どもたちが、楽しみにして待っていてくれるようになったからである。

高学年だからといって、何も気負うこともない。自然体で正しい性教育の用語を使い、何1つ隠すこともなく事実を現実をありのままに話すことができる雰囲気がすでにできている。これが、全学年足並みをそろえながら系統的に進める健康教育の最大の効果であると実感した。

したがって推進者が替わっても、指導者が替わっても、学年や年度が替わっても、何とか工夫をして、この系統学習が途切れないようにすることが重要なのである。

今まで私が取り組んできた健康教育は、どちらかというと知識を教え込むことに終始した一方通行的な、教師主導の形態になりがちだった。子どもたちにとってその授業がもっと楽しく、どんな子でも参加したくなるようなものにしたいと考えてきた結果、さまざまな試み（ロールプレイング、ディベート、グループ活動、エンカウンター等）をもっと取り入れて、変化をつけたいと思っている。

授業実践の反省を生かすならば、一度継続的な指導を立ち上げたのなら、何度も言うようであるが二度とそれを遮ってはいけない、ということである。そうすることによって、性に関する指導の時間は人間を形成する大事な時間となり、子どもたちにとっては、他のどんな教科にもない自己を見つめる良い機会にもなる。

低学年からそのような時間を体験することにより、高学年特有の初年度にあったような異様なテレやひた隠しに隠そうとする陰湿な雰囲気が一掃される。とても神秘的で興味深くまた楽しい時間ともなる。これは、前任校（中学校）、前々任校（小学校）の実践を通して私の実感として強く感じるところである。

そのためには、系統性を重視したこのカリキュラムを人が入れ替わっても残して継続していく何らかの工夫が、必要不可欠である。今後はそれを模索しながら、1時間1時間を大切に積み上げていこうと思う。

保健：毎日の生活と健康（3年生）

子ども一人ひとりが主体的に取り組む保健学習
―工夫された学習活動を通して―

神奈川県横浜市立野庭東小学校（前任校）
宮澤　妙子

1．テーマ設定の理由

【テーマ】
子ども一人ひとりが主体的に取り組む保健学習――工夫された学習活動を通して――

これまで子ども一人ひとりが意欲的に課題解決に取り組み、学習したことを日常生活に生かしていくことができるようになることをねらい、課題解決的な学習形態を基盤にした授業実践を進めてきた。しかし、新学習指導要領に示された中学年からの保健学習の展開において、高学年と同じ調べ学習の方法をそのまま行なうことは、中学年の発達特性を考えたときに無理があると思われる。そこで、中学年に合った、課題解決学習の方法を取り入れた学習活動計画を作成し実践することで、中学年の子どもたちも保健学習に意欲的に取り組み、自分の健康について考え、実践できるようになると考え、本テーマを設定した。

2．研究の目的

保健学習では、健康に関わる適切な意思決定の前提となる基礎的・基本的な知識の理解や思考力・判断力の育成を目指してきたが今回の改訂では、それを一歩進めて、生涯を通じて健康で安全な生活を送るための資質や能力の基礎を培い、実践力の育成をめざしている。

そこで本研究では、新指導要領で新設された中学年の保健学習に焦点をあて、次にあげる内容を明らかにすることを目的とする。
（1）子どもの思いや願いを大切にした活動計画のあり方
（2）子どもの学習意欲を引き出すための適切な資料やその提示の仕方

3．研究の仮説

【仮説１】活動内容や学習の場を工夫することによって、子どもが意欲的に学習に取り組み、実践化につながる力を高めることができる。

4．検証授業について

（1）検証の方法

ア 期　間　2001年11月下旬～12月中旬
イ 場　所　横浜市立野庭東小学校　教室・保健相談室　他
ウ 対　象　３年１組　38名
エ 単元名　「わたしの健康わくわく大作戦」　～元気のひみつ～（毎日の生活と健康）

【学習指導計画の立案および授業の実践】

学習指導要領に示された保健領域の目標のキーワードは、「健康で安全な生活を営む資質や能力を育てる」ことであり、生涯にわたり健康を保持増進し、安全な生活を送る資質や能力の育成を目指している。これは、保健の学習において、単に知識を身につけるだけでなく、生涯にわたって生きて働く実践力を育成することをねらったものである。このことを踏まえ、３年生から保健学習が始まることを考えると、これまでの「課題解決的な学習」だけではなく、子どもたちの学習への興味・関心や活動意欲を十分引き出すことは難しい。そこで、図書室の本や保健室の資料を調べるだけではなく、簡単な実験や実習を取り入れたり、校長や養護教諭、学校栄養職員などの校内職員や学校医、学校薬剤師、あるいは保護者の協力・支援など多様な学習スタイルを工夫しながら授業を実践することとした。

【個人ノートおよび学習カード】

わたしの生活しらべ	授業に入る前に３日間、睡眠時間や運動など自分の生活の仕方について調べて記入するもの
わたしの１日	３日間調べたものを時間のおびに記入し、あらかじめ提示した架空の子ども（２名）とくらべ、似ているところや違っているところをみつけ、自分の生活を見直すもの
元気のひみつ	自分の課題を確認し、解決の方法や学習の見通しをもつもの
インタビューカード	課題解決のために、自分が決めた人に聞き取り調査をするときに記入するもの

元気のひみつ調査メモ	自分の疑問について、本や資料で調べたときに内容が書き取れるようにしたもの
わたしの 健康わくわく大作戦	自分が調べたり、友達の発表を聞いて学習したことをもとに、これからの生活の中で実行したいことと、予想される効果について記入し、実践化の意欲付けをするもの
ふりかえりカード	毎時間、学習内容や意欲、友達との学び合いや協力など、自分の学習をふりかえりながら記入し、自己評価するもの

(2) 指導計画

①保健の特性（保健学習でめざす子どもの姿）

（ア）一般的特性

自分の体や健康に関心をもち、生活の仕方について自分なりの課題をもって学習に取り組み解決していこうとする。課題をもって学習を進めていくなかで、友達との違いを肯定的に受け止め、自分の生活を見つめ直し、学習したことを自分の生活の中で実践しようとする。

（イ）子どもから見た特性

保健学習は３年生にとって初めての学習であるが、１年生のときに生活科で自分の口の中を観察し、乳歯から永久歯に生え替わる様子から成長を意識する学習をしたり、２年生では国語のおへその話で赤ちゃんの誕生や自分の幼い頃の様子について調べてまとめたりした。自分の体や健康については、３年生なりの興味や関心をもっており、意欲的に取り組めるのではないかと感じている。

②学習のねらい

〈関心・意欲・態度〉

・家庭や学校における生活の仕方に関心をもち、自分の課題について進んで学習し、これからの生活の中で実践しようとする。

〈思考・判断〉

・実験、実習、実地調査や疑似体験を通して、自分の課題を主体的に解決することができるようにする。

〈知識・理解〉

・毎日を健康に過ごすためには食事、運動、休養および睡眠の調和のとれた生活を続けることが必要であることを理解できるようにする。

・毎日を健康に過ごすためには、体の清潔を保つことや明るさ、換気などの生活環境を整えることなどが必要であることを理解できるようにする。

③単元計画（45×５時間）

1 つかむ	2〜5 わかる	豊かにする
自分の生活を振り返り、 自分なりに課題をもつ。	・本を見たり、インタビューをしたり、実験をしたりしながら自分（たち）の課題を解決する。 ・学習してわかったことを発表し合ったり、実践化に向けた方法を考えたり、話し合ったりする。	

	学習のねらいと活動	教師の支援
つかむ	○学習のねらいや内容を知り、課題や学習の見通しをもつ。 ［のんちゃんとひがしくんの１日の生活を見つめてみよう。］ ○二人の生活の記録を見て、自分と似ているところや直した方がよいところなどの意見を出す。 ○ブレインストーミングを行ない、いろいろな友達の考えを聞き、自分の疑問などを明確にする。 ○自分の学習課題を決め、同じ課題の友達と数人のグループをつくる。 （食事・睡眠・運動・身のまわりの清潔） ○学習カードに記入する。	○「生活リズム表」にあらかじめ毎日の生活の様子を記入しておくよう呼びかける。 ○事前に学習課題がもちやすいような学習カードや調べたことが記入できるようなシートを用意する。 ○ブレインストーミングを行なう前に簡単なルールについて説明する。 ・できるか、できないかは関係ない。 ・出されたアイデアから連想してよい。 ・できるだけたくさんの考えを出す。 ・出されたアイデアに対して批判やコメントをしない。
わかる	［自分の課題について、グループの友達と協力しながら調べてみよう。］ ○自分たちの学習課題に合わせて、保健室やランチルーム、図書室などへ行って調べる。 〈学習課題の例〉 ・私たちが食べているものにはどんな栄養が入っているんだろう。 ・ぼくたちにはどれくらいの睡眠時間が必要なんだろう。 ・外遊びが体によいと言われるのは、どうしてだろう。 ・手洗いが大切なわけを調べたい。 ・歯みがきをするとむし歯にならないのはどうしてかな。 〈調べ方〉 ・保健室へ行って資料を見たり、話を聞いたりする。 ・ランチルームにある資料で調べたり、栄養士の先生に食事に関する質問をしたりする。 ・アンケートを作って睡眠時間を調べる。 ・おうちの人にも協力してもらう。 ・学校医さんや学校薬剤師さんに病気にならないためにはどうしたらよいかインタビューする。	○学習を支えるいろいろな立場の人に、学習を支援していただけるように、事前に学習のねらいなどを話しておく。 ○あまり専門的な知識を調べるのではなく、身近な内容について、３年生なりの調べ学習ができるように、資料などを用意しておく。 ○保健相談室に資料コーナーを設置し、休み時間や放課後など、自由に調べ学習ができるようにしておく。

	○調べたことはわかりやすく模造紙に書いたり、楽しく発表できる工夫をする。 ○各時間の学習を振り返り、学習カードに記入する。	
豊かにする	健康によい生活の仕方について、グループで調べたことを発表しよう。 ○発表を聞き、感想や自分の意見を述べ話し合いを深める。 ○話し合いを振り返り、健康な生活には食事、睡眠、運動の調和のとれた生活が大切であることを確認する。 ○自分の生活で変えていった方がよいことをみつけ、具体的にどのような方法で実践していくか計画する。 「私の健康わくわく大作戦」の作成	○新しい生活リズム表を提示したり生活のめあてを書いたりして、実践が意識されるようにする。

(3) 視点と手がかり

【仮説１】 活動内容や学習の場を工夫することによって、子どもが意欲的に学習に取り組み、実践化につながる力を高めることができる。

【視点１】 活動内容や学習の場を工夫することによって、子どもが意欲的に学習に取り組み、実践化につながる力を高めることができたか。

具体的な視点	手がかり	方　法
① 自分の課題を明確にもてているか。	・学習カードへの記入状況 ・学習への取り組み状況	・学習カードの分析 ・聞き取り
② 自分から進んで課題解決にあたっているか。	・毎時間の学習カードへの記入状況 ・課題解決の方法 ・グループでの話し合いの様子	・学習カードの分析 ・インタビューカード ・聞き取り
③ 学習したことを理解し、自分の生活に生かそうとしているか。	・学習後の自己診断カード ・学習カード	・学習カードの分析 ・ワークシート

5. 検証　授業の結果と考察

【学習前アンケート分析】

本単元に入る前に、子どもの様子を把握するための事前アンケートを行なった。その結果から、ときどき元気ではないときもあるが、ほとんどの子どもは、自分は元気であると思っているようだ。３年生になると、少しずつ体力の向上がみられ、低学年のころよりかぜをひきにくくなったり、学校を欠席することも少なくなったりする子が多くなる。そして、自分が元気なときは、休み時間などに友達と外へ出て体を動かしながら遊んでいると

学習前アンケートの結果

1．あなたは元気ですか。

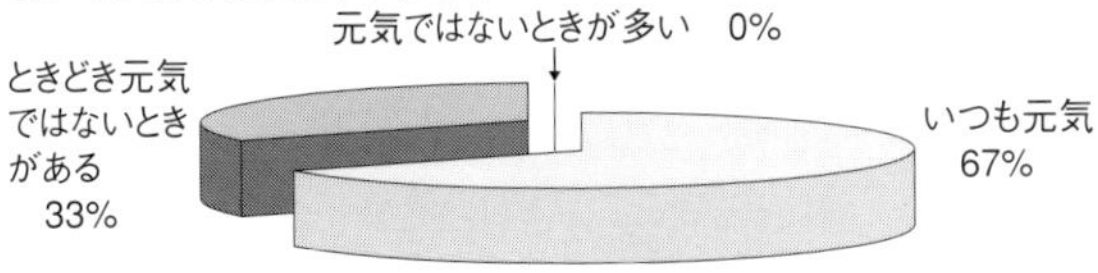

※ときどき元気ではないと答えている子どもが1／3いるが、ほとんどの子どもたちは、自分は元気だと感じているようだ。

2．あなたは、どんなときに元気だと思いますか。（複数回答）

[運動や遊び]	
友達と遊んでいるとき	☆☆☆☆☆☆☆☆☆☆☆☆☆☆☆☆☆☆☆☆☆☆☆☆☆☆☆　27
体育や運動するとき	☆☆☆☆☆☆
休み時間	☆☆
[食事]	
ご飯を食べているとき	☆
お菓子を食べたとき	☆
[睡眠]	
早起きできたとき	☆
[その他]	
うれしいとき	☆☆☆
学校にいるとき	☆☆
掃除のとき	☆
買い物	☆

※「元気」という言葉からも、休み時間に友達と外で走り回ったり、ボールで遊んだり活発に体を動かしている自分をイメージしているようだ。

3．あなたは、どんなときに元気ではないと思いますか。（複数回答）

体調が悪いとき	☆☆☆☆☆☆☆☆☆☆☆☆
けんかしたとき	☆☆☆☆☆☆
大人におこられたとき	☆☆☆☆
悲しくて寂しいとき	☆☆☆
遊ぶ相手がいないとき	☆☆
うれしくないとき	☆
いじめられたとき	☆
疲れたとき	☆☆
早起きできないとき	☆
起きたとき	☆☆☆
腹がへっているとき	☆
学校に行けないとき	☆
家に閉じこもっているとき	☆☆
昼休み	☆
お別れ会やお葬式	☆
雨降り	☆

※やはり、「体調が悪いとき」という答えがもっとも多いが、「遊ぶ相手がいないとき」や「悲しいとき」など、気持ちの面をあげている子もいた。

4．元気に生活するためにどのようなことに気をつけていますか。（複数回答）

[運動や遊び]	
外でいっぱい遊ぶ	☆☆☆☆☆
スポーツや運動をする	☆☆
体を鍛える	☆☆
ラジオ体操をする	☆
[食事]	
朝夕ご飯をちゃんと食べる	☆☆☆☆☆☆
ご飯をいっぱい食べる	☆☆☆☆
栄養のあるものを食べる	☆☆
好き嫌いせずなんでも食べる	☆☆
牛乳を飲む	☆☆
野菜をいっぱい食べる	☆
バランスのとれた食事	☆
事故、迷子、誘拐	☆
[睡眠、休養]	
早寝早起き	☆☆☆☆☆☆☆
疲れをとる	☆
[衛生]	
うがいをする	☆☆☆☆☆☆☆☆
手洗いをする	☆☆☆☆☆☆☆
歯みがき	☆
[その他]	
病気をしない	☆☆☆
いたずらや悪いことをしない	☆☆
けんかをしない	☆☆
寒いときは上着を着る	☆☆
薬をのむ	☆☆
けがをしない	☆
体を大切にする	☆

※食事や運動、睡眠や衛生など、日常家庭や学校で話されている内容がたくさんあげられていた。意識としてはあるようだが、まだ習慣化していない子どもたちがたくさんいるように思われる。

きをイメージしている。また、元気ではないときは、体調をくずしたときが多いが、寂しいときや悲しいとき、大人におこられたときなど、精神面をあげている子もみられる。元気に生活するために気をつけていることとしては、食事や睡眠、運動や衛生など日頃家庭や学校で言われていることだが、まだ習慣化していない子どもたちもたくさんみられる。

（1）各視点にそっての結果・考察

①自分の課題を明確にもてているか

事前の生活しらべや表への記入、導入時のブレインストーミングなどの活動を通して、子どもたちは自分なりの学習課題をつかむことができた。

［ブレインストーミング］

わたしが元気なのは、＿＿＿＿だから

食事
朝ごはんを食べる
三食きちんと食べる
野菜を食べる
食べ物をよくかむ
かたいものを食べる

睡眠
早寝早起き
よふかしをしない
いっぱい寝る

運動
スポーツをする
（水泳・サッカー）
たくさん体を動かす
外でよく遊ぶ

衛生
うがいをする
手洗いをする

その他　あいさつする　勉強する　友達がいる　先生がいる

「元気のひみつ」調査隊

担任手作りの
イメージキャラクター

運動グループ	食事グループ	睡眠グループ	衛生グループ	あいさつ
17人	13人	5人	2人	1人

【学習課題】

	調べたいこと	調べ方
A	スポーツをするとどうなるか	スポーツ屋さん、父に聞く
B	よくかまないとどうなるか	自分で確かめる・父母、兄姉、祖父母に聞く
C	野菜の栄養のこと	毎日野菜を食べてみる・医者、祖父母に聞く
D	睡眠を長くとると健康になるわけ	父母に聞く
E	毎日朝ご飯を食べると元気になるか	自分で朝ご飯を食べてみる・病院や家の人に聞く
F	外遊びをすると健康になるか	自分で外遊びをしてみる・父母に聞く
G	スポーツをすると筋肉がつくわけ	父母に聞く
H	野菜を食べると健康になるか	野菜を食べてみる・父母、祖父母に聞く
I	朝ご飯を食べると健康になるわけ	父母、姉に聞く
J	スポーツをすると健康になるか	柔道の先生に聞く
K	外遊びをすると健康になるわけ	自分で外遊びをしてみる・父母に聞く
L	あいさつをすると健康になるわけ	自分で確かめる・校長先生、祖父母、父母に聞く
M	朝ご飯を食べて健康になるわけ	祖父に聞く
N	早寝早起きをしたら元気になるか	実際に試してみる・先生（養護教諭）、母に聞く
O	スポーツをすると体がよく動くわけ	本を読む・父母に聞く
P	野菜を食べると元気になるか	八百屋さんに聞く・母に聞く
Q	スポーツで丈夫になるか	スポーツセンターの人、父に聞く
R	バスケットをすると元気になるか	スポーツ屋さんの人に聞く
S	早寝早起き、睡眠は体に大切か	母に聞く
T	スポーツをすると体が健康になること	父母に聞く
U	毎日、いろいろな朝ご飯を食べているか	毎日ご飯を食べる・病院の人に聞く
V	スポーツをすると健康になるわけ	養護教諭、母に聞く
W	運動をするとどうして丈夫になるか	父母に聞く
X	うがい、手洗いをすればのどが痛くならない	テレビを見て調べる・近所の人に聞く
Y	運動をすると筋肉がつくか	先生、母に聞く
Z	野菜を食べると元気になるわけ	八百屋さん、父に聞く
a	スポーツをすると体力がつくか	大人でスポーツが得意な人に聞く
b	早寝早起きをするわけ	母に聞く
c	スポーツをすると健康になるか	いろいろな先生に聞いてみる
d	毎日三食たべると本当に元気になるか	自分で三食食べる・姉、祖父母に聞く
e	野菜を食べるとどうなるか	八百屋さん・父母に聞く
f	何時に寝ると疲れがとれるか	父母に聞く
g	うがいをしないとかぜをひくか	祖父に聞く
h	スポーツをすると健康になるか	先生に聞く
i	スポーツのよさ	スポーツの先生
j	かたい物を食べると歯が丈夫になるか	父母、祖父、おせんべい屋さんに聞く
k	スポーツをすると筋肉がつくか	父母に聞く
l	何で野菜を食べると健康になるか	野菜を食べたり調べたりする・母、祖母、いとこに聞く

②自分から進んで学習課題にあたっているか

毎時間後に行なった「ふりかえりカード」の結果を見ると、図２の自分から進んで学習ができましたかの質問に対して、「はい」と答えた子が、１時間目は51.4％だったが２時間目以降徐々に増加して５時間目には80.6％となり、子どもが自分の学習に満足している様子がわかる。また、図１の結果からも毎時間多くの子どもたちが楽しみながら学習を進めている。このことから、子どもたちは自分の課題をつかんだ後、その解決にむけて意欲をもって活動していることがわかる。

また、校内職員を中心にいろいろな人にインタビューをする活動を通して、人との関わりにも興味を示し、自分から積極的に質問の仕方を考えたりする場面も多々見られた。

［ふりかえりカードの分析］

～毎時間のＮ数～

１時間目	２時間目	３時間目	４時間目	５時間目
37	35	36	35	36

図１　きょうの学習は楽しかったですか

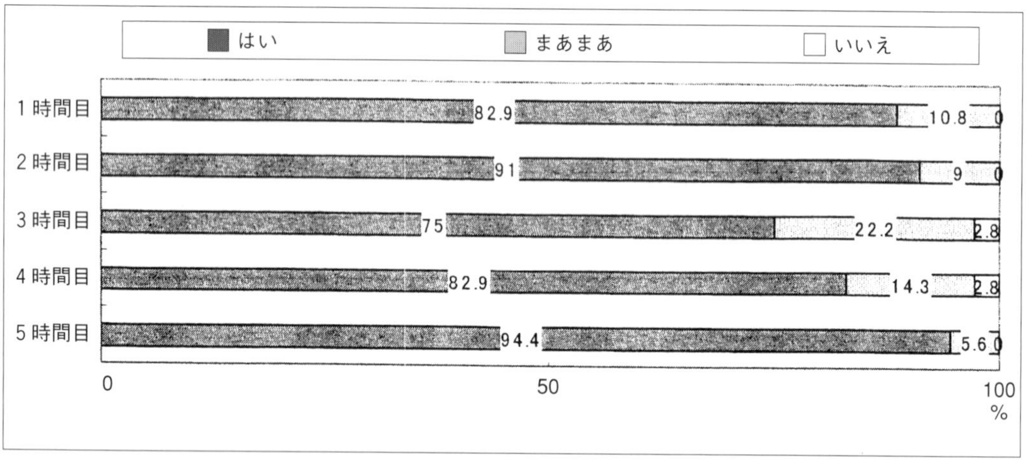

図２　自分から進んで学習ができましたか

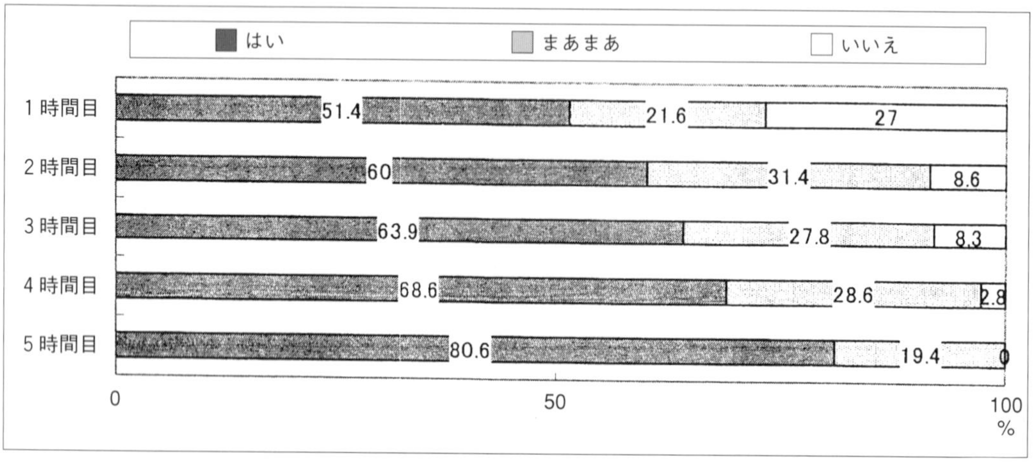

図3　友達と協力して学習ができましたか

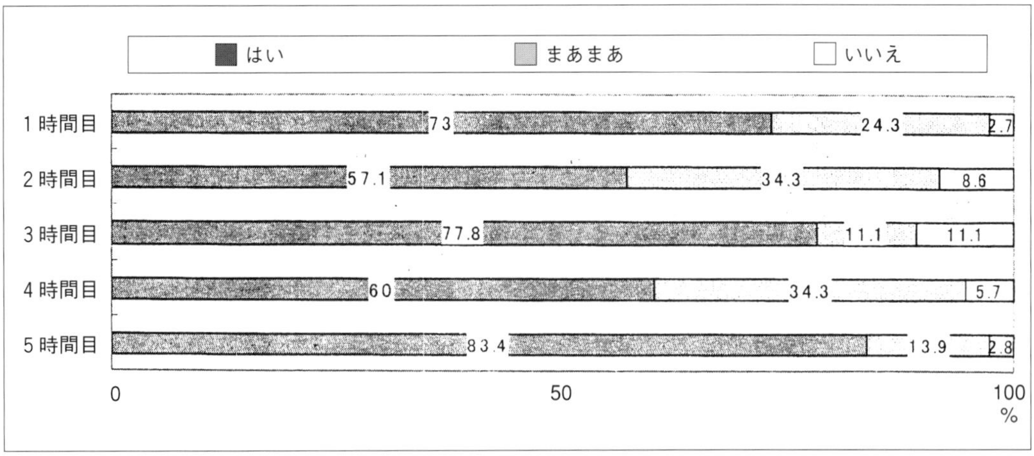

③学習したことを理解し、自分の生活に生かそうとしているか

5時間目の発表会で、自分が調べたことを発表したり、友達の発表を聞いて、これからの生活の中で実行したいことを「わたしの健康わくわく大作戦」とし、カードに記入した。

わたしの健康わくわく大作戦

	健康にすごすために「これだけは実行しよう」と決めたこと
A	「腕立て伏せ」や「腹筋」をする
B	手洗い、うがいをする
C	早く寝て、睡眠をとる
D	外から帰ったときや、食事の前に手洗い、うがいをする
E	早く寝て、睡眠をとる
F	毎日「腹筋」や「腕立て伏せ」をやる
G	手洗い、うがいをする
H	早く寝て、睡眠をとる
I	朝ご飯を毎日食べる　　外から帰ったら手洗いうがいをする
J	お風呂に入る前に「腕立て伏せ」をする
K	手洗い、うがいをする
L	あいさつをする　　衛生に気をつける
M	ご飯を食べるときと外から帰ったときに手洗い、うがいをする
N	毎日あいさつをする　　手洗い、うがいをする　　いっぱい睡眠をとる
O	運動をする
P	体全体を動かす運動をする
Q	寝る前に「腕立て伏せ」をする
R	いつも遅いので、これからは早く寝て睡眠をとる
S	毎日スポーツをする
T	「腹筋」と「腕立て伏せ」をする
U	毎日あいさつをする　　スポーツをする
V	好き嫌いをしない　　スポーツをする

W	早寝早起きをする
X	8時から9時までに寝て、睡眠をとる
Y	体全体を動かす運動をする
Z	スポーツをいっぱいする
a	早く寝て、睡眠をとる
b	バスケットをする
c	ご飯をもりもり食べる　手洗い、うがいをする　スポーツをする
d	9時から9時半までに寝て、睡眠をとる
e	運動（バスケット・サッカー・ドッチボール）をする
f	野菜をいっぱい食べる
g	運動をする
h	「腕立て伏せ」をする
i	食事をして栄養をとる
j	毎日、ランニングをする　手洗い、うがいをする
k	「腹筋」を一日30回する
l	手洗い、うがいをする

保健相談室の本や資料で調べてみよう。

12月6日に学校保健委員会があり、歯の健康で「そしゃく」をテーマにして話し合った。本校では、4年生以上の代表児童で構成しているが、食事のグループのなかの「かむことの大切さ」について調べている子どもたちが、会に出席し自分が調べたことやいろいろな人にインタビューしたことを発表した。

(2) 授業の推移の結果・考察

子どもたちは、自分の課題を見つけた後、保健相談室に掲示してある資料を見たり、本を読んだりし、自分の疑問点を明確にしながら、校長や養護教諭、学校栄養職員など校内職員にインタビューしたり、学校医や学校薬剤師にもいろいろなことを聞くことができた。また、難しい言葉を使わず自分の言葉でみんなにも分かるように発表の仕方を工夫しようとする姿が見られた。今後は生活のなかでの実践化に向けて意欲的に取り組むことを期待する。

NO.1

きゅうしょく係からのしつもん

※「はい」か「いいえ」に○をつけてネ☆

①いつも朝ゴハンを食べていますか？
［はい ＊ いいえ］

②きゅうしょくはのこさずたべていますか？
［はい ＊ いいえ］

③すききらいなくたべていますか？
［はい ＊ いいえ］

きゅうしょくはのこさずにネ

ラクガキコーナー

12/4

きゅうしょく係→あだめぐみ☆そえじまめぐみ☆まくちえり☆ふかはら…

きゅうしょく係からのしつもんのけっかはっぴょう！

① 朝ごはんは、全員が食べている。これは、いいことです。これからもつづけましょう!!

② きゅうしょくをのこさず食べている人は6人しかいません。みんながんばりましょう!!

③ 家でも牛にゅうをのんでいる人は22人です。牛にゅうはえいようがあるのでたくさんのみましょう!

④ いつもやさいを食べている人は23人です。やさいのきらいな人はぜひ食べられるようにしましょう!

きゅうしょく係からのしつもん。NO.2

(1)きゅうしょくをいつもちゃんと食べている〔はい・いいえ〕

(2)きゅうしょくをいつものこしてしまう〔はい・いいえ〕

(3)家で牛にゅうをのんでいる〔はい・いいえ〕

(4)いつもやさいを食べている〔はい・いいえ〕

♡・♡・♡・♡・♡・♡・♡・♡・♡・♡・♡・♡・

ラクガキコーナー 自由にかいてね！

ありがとうございました。12/4までにきゅう食係にわたしてください

わたしの生活しらべ

名前（[redacted]）

きょうから３日間、自分の生活のしかたについてしらべてみましょう。

月／日（曜日）	何時におきましたか？	自分で目がさめましたか？	運動や外遊びをしましたか？	１日元気にすごせましたか？	何時にねましたか？
11/27（火）	7時 分	(はい) いいえ	はい (いいえ)	はい (いいえ)	9時 30分
11/28（水）	7時 5分	(はい) いいえ	(はい) いいえ	(はい) いいえ	9時 30分
11/29（木）	7時 5分	(はい) いいえ	はい (いいえ)	はい (いいえ)	9時 30分

しらべて気がついたこと

うんどうや外遊びは、あんまりしないんだと思いました。元気にあんまりすごせなかったなあと思いました。

わたしの生活しらべ

名前（[redacted]）

きょうから３日間、自分の生活のしかたについてしらべてみましょう。

月／日（曜日）	何時におきましたか？	自分で目がさめましたか？	運動や外遊びをしましたか？	１日元気にすごせましたか？	何時にねましたか？
11/27（火）	6時 55分	はい (いいえ)	(はい) いいえ	(はい) いいえ	9時 40分
11/28（水）	7時 5分	はい (いいえ)	(はい) いいえ	(はい) いいえ	9時 30分
11/29（木）	7時 0分	はい (いいえ)	(はい) いいえ	(はい) いいえ	9時 20分

しらべて気がついたこと

わたしは、生活しらべをやってみて、もう少し、朝に、自分で起きるようにした方がいいと、思いました。

インタビューカード

（12月3日）

名前（[redacted]）

わたしの問題

毎日きゅうしょく食べると本当に元気になるの

問題をかいけつするために、いろいろな人に聞いてみましょう

だれにインタビューしましたか？

はやた先生

聞いてみて、わかったこと

1日に食べれる分

よる→あさ→ひる→よる→あさ

1つだけじだめ

あか・き・みどり（命）を、ちゃんと食べる。

3つの中の1つだけじゃだめ。

ぜんぶたべる。

わたしの１日

名前（[redacted]）

ひがしくんとのんちゃんの１日です。
わたしの１日とくらべてみましょう。

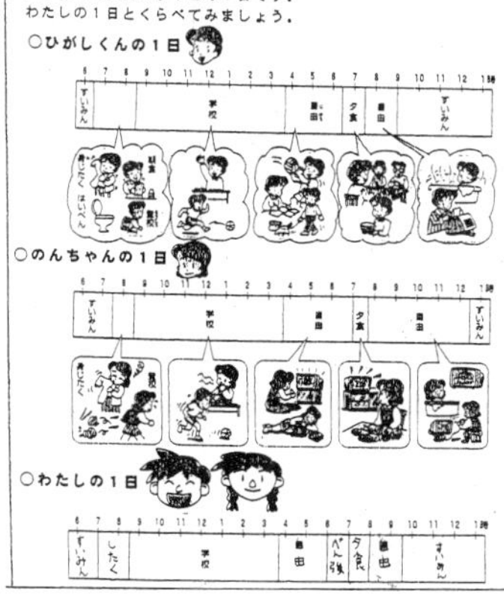

わたしの１日

名前（[redacted]）

ひがしくんとのんちゃんの１日です。
わたしの１日とくらべてみましょう。

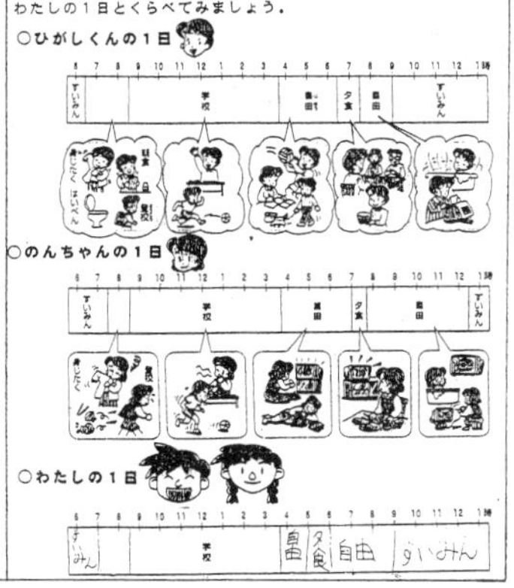

インタビューカード

（12月3日）

名前（[redacted]）

わたしの問題

あいさつについて調べました。

問題をかいけつするために、いろいろな人に聞いてみましょう

だれにインタビューしましたか？

こうちょう先生

聞いてみて、わかったこと

あいさつをすると、はればれして、いい気もちになることがわかりました。えいようじゃなくて、目に見えないけど、いい気もちがすることがわかりました。正しい生活を毎日やると元気にあいさつをできる。

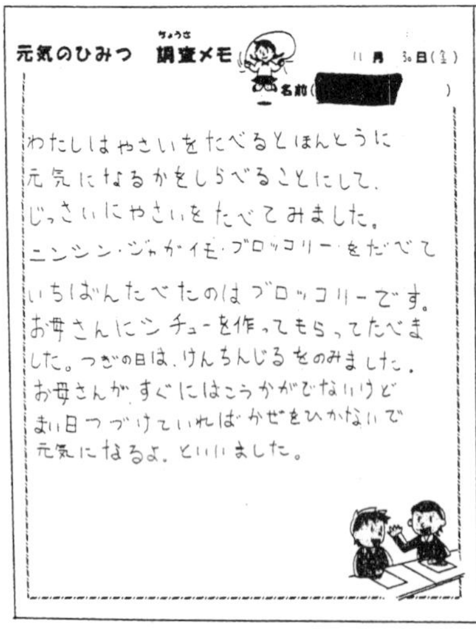
元気のひみつ　調査メモ　11月 30日（金）
名前（[redacted]）

わたしはやさいをたべるとほんとうに
元気になるかをしらべることにして、
じっさいにやさいをたべてみました。
ニンジン・ジャガイモ・ブロッコリーをたべて
いちばんたべたのはブロッコリーです。
お母さんにシチューを作ってもらってたべました。つぎの日は、けんちんじるをのみました。
お母さんが、すぐにはこうかがでないけど
まい日つづけていればかぜをひかないで
元気になるよ。といいました。

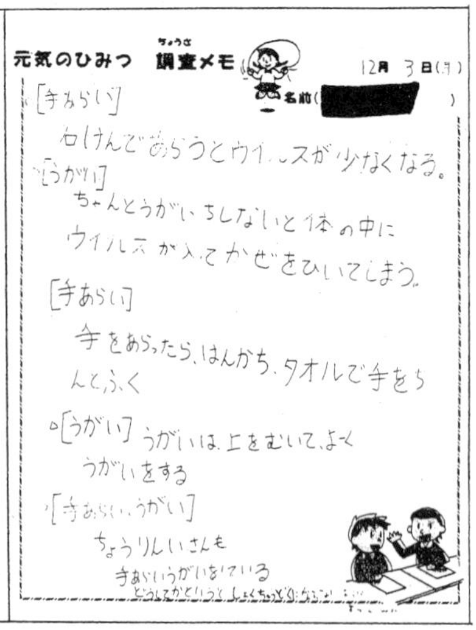
元気のひみつ　調査メモ　12月 3日（月）
名前（[redacted]）

[手あらい]
石けんであらうとウイルスが少なくなる。
[うがい]
ちゃんとうがいをしないと体の中に
ウイルスが入ってかぜをひいてしまう。
[手あらい]
手をあらったら、はんかち、タオルで手をちゃんとふく
[うがい]　うがいは、上をむいて、よく
うがいをする
[手あらい・うがい]
ちょうりんいさんも
手あらいうがいをしている

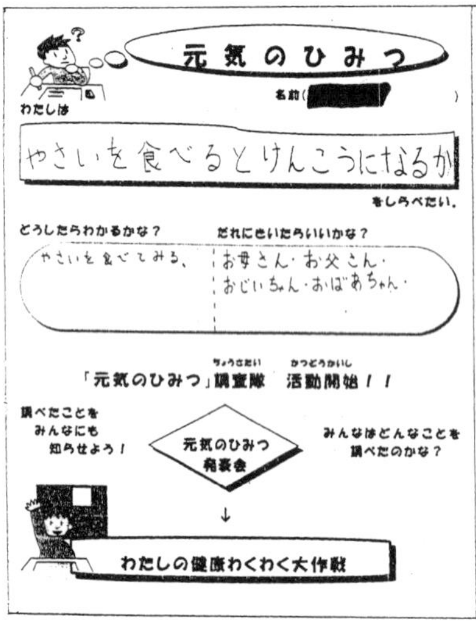
元気のひみつ
名前（[redacted]）
わたしは
やさいを食べるとけんこうになるか
をしらべたい。
どうしたらわかるかな？
やさいを食べてみる。
だれにきいたらいいかな？
お母さん・お父さん・
おじいちゃん・おばあちゃん・
「元気のひみつ」調査隊　活動開始！！
調べたことをみんなにも知らせよう！
元気のひみつ発表会
みんなはどんなことを調べたのかな？
↓
わたしの健康わくわく大作戦

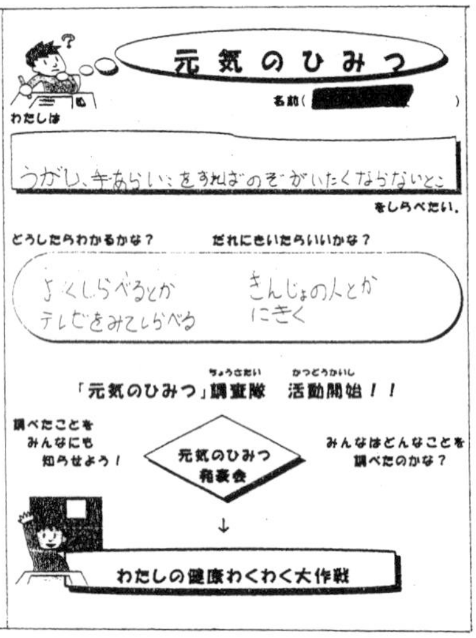
元気のひみつ
名前（[redacted]）
わたしは
うがい、手あらいをすればびょうきにならないとこ
をしらべたい。
どうしたらわかるかな？
よくしらべるとか
テレビをみてしらべる
だれにきいたらいいかな？
きんじょの人とか
にきく
「元気のひみつ」調査隊　活動開始！！
調べたことをみんなにも知らせよう！
元気のひみつ発表会
みんなはどんなことを調べたのかな？
↓
わたしの健康わくわく大作戦

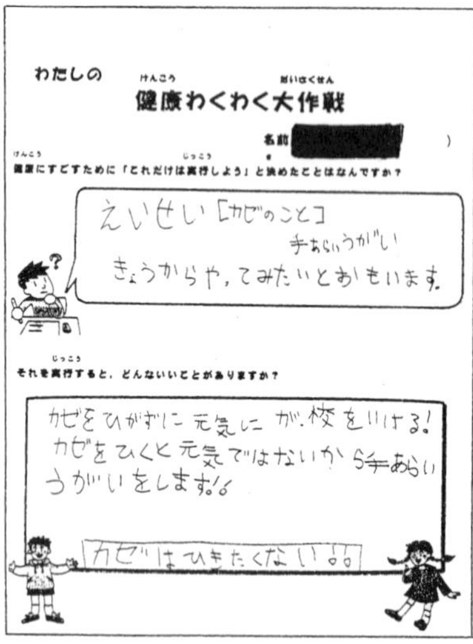
わたしの
健康わくわく大作戦
名前（[redacted]）
健康にすごすために「これだけは実行しよう」と決めたことはなんですか？
えいせい［カゼのこと］
手あらいうがい
きょうからやってみたいとおもいます。
それを実行すると、どんないいことがありますか？
カゼをひかずに元気にがっ校をいける！
カゼをひくと元気ではないから手あらいうがいをします!!
カゼはひきたくない!!

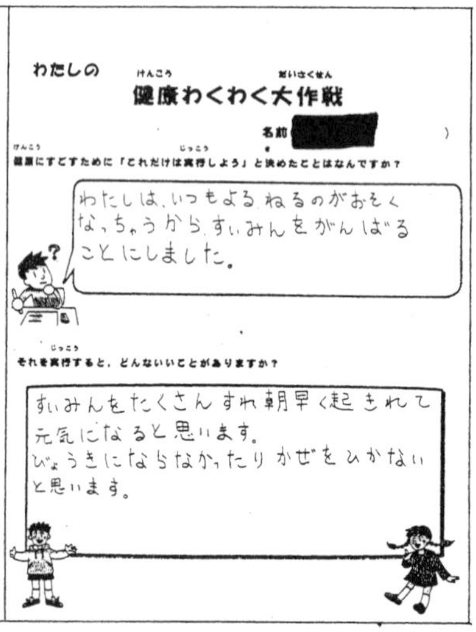
わたしの
健康わくわく大作戦
名前（[redacted]）
健康にすごすために「これだけは実行しよう」と決めたことはなんですか？
わたしは、いつもよるねるのがおそくなっちゃうから、すいみんをがんばることにしました。
それを実行すると、どんないいことがありますか？
すいみんをたくさんすれ朝早く起きれて
元気になると思います。
びょうきにならなかったりかぜをひかないと思います。

元気のひみつ発表会風景

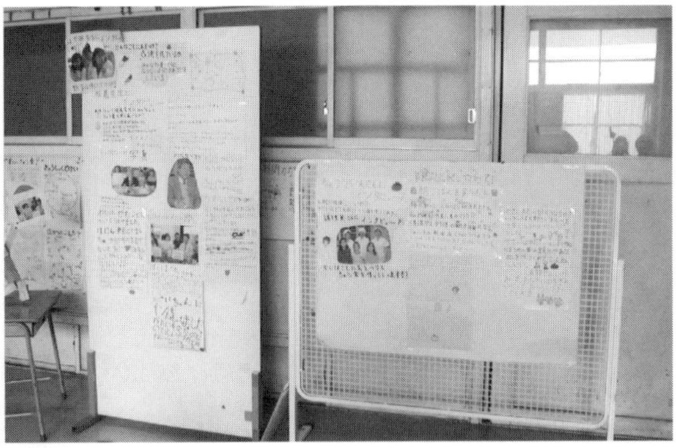

かんそうカード

名前（[redacted]）

健康のことについてしらべたほけんの学習はどうでしたか。

かんそうをかきましょう。

わたしは、お母さんにインタビューしたりいろいろなすいみんのことなどを調べました。
けんこうのべんきょうをして、よくけんこうのこともしりました。
また、けんこうのべんきょうをしたいです。

かんそうカード

名前（[redacted]）

健康のことについてしらべたほけんの学習はどうでしたか。

かんそうをかきましょう。

とても楽しくて、べんきょうがちゃんと自分からすすんでできたし、友だちときょうりょくしてできました。そのせいで体のこともいろいろわかりました。
これからも体のことをちゃんと調べようと思いました。

かんそうカード

名前（[redacted]）

健康のことについてしらべたほけんの学習はどうでしたか。

かんそうをかきましょう。

わたしは、うんどうについて、しらべてから、いろいろなことがわかりました。
それにとても楽しかったです。
また、こういうがくしゅうがあったらいいです。

かんそうカード

名前（[redacted]）

健康のことについてしらべたほけんの学習はどうでしたか。

かんそうをかきましょう。

けんこうの体をもつためには、いろんなことをしてけんこうになる。たとえばうんどう（スポーツ）食事、あいさつ、えいせい、いろんなことをして正しい生活をしてけんこうになることを、はじめてしった。
わかりやすくてよく勉強になりました。
これからもけんこうな体でいたいです。

かんそうカード

名前（[redacted]）

健康のことについてしらべたほけんの学習はどうでしたか。

かんそうをかきましょう。

さいしょに元気のひみつなんてあるのぉー？と思ったけどだんだんしらべてったら、
本当にあった。すごいなぁーと思いました。
できた時はうれしかったです。でも
人のまえで発表するのはずかしいー。

かんそうカード

名前（[redacted]）

健康のことについてしらべたほけんの学習はどうでしたか。

かんそうをかきましょう。

こうちょう先生にインタビューにいきました。一人でこうちょう先生にインタビューをしたことがなくて、きんちょうしました。わたしのけんこう調べっぱい勉強してあいさつのことがいっぱいわかりました。

かんそうカード

名前（[redacted]）

健康のことについてしらべたほけんの学習はどうでしたか。

かんそうをかきましょう。

わたしは、すいみんのことをしらべて、いろいろなことがしらべられました。
ホルモンのこともよくわかりました。
ほけんの学習は、とてもたのしかったです。ホルモンは体をそだてるので大切なものだとわかりました。

６．研究のまとめ

本単元は、子どもたちが主体的に健康によい生活を実践するための基礎として、健康の大切さを認識するとともに、家庭や学校における毎日の生活に関心をもち、１日の生活の仕方や体の清潔、生活環境の整備など、健康によい生活の仕方を理解できるようにすることをねらいとしている。

また、学習を進めていくなかで、学校では健康診断や学校給食などが組織的、計画的に行なわれていることや保健室ではけがの手当や健康についての相談活動などが行なわれ、保健活動の中心的な役割を担っていることなどにも気づいていくような配慮も必要とされている。

３年生にとっては初めての保健学習なので、今まで高学年で行なっていた「課題解決的な学習」だけでは、興味関心の持続は難しいと考える。課題解決の過程で自分自身が体験してみたり、聞き取り調査を通して、いろいろな人と関わったり、子どもの実態に合わせた学習の場を工夫し設定することで、学習意欲の高揚を期待したい。また、課題別のグループに分かれ、発表会をしながら学び合いや知識の共有をし、実践化に向けて取り組ませたい。

７．今後の課題

今回は、養護教諭が中心となり担任と協力しながらこの単元を扱ってみた。学習内容としては、身近なことが多かったので、課題をつかむ部分では意欲的に取り組んでいた。

しかし、その意欲や興味関心の持続に個人差があり、やはり個に応じた支援の仕方が必要であった。学習カードや場の設定に関しても、その提示の仕方や学習協力者との連携など、子どもの実態や学習状況を十分把握したうえでの支援が求められる。

また学習する内容によっては、指導計画に決められた保健学習の時間だけで押さえようとすると無理が出てくる場合がある。他教科等との関連を図りながら総合的に扱ったり、総合的な学習のなかに位置づけたりすることも考えられる。

〔引用・参考文献〕

「３．４年生から始める小学校保健学習のプラン」財団法人　日本学校保健会
「横浜市教育課程運営・改善委員会資料」平成８年度～１３年度版
「小学校学習指導要領解説　体育編」文部省
「対談　体育科の授業をどう創るか」明治図書　池田延行　戸田義雄　村田芳子　佐藤博志
「小学校新学習指導要領Ｑ＆Ａ～解説と展開～」教育出版　杉山重利　高橋健夫　野津　有二

「食」の大切さを感じよう
－料理体験を通して－

岩手県前沢町学校保健会保健部会
岩渕　美智子（上野原小学校）

はじめに

前沢町は岩手県南、平泉町の北隣に位置する人口１万6,000人余りの小さな町である。県内でもっとも肥沃な穀倉地帯＝胆沢扇状地の扇端部にあり、農業や畜産に携わっている家庭も多い。また、胆沢町とともに三世代同居が普通であり、中学校１校、小学校７校すべての学校が田畑や林に囲まれた自然いっぱいの町である。

そんな町でも保健室に来る子どもたちの様子から食生活の乱れを感じる今日この頃。それはなぜだろうと考えてみた。

まず、食事風景が変わってきている。以前は居間の中心に食卓があり、その食卓を囲む一家団欒を通して、子どもは「食」の大切さを学ぶことができた。近頃では、24時間営業のコンビニやスーパーがいたるところに出現し、いつでもどこでも、好みのものが手に入り、食卓に家族がそろうことも少なくなってきたが、それに伴って「食」が重視されない傾向になってきているのではないだろうか。

また、今は何が安全な食べ物かわかりにくい時代でもある。「食」のなかには、自分自身の健康、心の健康、家族の絆など、人間形成にとって、とても大事な事柄が、たくさん含まれている。

そこで、「料理体験」を通してこれらの事柄を実感し、「食」への関心や興味を持ち、ひいては自分自身の健康づくりに目を向ける子どもを育んでいきたいと前沢町学校保健会保健部会は取り組みを始めてから、2002年で４年目となった。

取り組みを進めるに当たり、以下のことを確認した。

○母親だけでなく、両親や祖父母と一緒に考えることもできる活動にしていこう。
○食べることの意義に気づき、その意義を理解し、実践できる活動にしていこう。

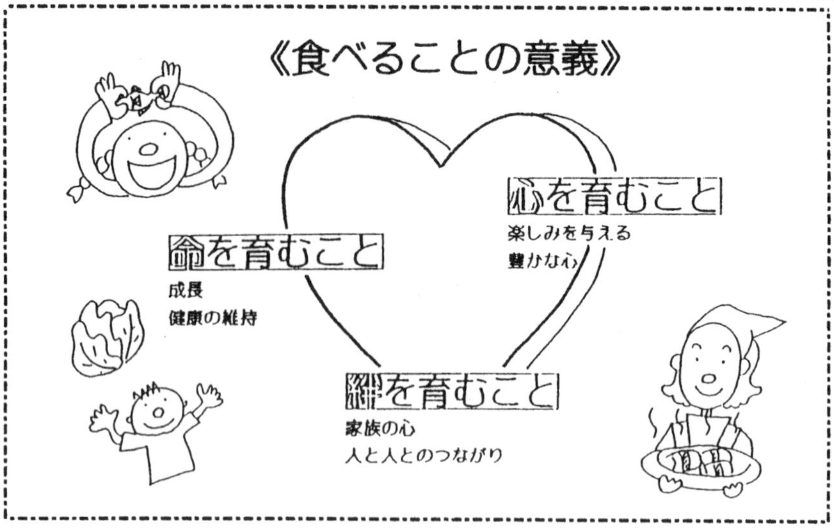

資料1　実践の概略

1999年度
問題点の把握
朝食に関する調査

↓

2000年度
家庭・地域への土台作り
（意識づけ）
◆食に関する講演会
（事前学習会）
◆食に関する標語募集

2000～2002年度
児童・生徒へ
◆保健指導
◆保健学習
◆委員会活動
◆家庭科学習
◆給食指導

↓

2001・2002年度
実践
レッツクッキング

↓

2002年度
地域へ広げる
◆農協への掲示
◆町広報への掲載
◆学校給食の献立に

2002年度
児童・生徒の
意識の変化把握

1．朝食調査　PARTⅠ

1999年10～11月の3日間、小・中学校536名を対象に朝食調査を実施したところ、以下のような実態が浮かび上がってきた。

学年が上がるにつれて、

①毎日朝食を食べる子どもが少なくなってきている。

②１人で食べる子どもが多くなってきている。

③「主食とおかずと汁物」がそろっていない朝食は３割に達している。

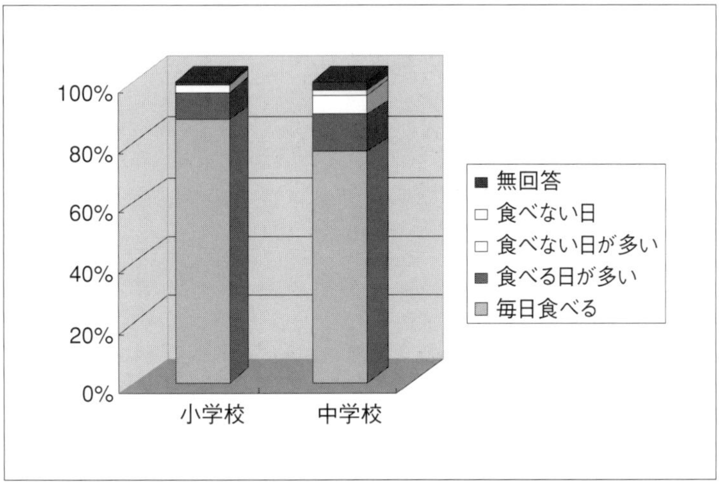

〈養護教諭の関わり〉

①　職員会議で朝食調査に至る経緯を説明し、担任へ調査を依頼した。その際には、朝食の大切さ、保健室から見た子どもの実態などを、できるだけ具体的に話した。朝食調査の実施日には、朝食のことを職員室で話題にした。調査時の様子から、子どもたちが朝から元気がないのは朝ごはんが原因のひとつとわかり、「食」への取り組みの必要性を、教職員みんなで感じることができた。

②　各学校で朝食調査の結果や問題点を説明した「おたより」で家庭に知らせ、また、休み前の学級などの懇談会にも養護教諭が参加して説明した。さらに、前沢町の学校保健会だよりで朝食調査の結果と食事の意義を取り上げ、同時に「食」について町全体で取り組んでいることも伝えた。

2．家庭・地域への働きかけ

(1) 食に関する講演会

「食は命の源・心の絆」講師：畠山こども相談所所長　畠山富而先生

前沢町学校保健会、教育委員会・社会教育課、前沢高校の四者が共催して「食」に関する講演会を実施した。講演会に先立ち、講師の先生を囲んで各校のPTAの代表と養護教諭が講演内容を事前に学習した。その場に参加したお母さんたちが、この良い話を一人でも多くの人に聞いてもらおうとそれぞれのPTA会員に講演内容を広め、参加を呼びかけた結果、講演会には400人余りの参加が得られた。

講演を聞いて、半数近い人が「自分の生活を改めよう」と思い、３分の１の人が「これからの生活の励みになった」と感じていた。また、「体内時計」「心と体を育てる食事の意義」「生活習慣病」について、それぞれ４分の１の人たちが興味をもっていたことが、事後のアンケートからわかった。

参加者の声

食は命・心・愛の証
日本食を見直して欲しいと言われ、食の大切さをあらためて知らされました。

朝食をしっかり食べることの必要性を再確認できました。

子どもに話して聞かせたい。

自分のことはもちろん、家族の食事・栄養面とか、考えさせられるお話でした。

孫のために、今日聞いたことを実行しようと思った。

〈養護教諭の関わり〉

① 予算の関係でチラシやポスター、演題、立て看板など、すべて養護教諭の手作りだった。スポーツ少年団や老人クラブへの後援依頼など、初めてのことばかりだったが、保健推進委員を通じてチラシを全戸に配布してもらえたり、有線放送を通じて各家庭へ知らせたり、社会教育関係者を中心に多くの協力や助言が得られた。このことが多くの層の町民を講演会に集める力となり、「食」について家庭・地域と一緒に考え始める土台づくりにもなった。

② 当日の運営を養護教諭が行ない、「食」の大切さを家族や地域住民とともに学ぶことができたことは、私たちにとっても大きな自信となった。

(2) 食に関する標語募集

親子で楽しく食について考える機会として、町内小・中学校を対象に標語を募集した。夏休みに取り組んだが、家族の願いや子どもたちの「食」のようすが見える心温まる標語がたくさん寄せられた。

寄せられた標語は、「心」「からだ」「家族」「朝ごはん」の4テーマに分けて、子どもたちと家庭に紹介した。

資料2

前沢町

学校保健会だより

平成12年9月発行
前沢町学校保健会保健部会
（町内小中学校養護教諭所属）

食に関する標語取り組みへのご協力ありがとうございました

◇ 今回、「食に関する標語」をご家族と一緒に考えながら、お子さん自身が毎日の食生活をふりかえる機会にできればと思い、実施しました。いかがだったでしょうか。

◇ 町学校保健会で話し合った結果、数ある力作の中から、次の作品を紹介します。応募いただいた標語は、今後も広報活動や各学校での指導に生かしてまいります。

からだ

☆ すききらい なおしてみせるよがんばって
前沢小1年 しばた あおい

☆ 見た目より 食べてわかる 母の味
古城小4年 小野寺 貴子

☆赤・黄・緑を毎日食べて元気もりもり
上野原小3年 佐々木 玲

☆へんしょくをしないで食べる子げんきな子
白鳥小3年 佐々木 望

☆きらいなものもしらずに食べればおいしいよ
赤生津小3年 大石 大志

☆あさ・ひる・ばん、ちゃんと食べて元気な子
白山小2年 千葉 輝美

☆朝食は、頭と体のエネルギー
母体小6年 岩渕 礼佳

☆選んで食べる 健康づくりの第一歩
前沢中1年 岩渕 祐樹

こころ

☆ あたたかい 心と食事で 元気なからだ
白山小4年 鈴木 彩佳

☆ バランスのとれた食事と みんなの笑顔で ぼくはいつも元気
上野原小3年 佐藤 雄太

☆よくかんで 楽しく食べて 感謝して
前沢小4年 今野 聡子

☆一つぶでも 大事に食べます お米の神様
母体小3年 石川 幸

☆ゆげがある 楽しい食事 心のゆとり
白鳥小4年 佐々木智哉

☆ムシャムシャパクパク楽しい食事 作った私もうれしいよ
古城小1年 千田 夏季

☆もう1品ごはんのおかずに 『親子の会話』を食べよう
赤生津小5年 安部 美沙

☆よくかんでよく味わってよく感謝
前沢中3年 菅原 真美

かぞく

☆ 会話のはずむ家族の食事 心と体の元気の秘けつ
前沢中2年 門脇 朋恵

☆ かぞくのえがおでたべる おいしいごはん
赤生津小1年 おいかわ みさき

☆おかあさん やさいも入れて 太るから
古城小3年 細川 連

☆ひとりよりみんなで食べるとおいしいね
白鳥小2年 鈴木 文也

☆きょうのことはなしはずんでおいしいごはん
白山小3年 千田 稔

☆ぼくたちのげんきのもとは 3度の食事と家族の愛
上野原小4年 佐々木 遼

☆まっててねみんなでそろっていただきま～す
前沢小6年 鈴木 彩奈

☆テーブルが輪になるわが家朝ごはん
母体小3年 岩渕 悠里亜

朝ごはん

☆ あさごはんたべていちにち げんきなえがお
白鳥小1年 あんとう はやと

☆ 一日の 元気はこれだ 朝ごはん
母体小5年 佐々木 悠里

☆朝食は 今日のはじまり 元気のもと
白山小2年 佐々木 千春

☆おいしいなみんなでにこにこ朝ごはん
赤生津小4年 木村 悠貴

☆わいわいとみんなで食べよう朝ごはん
上野原小5年 菅原 彩

☆あさ一杯のみそ汁 一日の元気のもと
古城小2年 西田 昌平

☆朝ごはんもぐもぐ食べて うきうきしながら学校へ
前沢小5年 大堀 雄輝

☆朝食をモリモリ食べてその日元気で楽しいな
前沢中3年 千葉 嗣美

『食は命の源・心の絆』
家庭教育フォーラム

畠山 富而 保健講演会　10月12日（木）19時～（入場無料）　前沢町ふれあいセンターチェリーホール

食は愛の証であり、家族の健康と文化を生み出します。インスタント食品の普及により「食事」が「食餌」になりつつある今、もう一度"食の大切さ"を見直してみませんか。

〈養護教諭の関わり〉

① 「食」についての取り組みの一環として行なわれることを学校保健だよりで説明する。継続した取り組みであり、むし歯予防標語を毎年親子でつくっているので抵抗なくできたと思う。

② 集まった標語は学習発表会やランチルームへの掲示で取り上げたら、低学年の子どもたちが特に喜び、「食」についての会話が多くなった。

3．児童・生徒への働きかけ

(1) 保健指導資料の作成と活用

「食」に関する保健指導資料（パネルシアター）を作成し、各学校で活用した。

【活用例１】「食べ物へんしんのたび」

食べ物がうんちになるまでの消化・吸収の仕組みを扱っている。双子の男の子が登場し、好き嫌いする子となんでも食べる子を比べながら考えるお話。

第１学年学級活動

主題名　あこがれのバナナうんちにあおう

ねらい　排便の大切さについて知り、基本的な生活リズムを整えようとする態度を養う。

展　開

段階	学習内容	教師の働きかけ	予想される児童の反応	資料
導入	１．今朝何を食べてきたかふりかえる	☆今朝、何を食べてきたか思い出してみましょう。	・ごはん・みそしる・なっとう・牛乳・たまご　など	
	２．今朝の排便について思い出す	☆では、今朝、うんちをしてきましたか。してこなかった人は、いつしましたか。	・ゆうべ ・おととい	板書
		☆どんなうんちでしたか。	・ころころ ・やわらかい	板書
10分	３．学習課題をとらえる	☆どんなうんちがよいうんちなのでしょう。 学習課題 あこがれのバナナうんちにあおう		紙板書
展開	４．排便できないと困ることを知る	☆これまでに、うんちがでなくて困ったことはありませんか。	・おなかがいたくなった。 ・体がだるくなった。 ・うんちがでにくくておしりがいたかった。	

30分	5．毎日排便するためにはどうすればよいかを知る	☆うんちのもとは何でしょうか。 ☆健康なうんちをするためには、どんなものを食べたり、どんなことをすればよいと思いますか。	・食べたもの ・飲んだもの ・野菜を食べる。 ・好き嫌いしないで食べる。	パネルシアター「食べ物へんしんのたび」 板書 ・野菜(豆や芋も)、海そう、果物食べる ・朝ごはんの後トイレにゆっくり入る ・(早起きする) ・運動する ・水分をとる
まとめ 5分	6．毎朝排便するために、これからがんばることを発表する	☆自分の生活について反省させ、今後、気をつけようと思うことを発表させる	・好き嫌いしないで野菜を食べる。	

評 価　・排便の大切さが理解できたか。
・これからの排便のありかたについてめあてを持つことができたか。

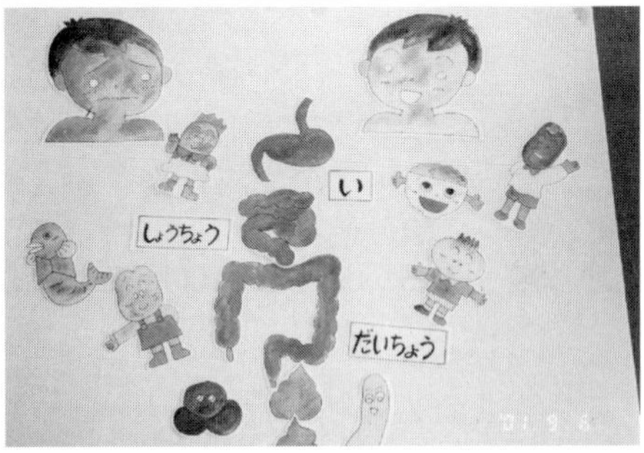

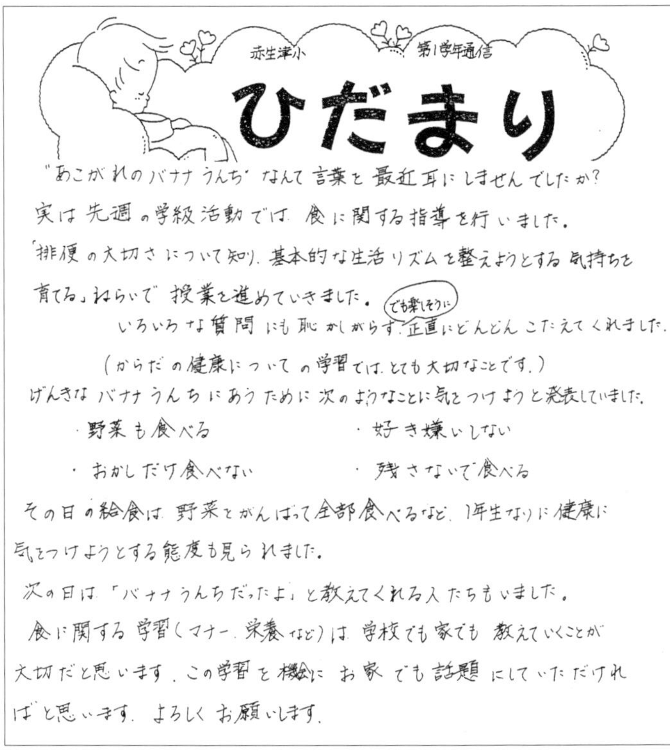
赤生津小　第1学年通信

ひだまり

"あこがれのバナナうんち"なんて言葉を最近耳にしませんでしたか?
実は先週の学級活動では、食に関する指導を行いました。
「排便の大切さについて知り、基本的な生活リズムを整えようとする気持ちを育てる」ねらいで授業を進めていきました。
いろいろな質問にも恥かしがらず、(でも楽しそうに)正直にどんどんこたえてくれました。
(からだの健康についての学習では、とても大切なことです。)
げんきなバナナうんちにあうために次のようなことに気をつけようと発表していました。
・野菜も食べる　・好き嫌いしない
・おかしだけ食べない　・残さないで食べる
その日の給食は、野菜をがんばって全部食べるなど、1年生なりに健康に気をつけようとする態度も見られました。
次の日は「バナナうんちだったよ」と教えてくれる人たちもいました。
食に関する学習(マナー、栄養など)は、学校でも家でも教えていくことが大切だと思います。この学習を機会にお家でも話題にしていただければと思います。よろしくお願いします。

パネルシアター授業風景

【活用例２】「元気なひみつはなあに」

食べ物の働きについてのお話。まこちゃんが小人のゲンキッズと一緒に島めぐりをしながら、赤、気、緑の食べの働きを知り、元気のひみつをさぐるお話。

（2）「食」についての学級指導

①小学校「１日のスタートは朝ごはんから」～「食生活を考えよう」（パンフ利用）

朝ごはんを食べてくるとどんな良いことがあるか、朝食アンケート結果をもとに考える。かんたんな朝ごはんでもバランスが取れることに気づき、朝ごはんバイキングの模型で確認し、最後に自分の食事のとり方をふりかえる。

主題　１日のスタートは朝ごはんから（指導参考例から）

平成14年　10月4日
母体小学校　5年生

本時のねらい　・１日の生活における朝ごはんの大切さを理解する。
　・バランスのとれた食事をしていこうとする意欲をもつ。

展開（略案）

学習活動	指導上の留意点	教材・資料
	「自分の朝ごはんをふりかえろう」	
①朝食アンケートの結果を知る。 ②朝ごはんを食べることのよさを発表する。	○朝食アンケートの結果 ・毎日食べる。11人 ・食べる日の方が多い。1人 （早く起きられないから） から、朝食を食べてくるとどんなよいことがあったか自由に考えさせる。	教材１ページ ・朝食アンケートの結果 教材２ページ
	「朝ごはんは、どうとればいいの？」	
③今日の朝の生活をふりかえる。	○時間を追って考えてみるようにする。短い時間の中で朝ごはんをおいしく食べるための	教材３ページ

④簡単な朝ごはんについて考える。 ⑤朝ごはんバイキングをする。	工夫を考えさせる。 ◯短い時間で簡単な朝ごはんでも、バランスがとれることに気づかせる。 ◯料理模型を使って自由に選ぶようにする。選んだ献立のバランスをみんなで確認し、3つのグループがそろうように工夫する。	教材4、5ページ ・料理模型、各3～5皿 黄：ごはん、おにぎり、スパゲッティ、サンドイッチ、チキンライス 赤：目玉焼き、ハム、オムレツ、ハンバーグ、カレー 緑：サラダ、おひたし、みそ汁、せんキャベツ、トマト 他：ヨーグルト、ミカン、柿
「自分の食事のとり方について考えてみましょう」		
⑥自分の食事のとり方についてふりかえる。	◯自分の食事のとり方でよいところ、なおしたいところに気づかせ、これからの生活のめあてを考えさせる。	教材25ページ

〈参考資料〉
・食生活学習教材（小学生用）「食生活を考えよう」文部科学省
・　　〃　　（小学生指導者用）「食生活を考えよう」文部科学省

〈学習活動①～⑥について、実施してみての感想〉

①朝食アンケートを実施してまもなくだったので、5年生自身の結果を活用できたのはよかった。

②朝ごはんを食べることのよさについては、自由にもっとたくさん発表させればよかった（ブレインストーミングのような方法で、②についてだけ時間を十分とってやってみる方法もあると思う）。

③短い時間で朝食を食べていることに気づくことはできたが、「1分でも早く寝る、二度寝しない、早く食べる、遅れない」など、実際の生活に結びつけてみると、朝ごはんをおいしく食べる工夫について書くことは難しかったようだ。

④　③では「朝忙しいから無理」という声が多かったが、④で簡単な朝ごはんで赤・黄・緑のバランスがとれたことで、これなら普段の生活でもできそうだという声が多く聞かれたのはよかった。

⑤料理模型を使ったことで、興味をもって楽しくできてよかった。和風料理の模型を準備できればよかった。

⑥めあてについては、お便りで紹介して家庭への呼びかけに今後活用していきたい（実際に生活で実践できれば、なおよいと思う）。

その他：5年生には使いやすい冊子だと思った。学級保管として活用していきたい。

②中学校「保健だよりを参考に学級指導」

朝食調査の結果、日本の小中高生の食事の問題点、朝食をとることの利点、夕食のとり方・バランスのよい食事のめやすなど３回シリーズで発行した保健だよりをもとに、各学級で指導。14学級中８学級から感想が届いた。

〈感想より〉

○今までは体のことを気にせず、野菜を食べていなかったので、今度からは気をつけるようにする。

○夕食は決まった時間にとらなければいけないというのを初めて知ったし、今の小・中・高生の食事の問題点と同じ生活をしているので気をつけなければいけないと思った。

(3) 委員会活動

中学校では、食事調査の結果をもとに健康に関する意識調査を実施した。そのまとめを文化祭で発表し、自分たちの問題として一緒に考えた。

(4) 給食時間に

学校給食では地元産の食材を多く取り入れている。昨年は、地元食材の使い初めだったこともあり「今日のねぎは前沢産です」などのコメントが給食センターから届いたので、献立発表の時に紹介した。また、給食センターより食材パンフレットが配布され、地元産の食材を知るのに役に立った。

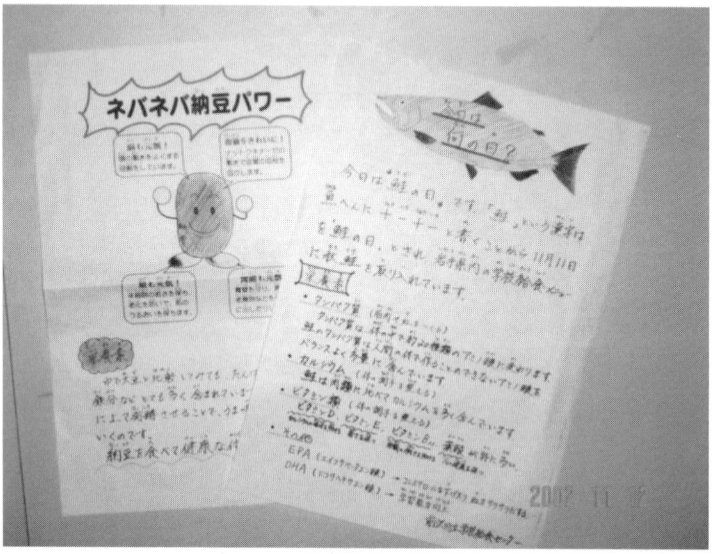

さらに、古代米給食、生産者との給食試食会、希望給食などの行事給食に際して、前沢産の食材の良さを話した。このことはマスコミでも大きく取り上げられた。

(5) 収穫物の展示

学校の畑で採れた野菜を展示し、野菜の栄養についてのお話を掲示した。子どもたちは自分で育てた野菜に愛着があり、興味・関心を示してくれた。

〈養護教諭の関わり〉

①「食」についてあらゆる機会に指導できるように心がけた。出張等のある先生に時間を

いただき、自作の資料で保健指導を行なうよう心がけた。家庭科「食」の授業の資料作りなども担任と話し合ってすすめた。

② パネルシアターをみんなで集まって作った。みんなで集まると楽しく、1人ではできないものができ、実践交流を通してさらに深めることができた。

③ 給食センターから届く資料はていねいに子どもたちに説明した。大規模校では資料が前日に届かなければ活用できないので、給食センターと話し合って改善した。

④ 給食センターから届く資料は給食時間にていねいに子どもたちに説明した。大規模校では資料が前日に届かなければ活用できないので、給食センターと話し合って改善した。

4. 実践「レッツ クッキング」

家庭で親子一緒に料理を作ることで、食生活を見直すきっかけや、料理すること、食べる楽しみ、さらには「食」の話題を通して親子がコミュニケーションを深めることを願い、町内小・中学生の夏休み共通課題として、2001年、2002年に取り組んだ。

2002年度は、健康を考えた食事、安心、安全な食事にも目を向けてほしいとテーマを設定して取り組んだ。

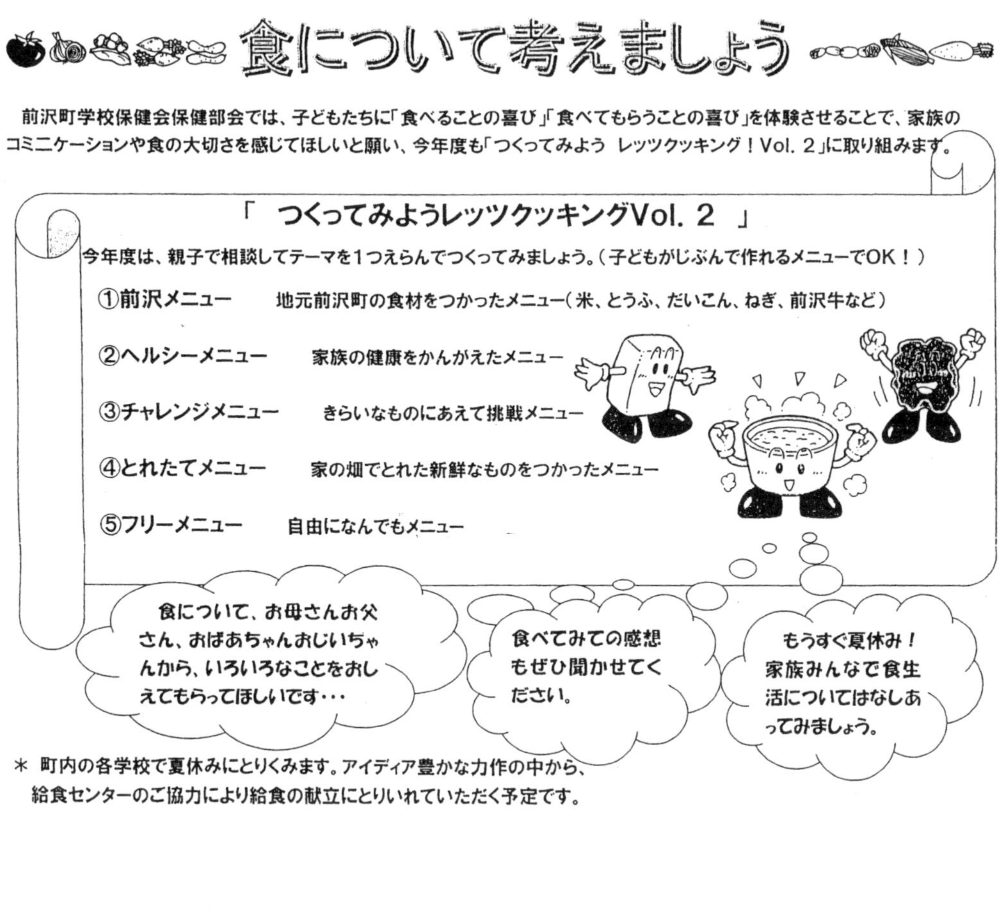

食について考えましょう
前沢町学校保健会保健部会では、子どもたちに「食べることの喜び」「食べてもらうことの喜び」を体験させることで、家族のコミニケーションや食の大切さを感じてほしいと願い、今年度も「つくってみよう レッツクッキング！Vol. 2」に取り組みます。
「 つくってみようレッツクッキングVol. 2 」
今年度は、親子で相談してテーマを1つえらんでつくってみましょう。（子どもがじぶんで作れるメニューでOK！）
①前沢メニュー 地元前沢町の食材をつかったメニュー（米、とうふ、だいこん、ねぎ、前沢牛など）
②ヘルシーメニュー 家族の健康をかんがえたメニュー
③チャレンジメニュー きらいなものにあえて挑戦メニュー
④とれたてメニュー 家の畑でとれた新鮮なものをつかったメニュー
⑤フリーメニュー 自由になんでもメニュー
食について、お母さんお父さん、おばあちゃんおじいちゃんから、いろいろなことをおしえてもらってほしいです・・・
食べてみての感想もぜひ聞かせてください。
もうすぐ夏休み！家族みんなで食生活についてはなしあってみましょう。
＊ 町内の各学校で夏休みにとりくみます。アイディア豊かな力作の中から、給食センターのご協力により給食の献立にとりいれていただく予定です。

つくってみようレッツ！クッキングｖｏｌ.２

夏休みは、料理にチャレンジ！！まず今年は、５つのテーマの中からひとつ選んでね。そのテーマにそった料理を、お家の人にアイデアをもらいながら、いつも料理を作ってくれる人に感謝しながら、作ってみましょう。アイデアいっぱいの、ステキなメニューをまっています。

あなたの「レッツクッキング」のテーマは？

チャレンジメニュー　メニュー

テーマ　①前沢メニュー（地元前沢町の食材を使ったメニュー　米・とうふ・牛肉等）
②ヘルシーメニュー（家族の健康を考えたメニュー）
③チャレンジメニュー（きらいなものに、あえて挑戦メニュー）
④とれたてメニュー（家の畑でとれた新鮮なものをつかったメニュー）
⑤フリーメニュー（自由になんでもメニュー）

４ねん　なまえ　及川貴敦

つくったりょうりはなんですか？

やさいサンドイッチ

できあがりのえと、ざいりょうをかきましょう。

え

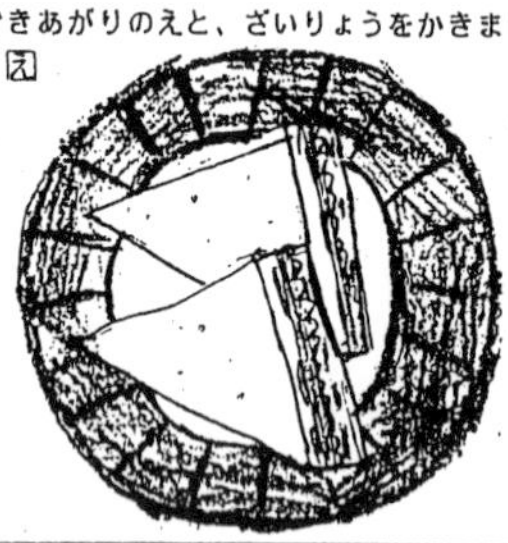

ざいりょう
・食パン
・レタス
・トマト
・キュウリ
・ハム
・ツナ
・マヨネーズ

つくったかんそう

きらいなやさいがたくさん入っていたけど、食べることができました。パンのみみをきるとき、かたちがくずれてたいへんでした。

おうちの人の感想（食べた感想、お子さんへのメッセージなど）

とても、おいしかったです！きらいな野菜もサンドイッチにすると、おいしく食べられて、良かったと思います。ボリュームがあり、食べる時、ちょっとたいへんでした。

（1）子どもや家庭の感想から

- 野菜は、全部うちでとれた新鮮野菜を使いました。ふだん好んで食べない野菜も、おいしく家族全員で喜んでいただきました。（４年生のお母さんより）
- どきどきしました。おいしくできました。おもしろかったです。（１ねんせい）
- 苦手な野菜（なす、にんじん、たまねぎ）を、みじん切りにしたことで抵抗なく食べることができたようです。また、「自分で作ったんだ」と言うことでも食べる意欲が出たようです。これからも一緒に作ってみようと思います。（２年生のお母さん）
- ジャガイモ堀から後片付けまでがんばってくれました。味付けもなかなか上手にできたと思います。おいしかったです。（中学生男子のお母さん）
- 今日は気合の入った父親と二人で作りました。家族５人おいしいと言って食べました。いつかまた二人で作って欲しいです。（中学生男子のお母さん）
- たった１品作っただけなのに大変だなあと思いました。これを毎日いっぱいしているお母さんは、すごいなあと思いました。これから少しずつチャレンジしていこう！（中学生）
- 新鮮な野菜をたくさん使って作ってくれました。朝食べたのですが、１日中元気に過ごせたような気がします。（小学生のお母さん）
- 玉ねぎを切ること以外は全部自分で作りました。○○にもできるんだ……とちょっと感動しました。味もバッチリでした。（小学生のお母さん）

子どもや家族の感想から、「親子で一緒に作ると楽しい」「きらいなものでも自分で作るとおいしい」「我が家の野菜はおいしい」ことなどが伝わってきた。

そこから作ってくれる人への感謝が生まれたり、中学生の父親の参加があったり、子どもの料理が親の元気につながったり、子どもの励みになったり、わが子を見直す機会になったり、家族のふれあいの場になったりと、いろいろな波及効果が見られた。お盆の団子作りなど行事食の取り組みも多く見られた。

目玉焼きだけを作った子もいたが、それも自立への一歩と捉えた。家族みんなで楽しんで取り組む姿が感想などから見えてきた「レッツクッキング」だった。

(2) レシピ集の作成と活用

「レッツクッキング」に取り組んだときの献立や家族の気持ちをみんなに伝えたいとレシピ集を作成し、家庭に配布した。いろいろな料理の例や、家族の様子がわかり、次の年の参考にもなった。

このレシピ集をさらに生かすために、次は「その料理にこれをプラスすればより健康的になる」というようなコメントもつけていきたい。

また、「レッツクッキング」レシピ集から学校給食の献立にも採用してもらうことができた。自分が作った料理が給食の献立に並び、みんなで食べることは子どもたちの料理を作る意欲づけに大いに役立った。

レッツクッキング、給食に登場!

たくさんのアイディア豊かな力作の中から、前沢町給食センターのご協力により、各小中学校から8人の献立を給食の献立に取り入れていただきました。

11月		
前沢中3年	石田　智恵さん	「チンゲン菜と豚肉のスープ」
白鳥小3年	佐々木登志也さん	「中華風サラダ」
1月		
赤生津小5年	菊地　香織さん	「パスタスープ」
母体小6年	阿部　園美さん	「いかのガーリックいため」
2月		
上野原小5年	内海　昭徳さん	「きのこのケチャップいため」
古城小2年	鈴木　幸人さん	「モーさんスープ」
3月		
白山小2年	千葉　祐平さん	「とり肉のやさいいため」
前沢小1年	小野寺美月さん	「ひじき入りポテトサラダ」

(3) 地域へのPR

この取り組みを地域のみなさんにも知ってもらいたいと、小学校単位の「JAいわてふるさと」各支所に「レッツクッキング」の掲示をお願いした。地域に掲示したことにより、「ああ、○○さんの家のお孫さんだね」という声も聞かれ、話題にもなった。

町の広報「まえさわ」や「JAふるさとだより」にも掲載をお願いし、町内の人々に「レッツクッキングをやっているんだねえ」と言われるようになった。

つくってみたよこんな料理！

たくさんのアイディア豊かな力作の中から、JAいわてふるさとのご協力により、各地区のJA支所に小中学校のレッツクッキングの作品を掲示します。

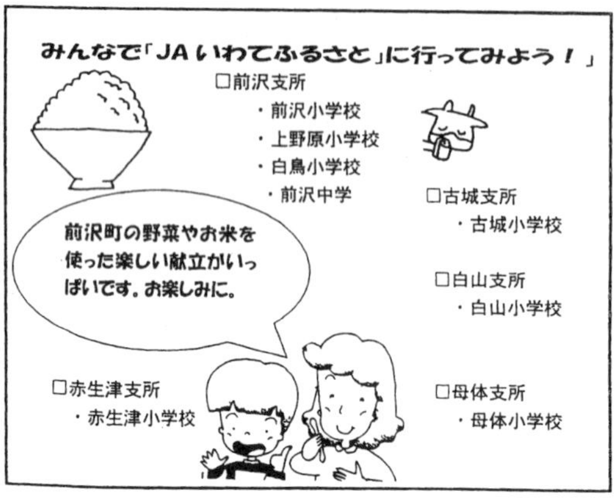

みんなで「JAいわてふるさと」に行ってみよう！」
□前沢支所
・前沢小学校
・上野原小学校
・白鳥小学校
・前沢中学
□古城支所
・古城小学校
前沢町の野菜やお米を使った楽しい献立がいっぱいです。お楽しみに。
□白山支所
・白山小学校
□赤生津支所
・赤生津小学校
□母体支所
・母体小学校

◆ 今年度も前沢町学校給食センターのご協力で、レッツクッキングの中から給食の献立に採用させていただく予定です。おたのしみに・・・

◆ みなさんが作った料理は、各学校の指導に活用させていただきます。

5. 実践の結果

(1) 朝食調査　PARTⅡ

「食」についての取り組みを始めてから4年目になったので、朝ごはんの様子がどう変わったか比較するためにアンケート調査を実施した。

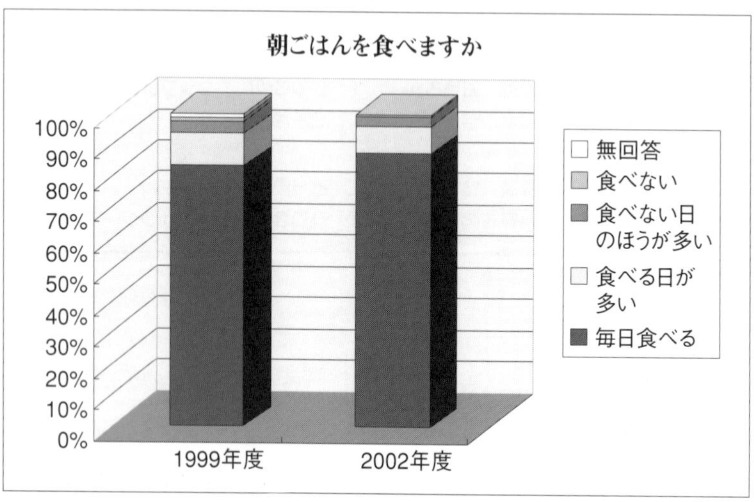

その結果、毎日朝ごはんを食べている子どもが少し増えていたが、朝食の内容は乏しくなっていた。家族と食べているは増えたが、ただ黙って食べていると感じている子どもも増えていた。4年前の調査では家庭で記入してもらった学校もあったが、今回はどの学校でも児童生徒に答えてもらったので、その影響も考えられる。本来、比較対照は同じ条件で行なうものであり、また、研究の目的や課題、取り組みの見通しなどを明確にしながら実施すべきだったと反省している。

(2) 実践の結果

① 「レッツクッキング」は家族のコミュニケーションを図るきっかけにもなった。
② 朝食調査の結果を保健会便りや学級懇談会などで細かく説明したことにより、家庭の協力を得やすくなった。
③ 「食」に関する講演会や事前学習会は、「食」についての意義と取り組みを大きく盛り上げていく機会にもなった。

(3) 実践を通して学んだこと

① 結果を何らかの形で子どもや家庭に返していけば、それが必ず次の意欲につながっていく。例えばアンケート結果やレッツクッキングなど。それによって、家庭や地域にも以前より気軽に働きかけることができるようになっていく。
② 地域や給食センターなどの関係機関に働きかけていけば、実践の内容や趣旨が広がるにつれて、逆に後押ししてもらえるようになる。
③ 資料をつくって提供し続ければ、学級でも「食」について指導する機会をつくってもらえるようになる。

おわりに

「料理体験」を通して「食」への関心を育みたいと思い、実践してきた。しかし、家庭を変えることは難しいことである。家庭への働きかけがこれでよかったかどうかも、さらに問われている。

子どもたちが将来自分で生活していくときに、食に対する多様な情報や食材を取捨選択し、自分の健康を考えながら生活していく力を身につけていくためにも、今後も指導のあり方に手を加えながら実践を継続していきたいと考えている。

「食」は「生きる力」そのもの
―各委員会のとりくみから

神奈川県茅ヶ崎市立茅ヶ崎小学校
平野　圭子

1．本校の健康教育の取り組み

本校では、1999年度に文部省（現文部科学省）の体育研究指定を受け、全校に健康教育アンケートを実施する機会を得ました。その際に子どもの日常の生活習慣や食に関する実態を把握することができました。そのなかで、朝食やおやつの摂取状況、あるいは、朝の排便習慣の有無、給食の残菜状況など、「食」に関する子どもたちの問題が浮かび上がってきました。

アンケート結果については、保護者にも知ってもらい、積極的に授業参観を求めて協力を呼びかけました。

学校栄養士とも相談し、どんなことを子どもに伝えていったらよいかなど、栄養指導面での協力をお願いしました。その結果、食に関して各学年いくつかの授業が組み立てられ実践されました。

最近の子どもの「食行動」の実態をみてみますと、少し気になることがあります。たとえば、給食時になってもお腹がすかない、食べなくても平気、など成長期の子どもにとっては考えられないことのようですが、要するに食に対する欲求があまりないのです。また、白いご飯でないとだめとか、野菜が一切食べられないとか、食べられる食材が極端に限られている子が目立つようです。

いつでも好きなときに好きなものが簡単に食べられるようになったことや日常の運動量の低下などが一因なのでしょうか。

そんななか、学校栄養士は少しでも多くの児童が好き嫌いせず何でも食べられるようにと毎日、ランチルームで給食を食べるクラスにその日の献立の食材カードを使って「３色の栄養と働き」について指導してくださっています。この指導は今年で３年目になりますが、低学年のうちから指導を受けていた学年は、知識の定着があり、積み重ねができてい

写真① ランチルームでの３色の色分け教材

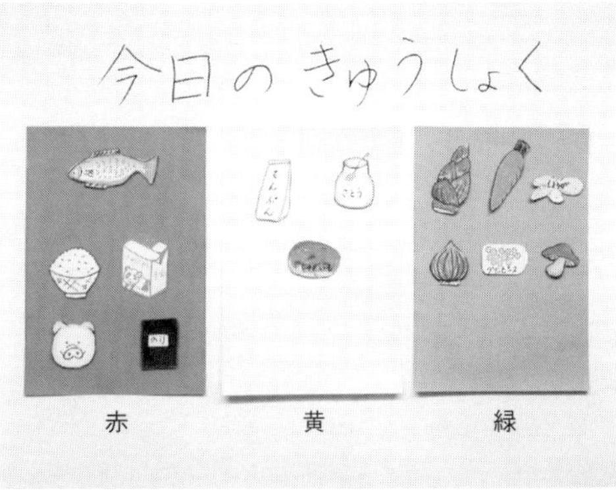

写真② 和食のメニュー

写真③ 洋食のメニュー

写真④ 食べないとこうなっちゃうぞ紙芝居

写真⑤「ラ・バンス栄養の旅」を視聴する子どもたち（パソコンルームにて）

るようです（写真①②③参照）。

また、本校では年に２回保健・給食集会があり、主に健康や食に関する内容で委員会の児童が発表し、全校児童が一斉に学ぶ機会としています。昨年の保健給食集会では、「ラ・バンス栄養の旅」という劇が担当教諭と給食委員会の児童によってできあがりました。

３色の村人（黄・赤・緑）が筋肉ムキムキ選手権、お肌すべすべ選手権など、さまざまな競技で競い合い、最後に優勝するのはどの村人でもなく３色の栄養をバランスよく食べていた旅人「ラ・バンス」になるという内容です。

ただ単に３色の栄養と働きについて口頭で説明するよりも、劇にしたほうが低学年から

健康教育指導案　（2年）

指導者　田野口　和加子（T 1）
勝又　　良子　（T 2）

1. 日時・場所　2002年11月13日（水）第2校時　パソコンルーム

2. 学年・組　第2学年2組（男子18名・女子15名・計33名）

3. 題材名　目指せ！ラ・バンス

4. 題材の設定について

2年2組は、学年でも比較的残菜量が多く、牛乳がきらいで残したり、野菜が食べられなかったりと、食事に関しては、いろいろな問題が見られる。1年生のときに比べ、かなり改善されてきたとはいえ、まだまだ残菜量も多く、積極的に食べようという意欲に欠けるようだ。今回は、栄養士の指導やアドバイスを受け、自分の朝食を調べることにより、3色の栄養のバランスに注目し、朝食をきちんと食べることはもちろん、給食をまんべんなく食べることにより、バランスの取れた食事ができるということを理解させたい。朝食は、それぞれの家庭の事情によるところが多く、今回は、自分自身の努力が可能な、給食による食習慣の改善を目指したい。

5. 指導目標

3色の栄養素の食物をバランスよくとることの大切さを知る

6. 指導計画　2時間扱い

第一次　朝食のアンケートに答える　1時間

第二次　ラ・バンスの紙芝居を通して3色をバランスよく食べることの大切さを知る　1時間（本時）

7. 本時のねらい

・3色の食物には、それぞれのはたらきがあることを知る
・自分の食習慣を見直し、特に給食を、好き嫌いせず、まんべんなく食べることの大切さを知る
・パソコンを使うことにより、資料を視覚的に、より正確にとらえ、活用する

8. 本時の展開

学習活動と内容	指導上の留意点（T 1）	指導上の留意点（T 2）	教材・教具
1. 今日の朝、食べてきたものをプリントに記入する			・プリント
2. クラスのみんなが、どんなものを朝ごはんに食べていたか知り、自分の朝ごはんと比べてみる	・みんなが食べたものを、自分の朝食と比較させる ・なぜこんなにいろいろなものを食べているのか考えさせる		・3色の食物の図
3. 食物にはそれぞれの働きがあることを知る	・クラスの友だちが食べた朝食を3色にぬり分けた資料を提示し、3色の食物がどのようなバランスで食べられているか考えさせる	・赤、黄、緑の食物の種類と働きについて説明する ・児童が食べている朝食にも触れ、3色に分ける例を示す	
4. 自分の朝食を3色にぬり分ける	・自分の朝食にも色分けさせて、食習慣を見直させる		・色鉛筆
5. 「ラ・バンス栄養の旅」の紙芝居を見る	・紙芝居で気づいた事を発表させる		・紙芝居
6. 3色の栄養をまんべんなくとることの大切さを知る	・給食による食習慣の改善方法が、容易であることを気づかせる	・栄養が不足したときのさまざまな身体の不調について説明する ・給食には、3色の栄養がバランスよくふくまれていることを知らせる	・「食べないとこうなる」の図 ・献立表
7. 自分の食習慣を改善するための方法を考える	・自分の今までの食習慣を、少しずつ改善していこうという意欲を待たせる	・好き嫌いなく食べると健康にいいことを知らせる	

2年2組　名前

朝ごはん・・・みんなは何を食べているかな

＊赤・黄・緑に分けてみよう

ごはん　みそしる　むぎちゃ　パン　ジャム　おくらごはん　トマト

ゆでたまご　ぎゅうにゅう　おにぎり　こうちゃ　マーガリン　ココア

コーンフレーク　フレンチトースト　カフェオレ　ソーセージ　ミロ　みかん

ふりかけ　いためもの　やさいジュース　ヨーグルト　ドリア　おせきはん

カップめん　目玉やき　とうふ　ブロッコリー　しじみ　もち　にくまん

お肉　ウインナー　牛乳入りのコーヒー　パイナップル　ピーナッツクリーム

＊自分の朝ごはんは

赤・黄・緑

＊みんなのすきなやさい、きらいなやさい

すきなやさい
トマト（17）　きゅうり（9）　キャベツ（7）　レタス（7）　ピーマン（6）
にんじん（5）　ひじき　もやし　ほうれんそう　だいこん　しいたけ　いも
ブロッコリー　はくさい　パセリ　りんご　とうもろこし　カボチャ　たまねぎ
プチトマト　ナス　なめこ　きのこ　さつまいも

きらいなやさい
ゴーヤ（13）　ピーマン（8）　ナス（6）　トマト（6）　きのこ（5）　ひじき
だいこん　さといも　ブロッコリー　レタス　キャベツ　キュウリ　こんにゃく
トマト　セロリ　グリンピース　にんじん　ズッキーニ　ごぼう　コーン　えび
アボガド　貝われ　とうがらし　ねぎ

高学年まで理解しやすいようでした。集会本番は子どもたちからも声援が飛び、大好評でした。

そして、この内容がとてもわかりやすいものだったので、職員からも、日常の授業でも使えるような紙芝居にしてみたらどうだろうという声があり、台本を修正し「ラ・バンス栄養の旅」は紙芝居として新しく生まれ変わりました。ちょうど同じ頃、本校にパソコンルームができ、そこで子どもたちに見せたらどうだろうということになり、絵にナレーションを加えてＣＤを作りました（写真④⑤参照）。そして、それを使い「目指せラ・バンス」の授業が栄養士と担任とのＴ・Ｔで実現しました（前ページの指導案・資料参照）。

保健給食集会では、この他にもいろいろな内容に取り組んでいます。

〈2001年度〉　よくかんで食べよう
カルシウムのカルちゃん
目のつくりと働き
ラ・バンス栄養の旅

〈2002年度〉　おやつ講座
海草パワー
食べ物の旅
かぜに勝つ！

「よくかんで食べよう」では手作りの骸骨の教材に色の輪ゴムをつけて、かむときに使われる筋肉の伸び縮みをあらわしました（写真⑥の教材参照）。それをプロジェクターで体育館のステージいっぱいに映し出し、見せました。

「おやつ講座」では、子どもたちに前日の遠足に持っていったおやつのカロリーを調べさせたり、ポテトチップスを一枚食べたらそのカロリーを消費するのにジョギングで何分走ったらよいかを全校児童にその場でやらせてみたりしました（写真⑦～⑭は保健委員会集会の「おやつ講座」）。

また、給食でひじきを使ったメニューの残菜が多かったことから海草パワーについての劇を行なったりしています（写真⑮～⑳は給食委員会集会の「海藻パワー」。なお、写真㉑～㉓は「食べ物の旅」、㉔～㉖は「かぜに勝つ！」より）。

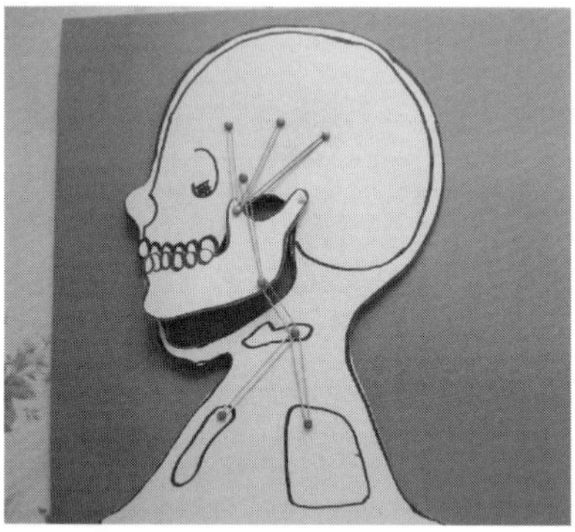
写真⑥　がいこつの教材

「おやつ講座」より

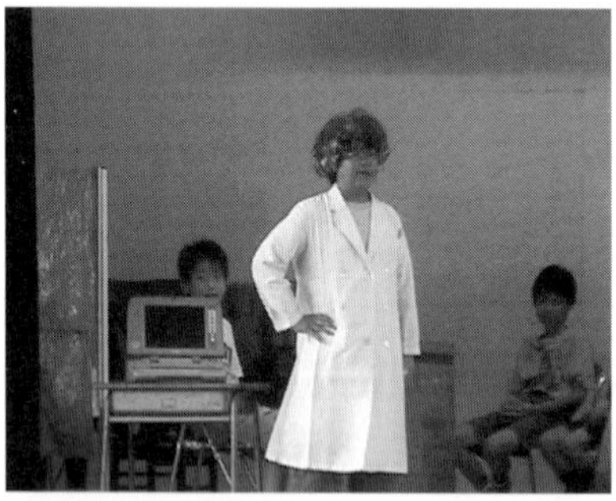
写真⑦　ウオッホン！私がバランス博士だ。おやつのことなら何でも聞いてくれ。

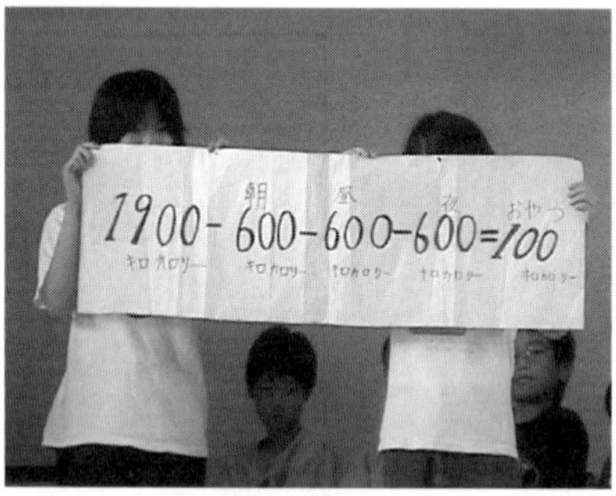

写真⑨　小学校3年生を例にとると、おやつでとるのは100kcal～せいぜい300kcalまで。

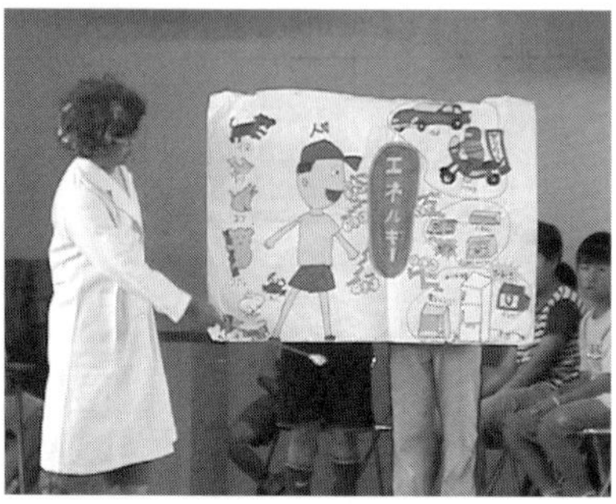
写真⑧　エネルギーは、体を動かすもとになるもの。

写真⑩　ぼくがきのう食べたおやつの合計は、390kcalだ。

写真⑪　バランス博士の説明を真剣な表情で聞く保健委員会のメンバー。ある日の教室という場面設定。

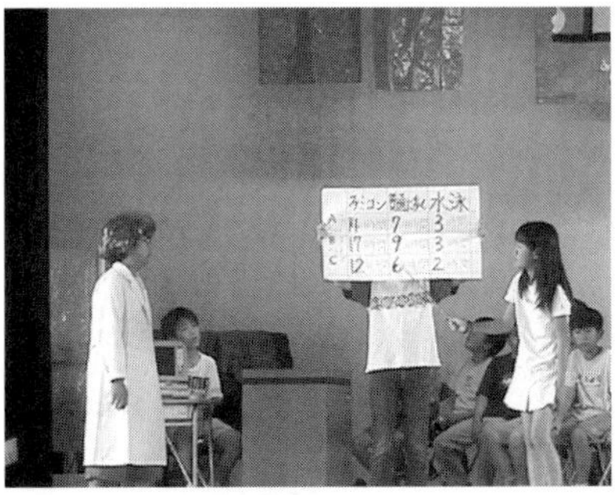

写真⑫　3人のおやつでとったエネルギーを、ファミコンをした場合と、普通に歩いた場合、水泳をした場合に置き換えてみる。

写真⑬　ポテトチップス１枚分のエネルギーを消費するには、ジョギングを1分間。さあ！みんなで、ジョギングしてみよう。

写真⑭　寝る前に食べる・だらだら食い・ながら食いは、太る食べ方。

「海藻パワー」より

写真⑮　ここは海の中の『りゅうぐう病院』院長のタイ先生とヒラメ看護婦さんです。

写真⑯　りゅうぐう病院の優秀なスタッフ、もずく・かんてん・ワカメ・こんぶ・ひじき・のり達。

写真⑰　最初の患者はいわし君。「先生、ちょっと太っちゃって、運動するのがいやになっちゃいました。」

写真⑱　サッカーをやっていたら友達とぶつかって、こんなになっちゃって… 先生、足が痛いよう。

写真⑲　ひじき君、ワカメ君、のり君、早く骨折が治るように、かに君に食事について教えてあげてね。

写真⑳　優秀なりゅうぐう病院の海草スタッフのおかげで、海の仲間たちは今日も元気いっぱい！

「食べ物の旅」より

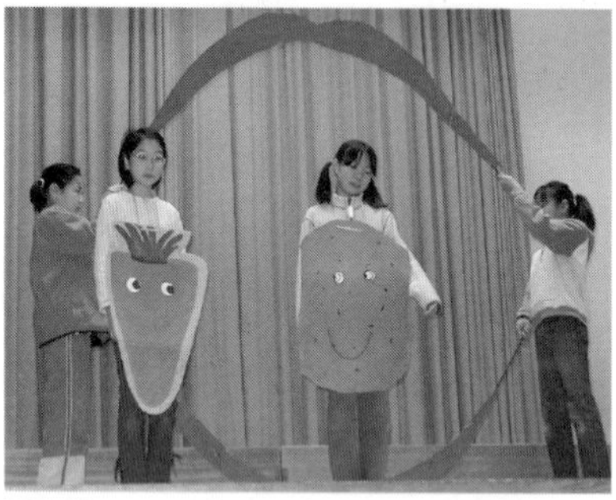

写真㉑　ここは入口です。これから人参くんとじゃがいもくんは「食べ物の旅」に出ます。

写真㉒　食物繊維のほうきで食べ物のカスをはき出します。エッサ、ホイサ。

写真㉓　うんちのことなら僕たちに聞いてくれ、アドレスはトイレにゴー@オーウンチドットコムだよ。

「かぜに勝つ！」より

写真㉔「僕たちはカゼの菌だ。弱い子はどこだー」

写真㉕　室内でゲームばかりしている子に菌が寄ってきます。

写真㉖　朝食をしっかり食べてきた子にカゼの菌もタジタジです。

児童委員会の活動時間が少ないため、あらかじめ、扱いたい内容については、栄養士、養護教諭、担当教諭が相談しあいながら決めていきます。

子どもたちが主役になり発表をし、全校児童も、健康や食について知識を深める好機となります。授業と集会では形態が違いますが、ある程度、伝えたい内容をこちらで絞り込むため、各クラスで授業するより効率的に子どもたちに知識を与えることができます。

子どもたちが主役となり発表するため、見る側も今回は何が出てくるかと楽しみにしているらしく、650名の児童全員が集中し、見入っています。

この集会の日に合わせて、毎月発行の保健だより「けんこうひろば」を全校児童に配布し、その後の学級指導や家庭で話題にするときの資料として提供しています。

2. 学校栄養士との関わり

学校栄養士と養護教諭が授業に関わるようになったのも、研究指定を受けて２年目に体育・健康・教科外の３つの柱で研究を進め、そのなかの健康教育の部でT.Tとして授業に参加するようになったのがきっかけです。栄養士と養護教諭が一緒に研究会に加わったことで、食に関しては、こちらの内容は栄養士、こちらの内容は養護教諭と分けてしまうことなく、互いに情報を提供しあいながら行なうことができました。

専門的立場でゲストティーチャーとして授業に関わるという点では同じ立場でしたので、授業を見合ったり、教材作りに協力し合ったり、栄養面でのアドバイスを受けたり、子どもの健康面で気になる点について話し合ったりなど、現在も常に授業や集会の準備の時にはお互いの立場で情報を提供しあい、共有するようにしています。

3. 授業実践を通じて見えてきたこと

T.Tとして関わってみて感じたことですが、授業は学級担任主導のほうが流れがスムーズになると思いました。毎日顔を合わせている担任の先生だからこそ、子どもの発言をうまく生かしていけるのだと思います。

私たち養護教諭はつい、気負って、力が入り、しゃべりすぎてしまいがちですが、専門的知識も大事なことは、短く、そしてわかりやすく伝えるのが私たちの役割のような気がしました。

時間的にすべてのクラスにT.Tとして関わるのは難しいので担任１人でもいつでも授業に取り組めるよう、保健室に指導案、資料等を常備しています。

本校には先生たちが使った自作の教材がたくさんあります。自作のものの素晴らしさは、子どもの視覚に訴え、インパクトを与える効果が大きいこと。そして、何より授業の流れの中でぜひともこんな教材があるとよい、という発想から生まれたものであるため、既製のものにはない使いやすさと、工夫があることです。

さらに、児童にとって、身近な先生が作った温かみ、親しみやすさが、より子どもたちには印象深く受け止められるようでした。

一般の先生は経験上、教材を工夫する知恵をたくさん持っています。私自身が頭に描いたものに対して、「実際授業で使うなら、このほうがいいよ」というアドバイスをたくさんもらいました。このように担任との授業は指導案作りから教材作りまで共同作業で、とても勉強になりました。

健康教育のなかでも「食」は生活に密着したものであり、「生きる力」そのものです。

子どもたちや保護者の興味・関心も強く、低学年のうちに知識をきちんと定着させ、さらにいろいろな教科で発展し扱うことも可能な分野です。

「食」を通じて子どもたちが自分自身の健康に目を向け、生涯を通じて健康な生活が送れるよう、これからもあらゆる場面で関わっていけたらと思っています。

(『子どもと健康』No.72に掲載したものに加筆しました)

中学校・高等学校編

茨城県中学校
長山 望（ペンネーム）

神奈川県横浜市立城郷中学校
米田 さきえ

山梨大学教育人間科学部附属中学校
岩間 千恵

静岡県沼津市立第一中学校
鈴木 矛津美

千葉県夷隅郡大多喜町立西中学校
金綱 恵子

茨城県立竹園高等学校
田上 公恵

委員会活動から総合的な学習へのアプローチ

茨城県中学校
長山 望（ペンネーム）

はじめに

本校は、茨城県の南部に位置し、東京のベットタウンとして発展してきた市であるが、本校地域は古くからの農村地域も一部に残した穏やかな土地柄である。生徒は、305名で明るく、まじめに学習に取り組むことができているが、ここ数年は不登校生徒が多く、友人と関わりや、自分を表現するということが苦手な生徒も目立ってきている。

本校では、2002年度の新学習指導要領の完全実施を控え、移行措置期間である2000年度の取り組みについて検討を重ねた結果、総合的な学習の時間を生徒会委員会の活動を中核とし、実践していくこととなった。12の委員会を設置してさまざまな活動計画を立案した。活動時間は第１、３土曜日80分単位時間とし、年間20単位時間（32時間）の計画で実践してきた。そのなかで保健委員会は、29名ほどの生徒と２名の教師で構成され、健康をテーマに活動した。この実践は2000年度と2001年度の２年間の活動をまとめたものである。

委員会活動が総合的な学習として実施されることは珍しいことであるが、養護教諭として学習に関わるには、好都合であり、健康教育を広げていく足がかりになることを期待し取り組んだ。

１．研究の実践

（1）課題の設定

【2000年度】

１年間課題をもって研究していくために最初の課題設定に時間をかけて、生徒の考えや中学生の健康問題などを話し合い、自分の深めたいテーマを設定した。テーマは次の８つに決定した。
①視力の実態と目の仕組みを調べよう。
②たばこの歴史を調べ、たばこの害について研究しよう。
③中学生の食生活について調べ、朝食づくりをしよう。
④薬物乱用の実態とその影響について調べよう。
⑤睡眠の実態とその影響について調べよう。
⑥アルコールの害について調べ、飲酒予防を呼びかけよう。
⑦姿勢の実態と正しい姿勢づくりの体操を考えよう。
⑧運動の実態を調べ、体力づくりを考えよう。

【2001年度】
前年度は、8グループだったが、2年目はもっと身近なテーマについて活動していこうということになり、3つのグループをつくった。
①視力の実態と視力低下について調べよう。
②中学生の化粧への願望と肌の健康について研究しよう。
③コンビニ食品と飲み物について研究しよう。

(2) 実態調査

【2000年度】
どのグループも本校の生徒の実態調査を実施することにした。調査用紙の作成、調査依頼、集計、まとめをグループごとに取り組んだ。生徒は「どんなことを調査したいのか」「どんな質問項目にしたらいいのか」「どんなふうに聞けば答えやすいか」「何クラス調査するのか」「集計結果をどのようなグラフに表わすとわかりやすいか」など細かな点で話し合いまとめていくことで調査の意味や難しさを学んだ。実態調査は研究の基礎として発表の場でたいへん役に立った。

【2001年度】
どのグループも実態調査を行なった。昨年度のメンバーが約半数おり彼らがリーダーシップをとりながら、調査をまとめることができた。質問内容も生徒の興味を引く内容が盛り込まれ、工夫がみられた（**資料1**）。

(3) 実験や実習の取り組み

【2000年度】
テーマを深めるため、実態調査の後は文献を調べたり、実験や実習を多く取り入れた活動計画をつくった。グループごとの計画だったが、たばこのカイワレダイコン発芽実験やアルコーパッチテスト、パソコンを使ったポスターづくり、朝食づくりなどは全員で取り

資料1

保健アンケート

—薬物について— 性別 男・女

1. あなたは薬物を使ってみたいと思ったことが1度でもありますか。

Yes / No （〇をつけて下さい）

Yesと答えた人に質問します。

そう思ったのはなぜですか。

（ ）

2. あなたの知っている薬物の種類はなんですか。できるだけ多く書いて下さい

例）シンナー

（ ）

3. 薬物を使うと、どのような症状が体に現れるか、予想して書いて下さい。

（ ）

ご協力ありがとうございました。

運動についてのアンケート

男・女 〇をつける

1, あなたは筋肉増強のために何かしていますか。

あてはまるものに〇をつけて下さい。

・している ・していない

2, 1でしていると答えた人は、何をしていますか。 複数回答可

・腕立て ・腹筋 ・背筋

・スクワット ・ダンベル ・握力

・ランニング ・ダッシュ ・エキスパンダー

・その他（ ）

3, 1日にどれくらいしていますか。

・1～5分 ・6～10分 ・11～30分

・31～60分 ・61～120分 ・120分以上

4, 普だんの食生活で気を付けていることはありますか。また、それは何ですか。

・気を付けている ・気を付けていない

何に気を付けているか

（ ）

ご協力ありがとうございました。保健委員会

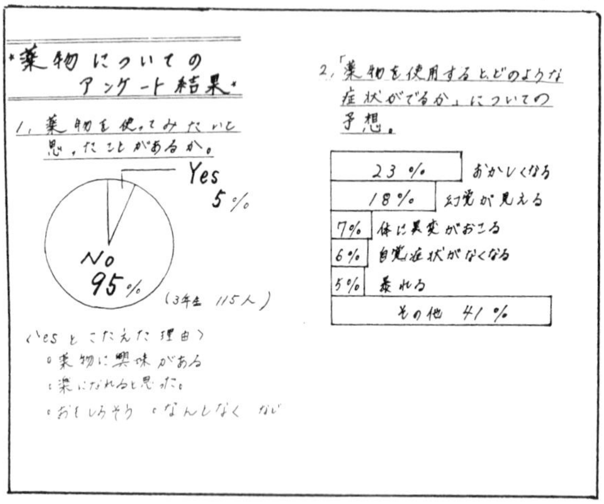

ばこの実験
カイワレダイコンはどう

カイワレダイコンを使ってのたばこの実験

組んだ。実験、実習は生徒の興味関心が高く、生き生きと活動することができた。実験などは教師からのアドバイスを必要としたが、パソコンの操作などは生徒同士が教え合うことができ、楽しく学習することができた。

【2001年度】

化粧やコンビニ食品については、文献やインターネットを使っての研究をしていった。雑誌社に資料の提供を求め参考とした。また、視力については眼科医の協力を得ることができ、眼科見学とインタビューを実践した（写真①）。

実習では、飲み物の糖分実験を行なった（写真②）。

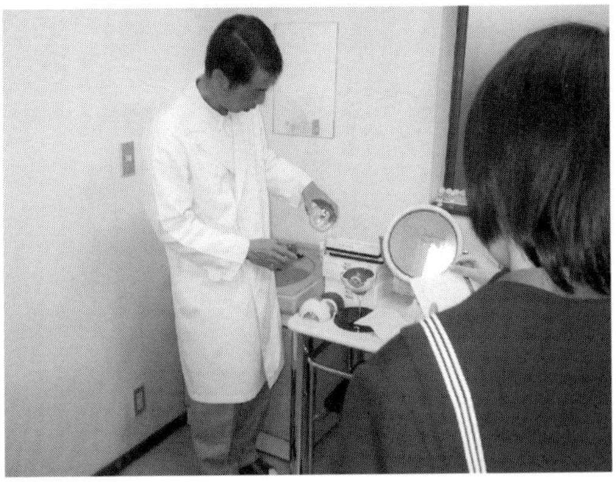

写真① 眼科医への訪問

写真② 飲み物の糖分の実験

(4) 発表する体験

【2000年度】

研究してきたことを発表する場として、学校保健委員会での発表と文化祭でのステージ発表、展示発表の3つを考え体験した。学校保健委員会では、たばこ、食生活、視力の3グループが実態調査をまとめたものと、たばこのカイワレダイコン発芽実験について発表し、校医の先生方やPTAの役員の方々から高い評価をいただいた(写真③④)。

文化祭ではアルコールのグループが中心となり、委員会活動のようすと実態調査結果などをパソコンの発表ソフトを使って発表した。また、パソコンを使った未成年の飲酒防止ポスターづくりに取り組み、展示発表をした(写真⑤、資料2)。パソコンを使った発表は新しい取り組みとして話題となった。発表する経験が少ない生徒が多かったので、事前の練習に時間を費やしたが、どの生徒も自信をもって発表することができた。

写真③④ 学校保健委員会で発表

写真⑤ 文化祭で発表

資料２　パソコンでつくったポスター

【2001年度】

学校保健委員会での発表は、この年も実施した。校医やPTAの役員の方々は、発表内容を評価してくださった。

総合的学習の発表会がもたれ、３グループとも発表した。視力についてはOHPによる発表をした。化粧については化粧の害について演劇で発表したいという生徒の強い希望で、劇づくりに挑戦した。脚本検討、劇の練習、大道具、小道具の作成と生徒たちは生き生きと活動し、楽しい劇に仕上げた（**資料３**）。生徒からの反応はたいへんよく、演じる方もみる方も楽しめた。コンビニ食品については、パソコンによる発表と実験をみせた。

（5）講演会の企画

【2000年度】

活動するなかで、茨城県の県西地域で活動している「無煙世代を育てる会」のことを知った。この会は茨城県の中学生や高校生を対象に医師たちがボランティアで講演活動を続けている。せっかくの機会なので生徒全員に話してもらうことにして、講演会を計画した。内容はたいへんすばらしく、熱心に耳を傾ける生徒の姿があった。講演会に準備や司会進行など、ここでも多くのことを学んだ。

【2001年度】

「コンビニフード再発見。何を食べる？どう食べる？」という題で講演を企画し、講師を招いて講演会を実施した。実際の食品を間近に話をしてくださり、消費エネルギーの実習など興味深い内容だった。

資料3

(6) 研究のまとめづくり

1年間の研究を冊子にまとめるため、3学期はまとめの作業を中心に活動した。やってきたことを文章で表し資料として残すことにした。また、各グループごとに研究してきたことを発表する発表会を委員会内で実施した。

2. 研究の広がり　健康に関する学習

保健委員会の活動が広がり、健康に関する学習を学級で取り組みたいという教師からの要望で、1、2年生全クラスにT.Tによる授業を実践することができた。1年は、たばこについての学習で発芽実験、ビデオとグループ討論、ロールプレイ、ライフスキルを取り入れた授業を行なった。2年生はアルコールの学習でパソコンを使った授業とライフスキルを取り入れた授業を行なった。

新しい取り組みであったが、生徒からはこういう学習をしたいという声が多く寄せられ、今後の総合的な学習の広がりを感じた。一部生徒の感想を次に記す。

・たばこの授業を2時間して、私は絶対吸いたくない。私だけじゃなく、家族も吸わないようにしてほしい。今までの授業とちがってゲームをしたり、チームで話し合ったり、とてもたのしかった。
・今日のビデオをみて絶対吸ったらいけないなあと思った。たばこって本当に悪いってことがわかった。この授業はとても楽しかったし、よく覚えられた。こういう授業だったら毎日でもあきない。
・父親はたばこを吸っています。何度言ってもやめませんでした。「私には何も害がないからいいや」と思っていました。しかし、吸っていない人も吸っていることになるとわかりました。自分の健康のために、人が吸っているのを止めることもたいせつなことです。いろんなことを考えさせてくれた授業でした。

3. 研究の成果と課題

(1) 保健委員会がさまざまなテーマの研究に取り組み、生徒の興味関心を大切にしたことは、生徒の意欲を引き出す結果となり、委員会活動が活発化した。自ら学ぶという意識は高くなったものの、課題を解決していく道筋については、教師の的確なアドバイスがまだまだ必要であり、課題解決学習を生徒自身が展開していくのは、難しかった。

指導者側もテーマが多くて、一つひとつに細かな指導をすることは難しかった。研究をより深めていくには時間の確保と良い資料が欠かせないと感じた。同一時間に全生徒で活動しているので、図書室の使用やパソコン室の使用など問題点も出てきている。

(2) 生徒の研究の結果などを発表する場をたくさん作ることにより、生き生きと活動する生徒の姿が見られた。本校生徒はおとなしくまじめであるが、自分を主張することが不得意な面が見られる。校医やＰＴＡ役員を前にしての発表、生徒や保護者への発表とどちらもデータのまとめ方の工夫や、発表の仕方の工夫と練習を重ね、人に伝えることを学ぶことができた。生徒は自信をつけ、他の場面でも活躍している姿が見られる。

(3) 委員会活動の成果が、学級、学年での健康に関する学習という形で広がっていったことは、大きな成果だった。T.Tによる学習で学習内容を深めることができ、教師の健康に関する学習への関心が高まった。授業では実験、グループ討論、ロールプレイなどを取り入れた。生徒は活発に発言したり、実習したり積極的な取り組みを見せた。自分のこれからの生活と結びつけた授業ができたと実感した。

(4) 2002年度は総合的な学習が学年ごとの課題で進められている。健康についての学習は各学年時間確保がなされているが、１年を通しての活動にはなっていなかった。２年間の積み重ねを何らかの形で残していきたいと考えていたが、2003年度は年間計画に取り入れられた。

4年目を迎えた保健学習
—計画→実践→評価→改善まで

神奈川県横浜市立城郷中学校
米田　さきえ

はじめに

1997年９月、保健体育審議会答申では、基本的視点に「ゆとりある教育活動」と「生きる力」が示されました。健康教育はその「生きる力」の重要な柱であると考えられ、ヘルスプロモーションの考え方を生かす必要があると明示されています。この答申では、健康教育の目標として「時代を超えて変わらない健康課題や日々生起する健康課題に対して一人ひとりがよりよく解決していく能力や資質を身につけ、生涯を通して健康で安全な生活を送ることができるようにすることである」と提言されました。

健康教育は、知識を教える教育から行動を選択する力を育む教育へ変わってきています。実践力の育成が望まれている今、これまでの教師主導の知識伝達型の授業だけでは、この実践力を身につけることは難しく、指導方法の転換が必要です。また、あらゆる教育活動のなかで健康教育が取り組まれる必要性も考えられます。

今回は、保健体育科の教諭と相談しながら、実践した保健学習について述べていきたいと思います。

１．兼任発令を受けるための背景

かねてより、今までの学活や道徳時の保健指導中心の健康教育に、関連性を考えた保健の授業を合わせて実施していくことを考えていました。養護教諭としての専門性を生かした保健の授業を実施して、本校の健康課題を考えながら計画的・系統的に健康教育に取り組みたかったのです。

折しも、1998年に、養護教諭の養成カリキュラムの改正（教育職員免許法施行規則）および、養護教諭が保健の授業を担任する教諭または講師になることに関する制度改正（教育職員免許法附則第18項）が公布されました。横浜市では、この発令を受けて1999年４月より養護教諭の兼任発令が実施されたのです。

兼任発令を受けて保健学習を実施するには課題もたくさんあります。授業時の保健室経営・教材研究と授業方法・保健体育科教論との連携・生徒指導等の学校事情などです。本校では1999年４月から兼任発令を受けて授業を実施していますが、その際、落ち着いて授業を受けている本校の実情が実施の一助となりました。2002年は４年目を迎え、学校実情も変わってきていますが、校内の協力体制は自然なものとなり、11月と２月の実施の流れが整ってきました。

２．保健学習の内容構成

これまでの保健学習の内容は1992年度から施行されているもので、1998年度の学習指導要領改訂により、その新しい内容は2000年度から移行措置がとられ、2002年度から完全実施となりました。

今回の改訂で小学校３年生から保健学習が導入されました。中学校では、生活の中で起こるさまざまなストレスへの具体的対処法が１年生に加わり、体育領域でもその方法の一つとして体ほぐし運動が導入されました（次ページ資料１）。

３．生徒の実態と指導内容の関わり

本校では、日々保健室で生徒と接してきて気がつくことがいくつか上げられます。その課題は本校にきて７年目になる今も気になるところです。

ひとつめは、保健室への来客者が多く、特に精神的なものが原因の内科的訴えが目立ちます。また、自己をコントロールできずに泣いて来室したり、物にあたってけがをしてくる生徒もいて、保健室登校生徒とは別に常に保健室には「聞いて」と訴えている生徒が多くいる状況です。

次に気になる点は、忙しすぎるからか、自分のことをよく知らない生徒が多いということです。体だけではなく自分の気持ちや今考えていることを深く考えようとせずに、まわりのせいにすることも多くあります。

また、今の生徒たちは、さまざまな性情報を受けとめ、１年生から異性への興味関心が高まり、男女交際についての問題が多くなってきたように思われます。体と心の両面から中学生の発達を知識として持ち、自分の意思をしっかり持って男女交際について考える場面が不足しているのです。

1999年度から試行錯誤を繰り返し、2001年度も各学年を考え、指導内容を決定しました。
１年生では、

①欲求と欲求不満について教科書から学習することにより、自分に置き換えて考えてみ

資料1　小、中、高等学校の体育、保健体育科における「保健」の内容構成および関連図

●小学校

〔第4学年〕

2．育ちゆく体とわたし
- ア　身体の発育・発達と食事、運動などの大切さ
- イ　思春期の体の変化

〔第3学年〕

1．毎日の生活と健康
- ア　1日の生活の仕方
- イ　身のまわりの清潔や生活環境

〔第5学年〕

1．けがの防止
- ア　交通事故や学校生活の事故などの原因とその防止
- イ　けがの手当

〔第5学年〕

2．心の健康
- ア　心の発達
- イ　心と体の密接な関係
- ウ　不安や悩みへの対処

〔第6学年〕

3．病気の予防
- ア　病気の起こり方
- イ　病原体がもとになって起こる病気の予防
- ウ　生活行動がかかわって起こる病気の予防

●中学校

〔第1学年〕

1．心身の機能の発達と心の健康
- ア　身体機能の発達
- イ　生殖にかかわる機能の成熟
- ウ　精神機能の発達と自己形成
- エ　欲求やストレスの対処と心の健康

〔第2学年〕

2．健康と環境
- ア　身体の環境に対する適応能力・至適範囲
- イ　空気や飲料水の衛生的管理
- ウ　生活に伴う廃棄物の衛生的管理

〔第2学年〕

3．傷害の防止
- ア　自然災害や交通事故などによる傷害の防止
- イ　応急手当

〔第3学年〕

4．健康な生活と疾病の予防
- ア　健康の成り立ちと疾病の発生要因
- イ　生活行動・生活習慣と健康
- ウ　喫煙、飲酒、薬物乱用と健康
- エ　感染症の予防
- オ　個人の健康と集団の健康

●高等学校

〔入学年次および翌年次〕

1．現代社会と健康
- ア　健康の考え方
- イ　健康の保持促進と疾病の予防
- ウ　精神の健康
- エ　交通安全
- オ　応急手当

2．生涯を通じる健康
- ア　傷害の各段階における健康
- イ　保健・医療制度及び地域の保健・医療機関

3．社会生活と健康
- ア　環境と健康
- イ　環境と食品の保健
- ウ　労働と健康

る。ワークシートを記入することにより、自己を見つめ、自分の心の状態を確認する。

②心の問題から体に異常が現われることを知り、ストレスの原因を自分で考え、リラックスできる方法を学ぶ。

の２つのプログラムを組みました。３年生では、

①性行動の理由について考え、そのリスクを学ぶことにより（性感染症も含める）性の自己決定をしていく。

という内容のプログラムです。

この内容を通じて、自分の心を確認しながら心の健康をうまく保つことのできるライフスキルを身につけて生活していけるように支援していくことと、男女交際については自分の意思決定がしっかりできるライフスキルを身につけていってもらいたいと思っています。

４．授業実践にあたって

保健室経営も考えて、毎年９～12時間程度の授業を実施しています。2001年度も１・３年生に11時間行ないました。何より特別活動や道徳での保健指導との関連を重視して、各学年会で学習についての内容を提示しました。また、その時間の保健室についても普段通りに養護教諭が不在の際の対応をお願いしました。

養護教諭が不在の際の保健室については各学年および保健指導部の先生方に、あらかじめお願いするとともに、養護教諭の居場所をはっきりさせて、何かあった場合は一緒に授業を行なう保健体育科教諭が授業を続けて実施することも確認しました。また、内科的な対応の部分では養護教諭の戻ってくる時間をはっきりさせておいたので生徒には大きな混乱はなく、自分で心や体のことをよく考えて来室するようになったという、良い結果にもつながりました。

５．中学校1年　授業実践「自己を知りストレスに対処する」

（1）指導内容のねらい

①自分の心を客観的に見つめ、欲求やストレスに気づくことができる。（関心・意欲・態度）

②自分の心を自己分析し、ストレスを解消する方法を考えることができる。（思考・判断）

③欲求とストレスについて理解できる。（知識・理解）

④自己を認知することと、ストレスの対処法について考えることができる。（ライフスキル）

※④については、健康教育のとらえのなかで、直接生活に関わり、行動化に結びつく

ことをねらいとしました。

(2) 指導内容計画

1時間目…欲求と欲求不満について理解し、自分の現在の気持ちをワークシートであらわし自分の悩みを整理する。

2時間目…リラクゼーションの体験を通して、自分のストレスを積極的に解消しようとする。

※忙しい1学期が終わり、2学期、文化祭・体育祭がようやく終了した時期に、1年女子を対象に2時間ずつの時間を設定しました。11月中に、1日1時間の予定で組むように保健体育科教諭と話し合いました。

(3) 展開

1時間目　学習活動と内容	教師の支援・留意点	評価・資料
導入　10分 今の中学生は誰でも色々な悩みを持っていることを実感しよう。 展開①15分 欲求と欲求不満について学ぼう。	・中学生の悩みのアンケート結果で1位と2位は何だろう。 ※1位は「志望校に入れるか不安である」2位は「友達とうまくいかない」を示す。 ・悩みは解決されないとイライラし、欲求不満がたまることになる。欲求と欲求不満について理解しよう。 ※一次的欲求と二次欲求の種類と発達の違いや欲求不満の対処法を教科書にそって読みながら強調する。	●教科書 ●ワークシート (資料2、P147参照) ◎評価③ 聞いている姿勢から 自己評価から 学期末テストから
展開②20分 自分に向き合い自分を知ろう。 ストレスのたまる時を客観的に考えてみよう。 自分の気持ちをことばに表して記入しよう。	「私がイライラする時はいつ？」 ～ストレスを感じる理由を考える～ 「リラックスできる時はいつ？」 ～素直になれる人を探そう～ 「わたしとおしゃべりしよう」 ～心の奥にある気持ちを見つめて～ を書いてみよう。 ※例示を出して説明する。(レッスン1、2、3)うまくまとめられない者については、個別にアドバイスをする。	◎評価①②④ 書いている様子から ワークシートから 自己評価から
まとめ（次時の確認） 自分の心を見つめることができたかな。	・本時の自己評価を書いてみよう。 ・次回はストレスとリラックスについて学習する時間です。 ※リラクゼーション体験を行なうことも連絡する。	

2時間目　学習活動と内容	教師の支援・留意点	評価・資料
導入　　5分 　自分の悩みを思い出そう。	・自分の気持ちを思い出してみよう。先生のアドバイスも読んでみよう。 ※ワークシートを配布して書いた時の自分の気持ちを思い出すように話す。	●ワークシート ◎評価①② ワークシート確認の姿勢から ワークシートから
展開①15分 　ストレスによる心身の反応について知ろう。 　ストレスの対処法を知ろう。	・心身の反応について知り、自分にあてはまるところがないか、自分に置き換えて考えてみよう。 ・ストレスの対処法について色々あることを知り、できることを考えよう。	◎評価②③ 聞いている姿勢から 学期末テストから ●黒板用資料
展開②20分 　リラックスの方法を知ろう。 　体ほぐし・腹式呼吸・リラクゼーションを体験しよう。	・リラックスの方法を知り、ストレスに負けそうな時、リラクゼーションをやってみよう。 ※体ほぐし・腹式呼吸 　リラクゼーション（顔、肩、手、全身） 　ベンソン法訓練（こちらの声掛けで実際に体験してみる）	◎評価②④ 自己評価から 体験している姿勢から
まとめ 　自分のストレス解消法を探してみよう。	・家に帰って練習してみよう。 ・自分に合ったリラクゼーションの方法を見つけて実際にやってみよう。 ※実際にやってみることが必要であることを強調する。 ・本時の自己評価を書いてみよう。	◎評価①②④ 自己評価から

(4) プログラム（2時間）の評価基準

①自分の心を客観的に見つめ、欲求やストレスに気付くことができる。
　a　自分の心を客観的に見つめ、欲求やストレスに気付くことができた。
　b　自分の心を見つめ、欲求やストレスにおおよそ気付くことができた。
　c　自分の心を見つめ、欲求やストレスに気付くことができなかった。
②自分の心を自己分析し、ストレスを解消する方法を考えることができる。
　a　自分の心を自己分析し、ストレスを解消する方法を積極的に考えることができた。
　b　自分の心やストレス解消法について考えることができた。
　c　自分の心やストレス解消法について考えることができなかった。
③欲求とストレスについて理解できる。
　a　欲求とストレスについて十分に理解できた。
　b　欲求とストレスについておおよそ理解できた。
　c　欲求とストレスについて理解できなかった。
④自己を認知することと、ストレスの対処法について考えることができる。
　a　自己を認知でき、ストレスに負けない対処法を考えることができた。

資料2　保健1年ワークシート

保健

わたしを知ろう！
WORK　SHEET

1年　　組

氏名

資料

中学生になってから悩んだこと

1位	（　　　　　　）	53．9％
2位	（　　　　　　）	42．4％
3位	勉強の仕方がわからない	40．8％
4位	授業内容がわからない	36．0％
5位	勉強しても成績が上がらない	35．1％
6位	親が自分の気持ちをわかってくれない	28．9％
7位	友達ができない	26．9％
8位	クラスになじめない	24．2％
9位	先生が自分の気持ちをわかってくれない	23．4％
10位	友達にいじめられる	18．3％
11位	家の中の雰囲気が良くない	15．5％
12位	先生とうまくいかない	15．4％

資料③

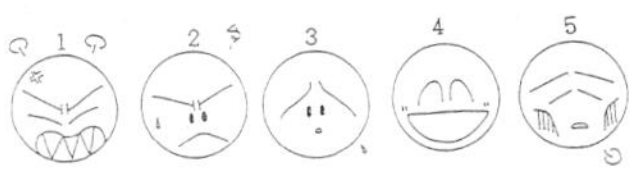

〈 レッスン 1 〉

「わたしがイライラする時はいつ？」

～ ストレスを感じる理由を考える ～

① 今、一番イライラするときはどんな時？

② なんで、そんなにイライラするのだろう？

③ イライラした時、わたしはどんな行動をとっているかな？

※ 「病は気から」ということわざがあるけれど、心と体ってつながっているから、心が痛いときは体まで痛くなっちゃうよね。 ※

〈 レッスン 2 〉

「リラックス出来るときはいつ？」

～ 素直になれる人を探そう ～

① 今、一番リラックスできる時はどんな時？

② わたしが一番心をゆるせる人はだれ？そして、それは何でだろうね。

③ わたしが今までで、一番うれしかったことって何だっけ？

※ 日々の中で、小さな喜びを見つけよう！ ※

参考：健康教室

〈 レッスン 3 〉

「わたしとおしゃべりしよう」

～ 心の奥にある気持ちを見つめて ～

① わたしの心に気にかかっていることはどんなこと？

② そのことでつらくなったのはいつごろだったのかな？
何か、きっかけになることがあったのかな？

③ その時、ことばに出せなかったわたしの気持ちはどんなだった？
（わたしが感じたこと、してほしかったこと、したかったこと）

※ わたしの心の奥にある気持ちに気付くことは、心の傷を癒すためのスタートだと思います。
わたしが発見したことって、どんなことですか？

(1)

この時間を終えて

	とても				まったく
(1)今日の授業は楽しかった。	5	4	3	2	1
(2)今日の授業はためになった。	5	4	3	2	1
(3)今日の授業で新しく気付いたことがあった。	5	4	3	2	1
(4)今日の授業に積極的に取り組めた。	5	4	3	2	1
(5)自分の感情に気付くことができた。	5	4	3	2	1
(6)自分を客観的にとらえることができた。	5	4	3	2	1
(7)欲求と欲求不満について理解できた。	5	4	3	2	1

(8)その他何でも自由に書いてください。

(2)

この時間を終えて

	とても				まったく
(1)今日の授業は楽しかった。	5	4	3	2	1
(2)今日の授業はためになった。	5	4	3	2	1
(3)今日の授業で新しく気付いたことがあった。	5	4	3	2	1
(4)今日の授業に積極的に取り組めた。	5	4	3	2	1
(5)ストレスについて理解できた。	5	4	3	2	1
(6)リラックス法を身に付けることができた。	5	4	3	2	1
(7)自分のストレス解消法を探すことができた。	5	4	3	2	1

(8)その他何でも自由に書いてください。

b　自己認知とストレス対処法をおおよそ考えることができた。

c　自己を認知できず、ストレスの対処について考えることができなかった。

6．中学校3年　授業実践「性に関する意識」

(1) 指導内容のねらい

①性についての関心を持ち、意欲的に学習に取り組もうとする。

（関心・意欲・態度）

②性の諸課題を自分のこととしてとらえ、その対処方法について考える。

（思考・判断）

③性行動の意味を考え、それに伴うリスク（危険）について理解する。

（知識・理解）

④性行動について意思決定し、適切な行動選択ができるようにする。

（ライフスキル）

(2) 指導内容計画

性行動のさまざまな意味を考え、性行動のリスクとなる性感染症や望まない妊娠などを理解し、そこから行動の自己決定を行なう。

※３学期の受験がピークを迎えた頃、３年女子を対象に設定しました。２月に１時間ずつ女性としての特質をふまえ、実施しました。

(3) 展開

学習活動と内容	教師の支援・留意点	評価・資料
導入　　5分 婚前性交を肯定する人が多くなっている実態を知ろう。	・十代の性交に関する意識調査の結果を紹介する。その実態を知り、性行動の意味をじっくり考える時間であることを説明する。	●プリント　（資料３）
展開①15分 人間はなぜセックスするのかブレインストーミングで考えよう。 グループごとに思いついたこと、考えたことをカードに書いて発表する。	・日常のグループに分かれて着席させておく。 ・ブレインストーミングの説明をして、発表者を決めさせる。 ・グループごとに発表したことを肯定的メッセージを送りながら板書する。 ・セックスの意味についてわかるようにする（ふれあいやコミュニケーションの性、快楽の性、生殖の性）。	◎評価①③ 発表の様子と生徒の話し合いの様子や表情を観察して
展開②15分	・不幸な結果になることはどれかそのわけ	

①の理由のなかで後で後悔するだろうと思うものはどれか考えよう。 自分の性行動には責任があることに気付く。 まとめ10分 こんなときどうする？もし、つきあっている人からセックスを求められたら……を考えよう。 個人で自己決定のシナリオを考える。 心の準備ができていない時にはNOと言えることを確認する。 今日の学習の評価と感想を書いて提出。	を考え、セックスにはリスクが伴うことを理解させる（望まない妊娠、中絶、性感染症）。 ・生徒に自由に発言させて、その発言にそいながら質疑応答や授業者のコメントを入れていく（子どもを生み育てる条件等）。 ・場面にあった課題を解決しようとすることを確認させる。 ・性の自己決定の支援をする（行動の選択や意思決定は個人が決めることであるが、状況を判断して最善の選択ができること。心の準備が出来ていないときにはNOと言えることが大事なことでありお互いのこころとからだを大切にできること）。 ・大人として「中学生がなぜセックスしてはいけないか？」の問いにきちんと答えられるように授業者の気持ちを話す。 ・プリント記入の指示をして回収する。	◎評価①②③ 発言の様子や生徒の表情を観察して ●プリント ◎評価②④ 生徒の表情、プリントを読んで

資料3　保健体育3年プリント

この時間を終えて

	とても				まったく
(1)今日の授業は楽しかった。	5	4	3	2	1
(2)今日の授業はためになった。	5	4	3	2	1
(3)今日の授業で新しく気付いたことがあった。	5	4	3	2	1
(4)今日の授業に積極的に取り組めた。	5	4	3	2	1
(5)性行動の意味を考えることができた。	5	4	3	2	1
(6)性行動に伴うリスク（危険）について理解できた。	5	4	3	2	1
(7)性の問題について考えることができた。	5	4	3	2	1

(8)その他何でも自由に書いてください。

（4）評価基準

①性について関心を持ち、意欲的に学習に取り組もうとする。

a　性について関心を持ち、意欲的に学習に取り組むことができた。

b　性について関心を持ち、学習に取り組めた。

c　性について関心を持てずに、学習にも取り組むことができなかった。

②性の諸課題を自分のこととしてとらえ、その対処法について考える。

a　性の諸課題を自分のこととしてとらえ、その対処法について考えることができた。

b　性の諸課題を自分のこととしてとらえ、その対処法についておおよそ、考えることができた。

c　性の諸課題を自分のこととしてとらえられずに、その対処法についても考えることができなかった。

③性行動の意味を考え、それに伴うリスク（危険）について理解する。

a　性行動の意味を考え、それに伴うリスク（危険）について理解することができた。

b　性行動の意味を考え、それに伴うリスク（危険）についておおよそ理解することができた。

c　性行動の意味を考えられずに、それに伴うリスク（危険）について理解することもできなかった。

④性行動について意思決定し、適切な行動選択ができるようにする。

a　性行動について意思決定し、適切な行動選択ができた。

b　性行動について意思決定し、おおよそ適切な行動選択ができた。

c　性行動について意思決定ができずに、適切な行動選択もできなかった。

※「エイズとその予防」「性感染の予防」の関連からこの保健学習を行ないました。性交について各自がブレインストーミングで考えを出しあい、行動の自己決定に向けての方法を軸に保健体育科教諭と相談しながら授業を進めました。特に内容を考えて、３年生の保健指導との内容の関連性を重点にして展開しました。

7．授業を振り返って

本校の実態を考え、養護教諭が保健学習を担当して2002年度には４年目を迎えました。毎年少しずつ生徒の実態や反省を考えて目的や実践も変化しています。

2001年度は実践から評価につなげて授業を考えていくことにより、生徒が自分のこととしてこの授業をとらえて行動化していくことと、より生きた授業にしていくことを目標にして、特に評価について振り返ってみました。

保健体育科教諭と相談し、養護教諭の実践した３時間分の授業に対しての評価を行ない、保健体育における評価資料として提供しました。その資料をこれからの生徒の健康への支援として活用するとともに、よりよい授業を実践していくための資料として活かしていく必要があると考えました。評価の方法、時期、場面等を細かく考えて評価をしていくことによって、一人ひとりの状況をとらえ、計画→実践→評価→改善をトータル的に考えていくことができました。

まず、１年生の２時間の評価を振り返りました。評価基準に照らし合わせてみると、今回の授業ではワークシートの記入とリラクゼーションの実践がポイントと言えます。ワークシートは一人ひとり丁寧に見ていくことが大切で、その記入のなかから生徒の心の様子が読み取れます。自分の心を振り返ることが目的なので、書いてある内容にあまりこだわらず自分を見つめることができるかどうかを評価しました。このことはその後の養護教諭や担任等による個別支援や集団支援等に活かしていくことにより一層の効果を生むと考えられ、保健室経営の観点からも関わりの浅い１年生の様子がよくわかり、生徒と養護教諭の関わりを持つよいきっかけとなりました。

２時間目のリラクゼーション体験は、積極的な体験をしていくことにより自分に適したリラクゼーションを考えていくという意識を持つことが大切です。その観点を重視し、生徒の様子をよく観察しました。積極的に体を動かしている生徒ほど自分のストレスをリラクゼーションによって解消していこうという気持ちが強いように感じました。リラクゼーション体験はストレス解消法のひとつであり、つまずいたりストレスがたまったりする自分の気持ちを上手にきりかえていく方法を身につけていくことが大切です。他の解消法も含め、自分の心の健康を自ら考えていくことができるようにさせるためにも、教員側の日常生活での支援が必要であると考えます。

次に３年生の時間について考えました。同時期に実施する保健指導では「男女交際」について自分のこととしてとらえ、これからの自分の行動を考える内容を行ないます。

その内容に関連するものとして、性行動の意味をさまざま考えさせました。自分の考えだけでなくいろいろな理由があることを理解してもらうことが目的となる評価を行ないました。

また、それに伴うリスクを理解するとともに、性行動について自分の意思をはっきり持ち適切な行動選択がとれるように自らがしっかり考えられるかどうかを評価しました。自分の生活の中で本時の授業が活かされるように女性の特質を理解し、本音で語り合えるような授業ができたかどうかの確認も大切な評価です。

今回、評価について考えていくにつれ、生徒の行動変容はすぐに評価することはできないということをあらためて感じました。また、養護教諭が授業実践をして評価に関わるということは保健室でとられた健康課題を解決し、生徒一人ひとりの支援に役立てることに有効であると実感しました。今後は学習形態や教材の開発を工夫し、よりよく生きていくことのできる力を支援していきたいと考えます。

おわりに

2001年度までの実践でも成果があがったように感じられます。

・授業内容からうまく個別の健康相談へつなげることができました。

・日々保健室で実感していた健康課題をうまく保健学習のねらいにすることができました。

・保健体育科教諭と健康教育について情報交換ができ、養護教諭としての専門性を生かせる内容を考えることができました。学級での保健指導と保健体育での保健学習の関連性を考えた健康教育を推進する方向性が見えてきました。
・広く生徒たちと交流することができました。
・教材研究をしていくなかで、養護教諭としての専門性を高めることができました。

また、次のような留意点も見えてきました。
・養護教諭が保健の授業に関わるために教職員の協力が必ず必要となり、学校の実状も考えなければならないと思います。今、保健学習に養護教諭が関わることが学校にとって本当に効果的な健康教育の推進となるのか見極めることが非常に大切です。
・養護教諭の専門性や保健室の機能を生かすことのできる保健の授業が養護教諭に求められています。そのことを常に頭において、健康教育の一環として保健学習を考えていくべきでしょう。
・日々保健室で学校の健康課題をつかみ、自分の専門性を磨く努力をしていくことが必要です。そのためには実績をそのつど自己評価して反省することが大切です。

まとめてみると、たくさんの課題が見えてきました。しかし、なにより大切なことは、自校の生徒をよく見てよく知ることによって、今一番何をしたらよいのかを考えることだと思っています。養護教諭はこれまでの実態を分析し、健康課題をつかみ、生徒自らが主体的に学習していく支援をするだけでなく、コーディネーター的な役割や授業者としての関わりという大切な役割も持っているのです。

最後に、養護教諭自身が心のゆとりを忘れないように毎日生徒と笑顔で関われることが一番大切と考えています。

〔参考文献〕
「中学校健康教育指導資料」　横浜市中学校教育研究会　養護教諭部会
「横浜市養護教諭のあゆみ」　同
「自分らしく自分自身になれ～ライフスキル学習を取り入れた健康に関する実践事例集～」
横浜市教育委員会　横浜市学校保健会

養護教諭の視点から健康教育を追求
—「健康な体（体の学習）」より

山梨大学教育人間科学部附属中学校
岩間　千恵

はじめに

ここ数年の間に養護教諭を取り巻く環境は大きく変化している。すでに周知のことであるため詳細は避けるが、養護教諭の新たな役割として心の健康や現代的課題などに対して養護教諭の職務の特質や保健室の機能を十分に生かすこと、専門的な知識・技能が求められている。また、養護教諭は教諭に兼務発令のうえ、保健の授業にあたることが可能となった。深刻な問題となっているいじめ、登校拒否、薬物乱用、性の逸脱行動への対応など養護教諭のもつ専門的な知識や技能を保健の授業へも活用するためだ。新学習指導要領の解説においても「地域や学校の実情に応じて養護教諭や学校栄養職員など専門性を有する教職員の参加・協力を推進するよう配慮するものとする」と示されているが、いずれにしてもあらゆる場面に「専門性」という文字が目につく。

養護教諭の活動の根拠となる学問体系が必要であると「養護学」の確立をめざす動きも活発である。「養護学」という名称はともかくとしても、そこには養護教諭の「独自性」を強く感じる。

そんな世の中の動きのなかで、私自身も「養護教諭の専門性・独自性」「養護教諭の視点」について考えるようになった。はたして学校現場のなかで求められている養護教諭の「専門性・独自性・視点」とはいったい何なのだろうか。

以前「養護教諭が保健の授業をするメリットは何か」ときかれたことがある。法的には「現代的課題に対して専門的な知識や技能を活用するため」となるのかもしれないが、一方で、たとえば「小学校の保健学習において養護教諭にしか話せない専門的な話があるのか」というと疑問も残る。実際、保健体育の教科書の授業解説編、授業発展編を見て驚いた。専門家とされる養護教諭が見てもおもしろいと思うネタや資料、知識がたくさん書かれていた。これを見れば授業に必要な知識は養護教諭でなくても得られてしまう。

保健室には健康や発達に関わる資料や情報がたくさんあること、保健室での個別指導で把握した健康課題が授業に生かせること、個別的・特殊的な事例から学習内容に関わる本質的で価値あるものを選択して一般化していけること、そして何より養護教諭の、子どもと同じ目の高さで対応し、受け入れようとする姿勢が、新しい教師と子どもの関係、新しい授業の形を築いていける、ということも言われている。しかし、「養護教諭の授業は、授業のプロである体育の教師が実施するよりも価値のある授業になるのか」と本校の教師から問われたときには、正直、「授業をやるのであれば、そうなれるように努力したいです」とこたえるのが精一杯であった。

1．全国国立大学附属学校連盟　養護教諭部会の研究に参加して

山梨大学教育人間科学部附属中学校と、ずいぶん長い名称の学校の養護教諭として赴任したのは今から4年前のこと、赴任と同時に全国国立大学附属学校連盟の養護教諭部会（以下「養護教諭部会」とする）に属することになった。公立の学校では地域や県レベルで各種の研修会や研究会が組織されているが、同様に国立大学附属学校でも教科や分掌、職種ごとに研究をすすめていると考えていただきたい。思えば私が「養護教諭の専門性・独自性」「養護教諭の視点」などと考えるようになった大きな要因の一つは、全国の附属学校養護教諭の研究に参加させてもらうようになったからかもしれない。

養護教諭部会では1997年より「保健室の視点からの健康教育の探求」をテーマに研究プロジェクトに取り組んでいたが、私が養護教諭部会に加入したのは研究3年目の年であった。「保健室からみた健康教育でつけたい力」「保健や健康に関わる基礎基本とは何か」を明らかにし、さらに各段階を網羅した健康教育の体系化をはかることをねらいに、すでに研究はスタートしていた。そのための基礎固めとして、保健や関連する他の教科、特別活動の新・旧学習指導要領、保健の教科書、さらに関連する教科の教科書についても分析をすすめているところであった。

一口に国立大学附属学校の養護教諭といっても、一つの学校に長い間勤務し、保健学習も積極的に行なっている者、研究指定を受け、総合的な学習の健康領域で中心的な存在となっている者、私のように公立の学校から異動し、また数年で戻る者と、実際には健康教育へのかかわり方には大きな差がある。しかし、この研究では保健学習、保健指導、今までの教科の枠組みにもとらわれず、さまざまな教科とのクロスカリキュラムやもっと創造的な活動なども発想しながら、あらゆる場面において「健康教育」という視点を強く意識する、それが保健室の目、養護教諭としての独自性を生かすということではないかと考え、「健康な生活」「健康な体（体の学習）」「性教育」「喫煙・飲酒・薬物乱用防止」「けがと安全」「心の健康」という６つのグループで研究がすすめられていた。

2. 健康な体(体の学習)で教えたいことは何か

私が参加したのは「健康な体(体の学習)」グループである。簡単にまとめると次のような内容である。

子どもたちは成長・発達の過程のなかで、生活体験を通して体への疑問をもち、それが解決されていく過程で自分の体のすばらしさにも気づく。またそれは、生涯生きていく力や命を大切にする心を育んでいく基礎の形成にもつながっている。しかし今日の状況を考えると、「体のことを知らない、体のことが言えない子どもの増加」「自他の体や心を大切に扱い、いたわる気持ちの不足」など、気になることも多い。

そこで、大きく変化したライフスタイルの影響で基盤となっている体がどのような影響を受けているのか、今後どうすることが必要なのか、体を生活や環境との関わりにおいてとらえることができる能力を開発していく必要があると考えた。そのためのベースとなるのが、「体のしくみと働き」「体に対する科学的な理解」であり、そこを担うのが「体の学習」である。

「体の学習」は、理科、保健、家庭科と深く関わりあっている。学習指導要領における「体の学習」に関する内容を、教科を超えて系統性の観点からまとめてみたが、新学習指導要領で「人のからだ」は小学校から大幅に減少したこと、中学校理科の扱いは動物を中心としたもので、人のからだにふれるところが明確になっていないことなど、「健康な体」を学ぶ機会は学習指導要領のうえでは十分ではないと考えた。

子どもの生活実態、学習指導要領をふまえ、また、単に科学的知識の理解にとどまらず、共に生きる力を大切にする心を育んでいきたい、自分の体を知り、そのうえで自分の体に慈しみをもち、体を大切にしよう、他の人の体も大切にしようという心をそだてるような「体の学習」にしたいという願いから、健康な体(体の学習)でつけたい力・育てたい力を、

①体の発育、成長を理解する力

②体のしくみ、生理機能や自然治癒力を理解し、そのすばらしさに気づき大切にする力

③自分の健康課題を知り、自己管理できる力

④自分と他者の違いを認め合い、生命の尊さをとらえる力

とした。

具体的には、「体の反応・しくみ」から取り上げる内容を、体温・発汗・呼吸・排便・血液・疲労と睡眠・免疫・アレルギー、情動、脳・神経系とし、特に、各学校の実態や附属学校の特性を生かして、幼稚園から高校まで校種の縦のつながりを生かせる「歯」「成長・発達」「体温」「体からのメッセージ(痛み)」についての指導案を作成することにした。

3. 熱中症を取り上げたのは

私は「体温」の担当となった。以上の研究を踏まえ、さらに指導案を作成するにあたっては、「養護教諭として学校保健という立場ゆえに見えてくるオリジナリティを出すこと」「保健室の中で見せる子どもの様子から、子どもの視点で、興味・関心にも配慮すること」などの条件も加わった。みんなで検討をするためにプランを作成し、一つの方向性を提示しなければならないのであるが、「言うは易し……」である。

あらためて、「養護教諭の専門性・独自性」「養護教諭の視点」を考えることになった。と同時に、いかに普段の生活のなかで、自分自身が「養護教諭の視点」を意識していないかということにも愕然とした。いくら「体温」という分野が限定されているとはいえ、なかなかまとまらない。養護教諭として教えたいことと、子どもの興味関心の微妙なズレ、体温のメカニズムはむずかしい部分も多く、どこまで専門的に科学的に教えるのかということ、そして、理科でも保健体育でもない「養護教諭だからこそ」というオリジナリティ。

仲間の養護教諭に、「『体温』に関することで気になること」「教えたいこと」をたずねたり、かぜの時の発熱反応、低体温、体温の測り方などいろいろな角度でも指導案をつくってみた。メールやファックスを使い、遠く離れた国立大附属の養護教諭とも連絡をとりあったが、なかなか自分自身が納得のいくものがつくれなかった。

そんなときである。たまたま地元で開かれた学校環境衛生・薬事衛生研究協議会で「熱中症」の講義を受けた。正直に言ってはじめは「熱中症」はさほど目新しい内容でもなく、養護教諭として熱中症の予防方法は理解しているつもりであったし、毎年保健だよりなどにも取り上げているものなのであまり関心はなかったが、講義を聴くうちに「一般常識として予防方法はわかっているはずなのに、なぜ、それでも毎年死亡事故が発生しているのであろう。実は具体的な予防方法やなぜそれが必要なのかが伝わっていないのではないか」と、疑問がわいてきた。

同時に、「大丈夫。水分は取っているから」と、部活の休み時間に冷水器からまとめてがぶ飲みをしている本校の生徒の姿が重なった。さっそく学校に戻って生徒にたずねたところ、「のどが乾いたら飲む」「先輩が許可した時間に飲む」「水を飲むとお腹がぽちゃぽちゃして走りにくいから部活が終わったあとで飲む」など、熱中症予防としての水分補給になっていないことが明らかになった。

「1回200mlを15分間隔で」という理想の水分補給のその時間と回数はどういう理由なのかなど、あらためて考えてみると専門家であるはずの養護教諭にもわからないことがたくさんあるのだ。本で調べたり、講義をしていただいた講師を訪ねたりしながら、それらは人間の体のしくみと関係があることがわかってきた。マラソン競技の給水ポイントの間隔もきちんと体のメカニズムに基づいていることを知り、あたりまえのことではあるが、自分自身も「とにかく水を飲め」ではなく、きちんとした理由をもって指導にのぞむことの大切さを再認識した。

＊全国国立大学附属学校連盟　養護教諭部会の研究プロジェクトおよび熱中症の指導案については、参考資料７「保健室のまなざしからとらえた健康教育」を参照のこと。

４．保健だよりを使って

「熱中症」は、保健体育の教科「健康と環境」の単元で適応能力の限界の一例として扱われている。今までは「傷害の防止」の単元でも応急手当の方法が提示されていたが、新学習指導要領では、疾病の応急手当は高校に移行統合されることとなった。中学生の時期は部活動に夢中になる生徒が多い。学校においての熱中症の事故もスポーツ活動中が最も多いが、いずれにしても保健体育の授業では一番大切な予防方法は抜けてしまっている。

「熱中症」の予防は中学生にぜひ押さえたい内容であると思うが、今、自分の学校で私が取り組める手立てはなんだろうと考えた。一つは、授業担当者にこれらの内容も加えてほしいと伝えること、そしてもう一つは保健だよりである。子どもたちに押さえたい内容を授業に組み込むことも大切だが、保健だよりは授業と違って、タイムリーに全校に必要な情報を知らせることができるというメリットもある。７月に開催される体育祭の前に「熱中症の予防」について子どもたちに伝えたいと考えた。体育祭は長い間、秋の文化祭と一緒に実施していた行事であるが、行事のバランスや負担を考え一昨年は7月の終わりに実施した。熱中症も含め、健康安全についての指導をしたつもりではあったが、応援に夢中になって水分補給が十分ではなかった生徒が1名、病院で点滴をしてもらう結果となってしまった。病院には行かなかったが、水分不足で体調を崩す生徒もいた。この時期の体育祭は無理があると、昨年はいったん秋に移動したが、今年はまた７月の開催となったという経過もあった。

保健だよりは授業と違い、読まなくては伝わらないというデメリットもある。本校の保健だよりはもともと「シリーズ」と称してテーマを決め、４コママンガやクイズを取り入れた続き物の保健だよりになっているが、内容面での「子どもの視点、興味関心」ということにも留意し、総体をひかえ部活動にも力が入いるこの時期に「スポーツでよい成績を残すために」という切り口での水分補給、熱中症予防に迫っていった。もちろん、体育祭当日や練習も視野に入れ、運動部に所属していない生徒にも関心をもってもらえるように配慮をした。その結果、体育館の周辺に水飲み場がないという本校ではあったが、水筒を持参して水分を補給している姿を見かけるようになった。

おわりに

「熱中症」についての指導案を作成しながら、やはりまだどんな内容を入れたら、養護教諭のオリジナリティーがでるのか、「養護教諭の専門性・独自性」「養護教諭の視点」について悩んでいた私に、「生徒の水飲みの実態から、『本当の意味で水分補給ができているのか』と考えるような、こういう発想こそが養護教諭の視点なんじゃないかなあ……」と言ってくれた先生がいた。養護教諭ではないその先生に言われて逆に「ああ、そうなんだ」と思い、途中からの参加で、もやもやしていた養護教諭部会の研究の目的がここにきてやっと実感をもってわかったような気がした。

指導案を書くことによって見えてくるものがあることは確かである。実際、今回のように養護教諭部会の「宿題」がなければ「熱中症」についてこんなにも深く考えることはなかったと思う。保健体育の教科書や学習指導要領にも目を通したり、講義をしていただいた先生に話を聞きにいったり、たった一つの指導案を書くために費やした時間や手間は膨大であった。春日井市養護教諭連絡会の行なった研究においても、保健学習を担当することにより「養護教諭の専門性」を確立することにつながったと思うと答えた人が55.6%、さらに兼務発令を受けた場合では100%という調査結果が報告されている。

だからといって、別に保健学習を担当するべきだという話ではない。現に本校では保健の授業は担当していないし、目的や状況に合わせて一番よい方法を選択していければいいとも思っている。

でもただ一ついえることは、授業をするかしないかではなく、日常のさまざまな職務のなかでも常に「養護教諭の専門性・独自性・視点」を意識していくことは大切であるし、すでに養護教諭として自然に疑問に思ったり、感じたりしていること、保健室から見た子どもの実態をどう健康教育にいかしていくかを考えることこそが「養護教諭の視点」なのではないかと感じている。

「専門性・独自性」においても「養護教諭の視点」についてもまだまだ未熟な私ではあるが、いつか「これが私の考える専門性」と自信をもってこたえられるように、この積み重ねが、子どもたちが生涯に渡って健康でいられるような健康教育につながっていくことを信じたいと思う。

〔参考文献〕

1) 阿部正和「看護生理学」メジカルフレンド社、1985
2) 小山勝弘「暑熱環境に対する生体適応と安全対策」平成13年度　学校環境衛生・薬事衛生研究協議会講義
3) 川原　貴ほか「スポーツ活動中の熱中症予防ガイドブック」財団法人日本体育協会
4) 川原　貴ほか「夏のトレーニング・ガイドブック」財団法人日本体育協会
5) 小林寛道ほか「陸上競技の水分摂取マニュアル－アスリートのための暑さ対策－」財団法人日本陸上競技連盟
6) 戸苅晴彦ほか「サッカーの暑さ対策ガイドブック」財団法人日本サッカー協会
7) 全国国立大学附属学校連盟　養護教諭部会・編「保健室のまなざしからとらえた健康教育　～未来を担う子どもたちにつけたい力・育てたい力～」東山書房
8) 春日井市養護教諭連絡会「養護教諭の専門性の追求と確立をめざして―養護教諭のやる気と自信を育てる研修活動を通して―」

附属中
保健だより No.10
新シリーズがスタートしました!!①
H14・6・10

GO GO ほけん室

部活動強化旬間がスタートしました!!

中間テストも終わり、6月21日の市総体に向けて運動部の活動もますます活発になってきました。そこで、優勝をめざす君たちに、耳よりな情報をお教えしましょう。

あらゆる競技においてベストをつくすためには、どれだけ良いコンディションでいられるかが重要ですね。

下の図は サッカー全国中学校大会における選手たちの体温の変化度と一試合の移動距離との関係をしめしています。移動距離が長ければ長いほど、しかも、できるだけ体温が普段と比べて変化していないことが、良いコンディションで運動能力が高いことを意味しますが、移動距離が短くても体温変化度の高い選手(X:A群)と逆に、移動距離が長いにもかかわらず、体温変化度が低い選手(◆:B群)がいることがわかりますか?

図1 体温変化度と移動距離

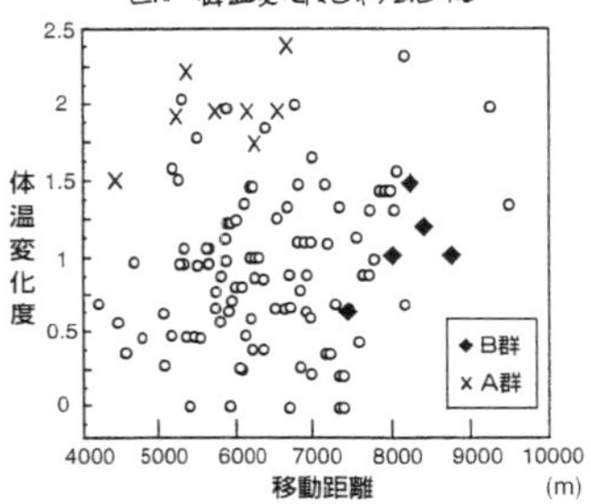

そこでクイズです。

クイズ1

実は…

A群とB群の違いは、B群(運動能力が高かったグループ)の選手たちが試合前にあることをしたことが大きく関係しています。

いったい何をしたから運動能力が高くなったと思いますか?

B群の選手は試合前に

ア. 15分間のウォーミングアップをした
イ. 30分間の睡眠をとった
ウ 300カロリーの軽い食事をした
エ 500mlの水分補給をした
オ 1時間のおいのりをした

運動能力アップのひみつは…

次回につづく

気温に合わせて

㊟ マンガの登場人物は(もちろん)フィクションです。ハイ。

日中はとても暑かったかと思うと夜は冷えこんだり、気温の変化に体がついていけずに体調をくずす人も多いようです。衣替えの移行期間は14日までですが、普段の生活の中でも気温や体調に合わせて、こまめに衣服を調節しましょう。

附属中 保健だより No.11
これって何シリーズ？ ②
H14. 6. 13

GOGのほけん室

運動すると○○がでる!!

運動をすると安静時の10～15倍の熱を発生します。これは30分で体温を4℃高める熱に相当します。平熱が36.5℃の人の体温が1℃あがって37.5℃になっても、活動や勉強に集中できなくなるでしょう？ みなさんだって0.1℃あがった あがらなかったと大さわぎしているもんね。さらにもう1℃あがって38.5℃になれば頭はボーっとしてきて考えることさえできなくなってしまいます。そこでこの熱を汗によって逃がす必要があるのです。

汗をかいて熱を逃がすしくみ

注射をする時、アルコール綿で腕をふくとスーっと冷たい感じがします。これはアルコールが蒸発する時に皮フの温度をさげるからですが、汗にも同じような働きがあるのです。

汗は、体の表面で蒸発する時に体の表面から熱をうばっていきます。蒸発した汗は、また上昇気流となって空気中ににげます。そこに新しい冷たい空気が入ってくるため、体温はどんどん冷やされるのです。この働きは「風」があると、さらに促進されます。

体重70kgの人が100mlの汗で体温を1℃低下させることができます。ところが汗をかいて体重の3％の水分が失われると運動能力も70％に低下するといわれています。また、熱を逃がすため、皮フに血液を運ぶことで血圧がさがり、頭(脳)に血液がいきにくくなってしまいます。大事な場面で適切な判断ができなくなって試合に負けてしまう…なんてこともおこってくるのです。

体温上昇をおさえて良いコンディションを保ち、運動能力をアップさせるには水分補給が大切なわけ、わかったかな？

運動能力アップのひみつは水分補給

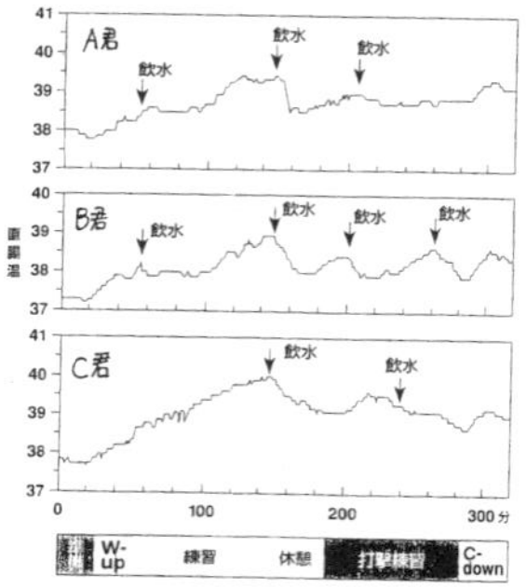

図2. 野球練習時の直腸温の変動
※ 矢印は飲水時点を示す

…とはいえ、図2を見てもわかるように なんでもいいから水分を補給すればいいってもんでもない。

クイズ1で試合前に水分補給をしたのは どうしてなんだろう？

では、またまたクイズです。

クイズ2

良いコンディションを保ちながら運動を続ける場合、
(　)分間隔で(　)mlの水分を補給するとよいのか。

ア 15分　イ 30分　ウ 60分　エ 120分

A 50ml　B 100ml　C 200ml　D 300ml

ふだん キミは どうしてるか ふりかえってみてね。

朝ごはん

クイズ1のこたえは水分補給。だけどもちろん食事は大切。特に朝ごはんは一日のスタートのエネルギーです。しっかり食べようね！

彼のギモンのこたえは次回に…

附属中
保健だより No.12
水分補給と熱中症シリーズ③
H14.6.17

GOGOほけん室

あなたの部活中の水分補給はど～なってるの？

「水を飲んで体を動かすとおなかがポチャポチャしてつらいので なるべく水分はとらないようにしていた」という人、「『水を飲むと疲れるから飲むな！』といわれたことがある」なんて人もいるかな？ 実はこれ、飲む水の量やタイミングに問題があるのです。まず1時間の運動で だいたい **1～2ℓ** の汗をかくので、体の外に出た水分を、運動中に **50～80%** 補うと考えると1時間におよそ **1ℓ** の水分をとる必要があります。じゃあ1時間に1回、一度に1ℓ飲めばいいかというと、これではたしかに おなかが ポチャポチャになって運動を続けるのはちょっとむずかしい。 胃に水分がたまらずに、すばやく体内に吸収できる水分の量は 約 **200mℓ**（牛乳ビン1本分）といわれています。

1ℓ÷200mℓ=5

つまり… 単純に考えても、200mℓで1時間に **5回** の水分補給が必要というわけです。

吸収時間も関係アリ

それからもう一つ。口から取り込んだ水分が小腸の壁を通り、血液に吸収される、つまり体にとって「水分補給が完了する」のに およそ **15～20分** かかるといわれています。

「のどが乾いたなあ」「疲れたなあ」と感じる時には、体の細胞にはすでに水分が不足しているのです。

運動前にも飲んだワケ

水を飲んでもすぐにはその水分が体に吸収されないことを考えると、試合や部活で体を動かす**20分前**には、水分を摂取しておく必要があることがわかるでしょう。クイズ①で試合前に水分をとったB群の選手が運動能力が高かった理由は こんなところにあるのです。もちろん、運動の程度や運動時間、個人差もありますが、以下の方法で水分を補給するのが理想的だといわれています。

附中は体育館から水飲み場までが遠いのでたいへん。水筒を利用したり練習メニューに合った方法を各部で考えてみてね。

ハミダシ情報

マラソン競技の給水所は、普通10km以降、5kmごとに設置されています。5kmを選手が走るのにかかる時間はだいたい **15～20分**。ここでもやっぱり体のメカニズムに合った理想的な水分補給のシステムができているのですね。

はなぢ

のぼせて鼻血を出す人がいます。鼻血が出た時は上を向かずに下向きで鼻をおさえてね。

水分＆熱中症シリーズはまだまだつづく

附属中 保健だより No.13
水分補給と熱中症シリーズ④
H14．6．24

GOGO ほけん室

まだ6月だというのに、日中は本当に暑いですね。昨年はあまりの暑さに急きょ、部活動を中止したこともありました。
実は気温が高くなると**熱中症**が発生しやすくなるのです。

熱中症とは…

こんな風に分類されます!!

① 熱失神
暑熱環境下でスポーツ活動をおこなうと、体温調節のために皮フの血管が拡張する。このため血圧が低下し、脳への血液の流れが悪くなり、めまい、失神顔面蒼白、脈が速くて弱い、呼吸回数の増加、くちびるのしびれなどがおこる。**日射病**もこれに含まれる。

② 熱疲労
大量の汗をかき、水分の補給がおいつかないと、脱力感、倦怠感、めまい頭痛、吐き気などの症状がおこる。

③ 熱けいれん
汗をかくと水と塩分が失われる。大量の汗をかき、水だけを補給すると血液中の塩分の濃度が低下し、その結果、手足や腹部などの筋肉にしびれやけいれんがおこる。

④ 熱射病
高温環境下で激しい運動を行うと、運動により発生した熱が体内にたまり、その結果、脳の温度が上昇して体温調節中枢に障害がおよぶと熱射病になる。

熱射病では体温の上昇（**40℃**以上）と吐き気、めまい、意識障害、ショック状態がおこる。私たちの体をつくっているたんぱく質は熱に弱く、脳、心臓、肺、肝臓、腎臓など全身の臓器に障害がおこると、一度熱を加えられた肉はさめても決して生肉にはもどらないように、体の細胞がこわれて死亡率も高くなる。
ではここで問題。
重症になると**いのち**にかかわる熱中症ですが日本体育協会では熱中症を防ぐために以下のような指針を出しています。

クイズ 3

（ア）℃ ⇨ **ぜったい運動禁止**
⇨ **激しい運動中止**
（イ）℃
⇨ **警戒し、積極的に休息・水分をとる**
激しい運動では30分おきに休息をとる
28℃

ア、イにあてはまる気温（ふつうの乾球温度計で測定）は、いったい何度だと思いますか？ 夏の気温や部活の様子をふりかえりながら考えてみましょう。 理由も考えてね！

…つづく　クイズのこたえは次回にね！

梅雨時の生活 こんなところに気を配ろう

体を清潔に。気持ちよく過ごそう
湿気が多くベタつく季節…
突然の雨にうたれることも…

替えの下着・体操服・くつ下・タオルなどを準備しておこう。

食中毒に注意しよう
予防の基本は手洗いですが食べ物の消費期限や、火の通り具合にも注意しよう。

晴れた日を有効に使おう
窓を開け風を通してカビ予防。

外に出て体を動かすと心もスッキリ、ストレス発散。

にきび

でも、そのハンカチをもってこない人が多いのにはビックリ！

附属中
保健だより No14
水分補給と熱中症シリーズ⑤
H14.7.1

GO GO ほけん室

バランスが大切！

私たちの体には体温を一定に保とうとするしくみがあります。体を動かすと熱が出る→その熱を逃がすために汗をかく→汗をかいて体の外に出た水分を補う…など体内での熱の産熱量（つくる）と体外への熱の放熱量（にがす）のつり合いがとれていればよいのですが、産熱量が放熱量を上まわれば体温は上昇し、その反対の場合は下降します。

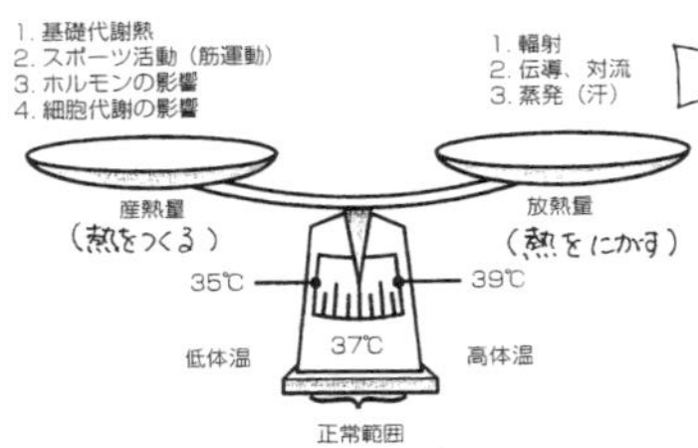

図3　スポーツ活動中の産熱と放熱のバランス

図4　熱をにがす方法

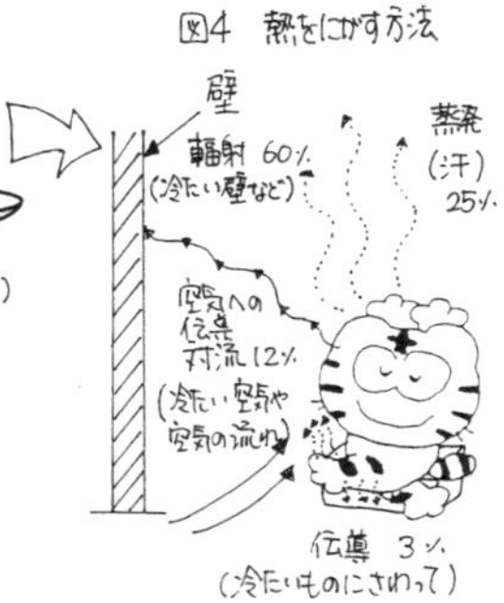

熱中症がおこるワケ…

長時間、激しい運動　気温・湿度の上昇　高温・高湿

① **体内に熱が発生**
激しい運動を長時間続けると体の中に大量の熱が発生する

② **熱は体外へ逃げていかない**
熱は、高い方から低い方へと流れるが、気温と体温の差が少ない場合は熱が体内にこもりやすくなる

③ **汗が蒸発しにくくなる**
汗が蒸発するときに熱をうばうが、湿度が高い時には蒸発しにくいため、熱がうまく逃げない

④ **汗が出なくなる**
大量の発汗で脱水状態になり、汗が出なくなると汗によって熱を逃がすことが不可能になり、体温はどんどんあがる

体温の上昇

水分・塩分欠乏

熱中症

頭痛　脱力感　目まい　失神
吐き気　唇のしびれ　筋肉のけいれん etc.

以上のことからクイズ③の答えは…　体温よりも外気温が高くなる境界、**35℃**がア、運動で、通常よりも熱が発生しやすいことを考えて、イが**31℃**となります。意外に低い温度でびっくりしたでしょう？真夏の甲府の気温を考えると実際にはこの指針通りにはいかないかもしれませんが、外気温が高い時には、今まで以上に、運動量や運動メニュー、水分補給や休息に気をくばってくださいね。

どんなケースに多いのかな？

こんなデータもあります。
日本体育学校健康センター（学校管理下で発生した事故やケガに対して医療費などを給付するシステム）に、1975～1990年、16年間に報告のあった、小学生から高校生までの熱中症に関するデータです。

なんと死亡事故が**90例**。90例のうち1例を除き（すべて）スポーツ活動中におこっています。その中でも**78例**は、中学、高校の部活動中の事故でした。また、中学、高校いずれも体力や技術の未熟な低学年での発生が多く、1～3年生へと学年がすすむと事故は減少しています。うら→

どんなスポーツに多いのかな？

スポーツ種目		例数
部活動	野　球	19
	ラグビー	8
	サッカー	7
	柔道	6
	山岳部	6
	剣　道	5
	陸　上	5
	ハンドボール	4
	卓　球	3
	バレーボール	3
	アメリカンフットボール	2
	ソフトボール	2
	テニス	2
	バスケット	2
	その他	4
	小　計	78
校内行事	登　山	7
	徒　歩	3
	マラソン	1
	農園実習	1
	小　計	12
合　計		90

図5　スポーツ種目別の死亡事故数

スポーツの種類はいろいろありますが、内容は持久走によるものが**30例**、ダッシュの繰り返しによるものが**13例**で、**計43例55%**が継続するランニングによって発生しています。事故発生までの運動時間をみても、1時間以内に発生した死亡事故**12例**のうち**8例**は持久走によるものでした。また、死亡にまで至らなかったケースでも**229件中77件、33.6%**が、ランニング中の事故となっています。暑い時の持久走には特に注意が必要です。

剣道、アメフト、野球のキャッチャーなど防具をつけていると体温があがりやすい

体育館で活動するスポーツは、風が入ってこないので、実は外より室温が上昇してしまうことがある

「野球」に多いのはなぜだろう？黒や紺色などのぼうしをかぶっていると脳の体温が上昇しやすい。ぼうしは白色でメッシュ素材が理想的！

私は文化部だからだいじょうぶ!?

いえいえ、文化部だから…と安心してはいられません。熱の産熱と放熱のバランスがくずれれば、どんな場合でも、どんな人にも、熱中症のキケンはあるのです。車に置きざりにされたことによる子どもの熱中症による死亡事故は毎年報告されていますよね。

また、暑さにたえる能力は、慣れによって高まります。そのため、熱中症による事故は、8月の最も気温が高い時期だけでなく、つゆ時の急に気温が上昇した時や、合宿の初日などにも多くおこっています。

各クラス、体育祭(団)の練習に力がはいる今日この頃ですが、ふだん運動をしていない文化部のみなさんは、熱中症にかかるキケン性も高くなります。3年前にやはり7月に体育祭を実施した時に、具合いが悪くなって病院に行ったのは、何回も競技に出場した人ではなく、応援をしていた人でした。応援に夢中になっていて、水分をほとんどとらなかったことが原因だったようです。

運動部だけでなく自分の生活に合わせて水筒を持参し、適切な水分補給ができるといいですね。

自分をふりかえって

部活動や登下校、体育祭など自分をふり返って熱中症予防のためにどんなことができるか考えてみましょう。

私は、

水分補給

いい汗かいて水分補給 体育祭1位をめざそう

シリーズはまだまだつづく…

附属中　H14.7.18
保健だより　No.15
「水分補給と熱中症」シリーズはこれでおしまい！

Gooo ほけん室

「水分補給と熱中症」シリーズもいよいよこれで最終号。
日本体育協会で出している『**熱中症予防8カ条**』を見ながら
このシリーズをまとめてみると…

私たちの体には、すばらしい体温調節機能があります。その中でも**汗をかく**というのは代表的な体温調節方法ですが、実は体の中の汗腺（汗が出るところ）がすべて活動しているわけではありません。実際「汗を流して」働いている「能動汗腺」は半分くらいで、特に近年、日本人の能動汗腺は減少しつつあるのです。それは、1年を通じて冷暖房の部屋で過ごし、生まれた時から空調設備の整った環境で育つと、働きたくても働く機会のない汗腺や、「出番がないので休んでしまおう…」と、怠け者の汗腺が増えてしまうからです。本来なら、夏になれば汗腺は体温調節がうまくいくように発汗機能を高めます。でも、クーラーの部屋に浸りきっていると汗腺の機能はますます↗さがりっぱなし。そんな状態で急に炎天下に出たらどうなるでしょう…
もうすぐ夏休み。クーラーに頼らず汗をかく訓練も必要なのでは？！

シリーズをしっかり読んでくれた方なら、もうだいじょうぶ!!
- 乾球温 **35℃**以上は**運動中止**
- 夏の**はじめ**や**合宿初日**に注意
- 水分補給は **10〜15分**間隔、**100〜200 mℓ**、**0.2%** 塩分、**3〜6%** 糖分、**10℃**前後の水温

忘れてしまった人は、もう一度じっくり読んで！

熱中症予防８カ条

1. 知って防ごう熱中症
2. 暑いとき、無理な運動は事故のもと
3. 急な暑さは要注意
4. 失った水と塩分取り戻そう
5. 体重で知ろう健康と汗の量
6. 薄着ルックでさわやかに
7. 体調不良は事故のもと
8. あわてるな、されど急ごう救急処置

ウエアにも気を配りましょう。
白・**通気性**が良い・**軽装**が基本です。
屋外で直射日光がある場合には**帽子**も着用しましょう。防具を付けるスポーツでは休憩中に衣服を緩め、できるだけ熱を逃しましょう。

具合いが悪いのに無理をする人がいます。
でも、**睡眠不足**・**疲労**・**下痢**など体調不良の時は熱中症になりやすいので注意しましょう。

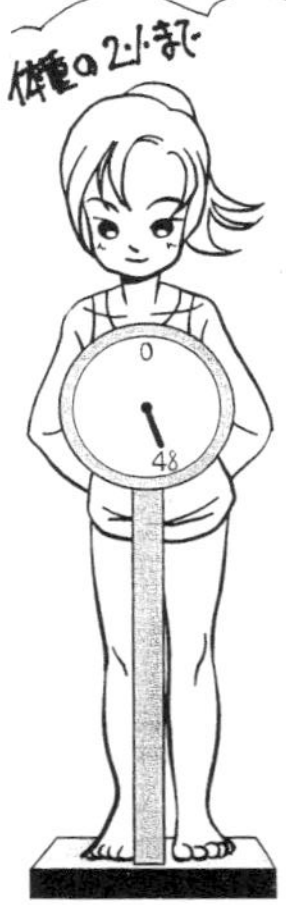

水分補給の目安は何でしょうか？もっとも簡単で信頼性の高い検査方法、それは**体重チェック**です。練習前後の体重の差は、ほとんどが汗の量。その汗の量が体重の何%に相当するのか計算してみましょう。体重の**3%**の水分が失われると運動能力や体温調節能力が低下するので運動による体重減少が**2%**を越さないように注意しましょう。
体重がたくさん減る人は「**暑さに弱い**」と考えられるので水分を積極的にとってください。最近では数十グラム単位で計れる体重計も市販されています。「太った」「やせた」ということ以外にも体重測定は利用できるのです。

- **熱けいれんの処置**
  生理食塩水（0.9%）の補給
- **熱失神・熱疲労の処置**

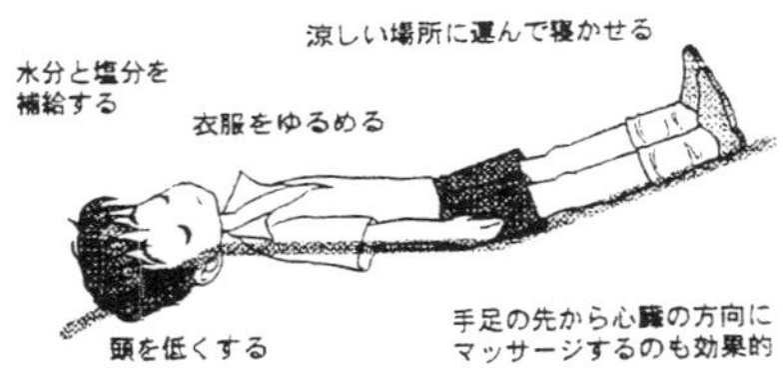

- **熱射病の処置**

※死亡の危険がある緊急事態です。一刻も早く病院へ！

ゼロからのスタートを第一歩として
―保健体育「保健編」の実践

静岡県沼津市立第一中学校
鈴木　矛津美

はじめに

中学校保健体育教師用指導書指導編（大日本図書）を開いてみると、「現実の保健の保健指導の実際をみると、とかく重要性の認識の高さに反して、具体的な実践性について不十分なことが多く、あいまい、かつ、おざなりな取り扱いに陥りがちである。保健体育審議会答申（1997年）でも述べられているように、将来の保健の学習指導は、本来の教師担当教師のみでなく、地域における多くの人材を非常勤講師として活用したり、チーム・ティーチング（T.T）方式を推進するなど総合的に進めていく必要がある」と書かれている。

本校では、2002年度、３年生においては、約15時間を「保健編」にあてることになり、その内容を検討するにあたり、上のことを考慮しながら内容を検討した。

中学校保健体育『保健編』に基づき、健康と環境、けがの防止、病気の予防、性教育を中心にしてすすめることにした。

１．授業実践にあたって

（1）校内の協力体制について

保健室を留守にする時は、

①「３Aにいます」のように所在をはっきりし、保健室の入り口にかけておくこと
②保健室内の救急薬品の使いかたがわかるようにしておくこと

に心がけた。またあくまでも、救急処置を優先させるため、救急対応が必要になったときは、いつでも授業を変わってもらえることができるように、空き時間の先生を固定化していただき、その先生にお願いして「調べ学習」ができるように準備した。

(2) 授業準備

教科書にそった内容に沿いつつも、健康の保持増進を図っていくために適切な行動をとる実践力を身につけるにはどうしたらよいか、これを第一に考え準備した。

そのために、ビデオ、新聞記事、健康雑誌、テレビ番組などあらゆる情報を収集した。また、学校歯科医、消防署、警察署など専門分野からの情報収集や講習を依頼した。

(3) 授業内容

・自分の口の中を知ろう……検診における「Ｃ」とは、「ＣＯ」とは何か。
歯周病の本校生徒の実態はどうか。
むし歯はどうにもとまらない。(C1、C2、C3の進行)
・耳鼻科の疾患について……ヘッドホーン難聴・アレルギー性鼻炎・花粉症
・飲酒について……………どうして、未成年者はNOなのか。
(「未成年者とアルコール」ビデオ利用)
「いっき飲み」あなたならどうする？
パッチテスト実施（赤型体質の人は・白型体質の人は将来どうしたらよいのか知ろう）
・喫煙について……………副流煙の影響を知ろう。
・地球温暖化防止について‥‥省エネが地球を守る。
自分でできる節電は？（電気器具使用参考表：東京電力発行を参考に節電料金算出）
温暖化になったとき心配されること（熱帯性の病気発生、日本脳炎の予防接種は受けたかな？）
・交通安全について…………近隣の中高生の交通事故状況はどうか（沼津警察署交通指導課資料参考)。
自転車のマナー（交通指導課よりビデオ借用）
「自転車は車両である」意識をもつ。
夜間走行の注意、左通行、車両の整備
・けがの手当て、防止………突き指、捻挫、手首にガラスがささった、永久歯が抜けた時どうする。ガス中毒、日射病、熱射病への対処など。
雷が鳴ったらどうする？
ハチに刺されない服装は？
・救命救急法、人肺蘇生法‥‥消防署職員による講習（３時間実施）
・生命の誕生………………「平成探検隊、生命の誕生」ビデオ利用
・エイズ……………………「エイズはいま」ビデオ利用
・病気の予防………………調べ学習と発表

資料１

歯科検診中、石渡先生の検診内容を聞きながら、自分の歯の様子を記入してみましょう。

永久歯

健康歯	（　　　）	本
未処置歯	（　　　）	本
処置歯	（　　　）	本
経過観察歯	（　　　）	本

乳歯　　処置歯　（　　　）本

　　　　未処置歯（　　　）本

その他の疾患（　　　　　　　　）

先生のおっしゃる言葉の中で

７・６・５とは____歯を示す番号で永久歯のこと

Ａ・Ｂ・Ｃとは____乳歯のことですが、中学生ですとＥが残っている人がいるでしょう。

Ｃ____むし歯（カリエス）です。

むし歯の進行具合によって１度から４度まであります。

ＣＯ____観察歯（むし歯になりそうな歯）

Ｏ____治療した歯

石渡先生は「左下→右下→右上→左上」と診察されるそうです。

静かに、よく、耳をすませて聞いていてください。

資料１は、歯科検診の前に配布したプリントです。

検診前に「歯の学習」として、検診内容についてをとりあげた。むし歯の程度（１度～４度）についても検診前に勉強した。歯肉の炎症、歯垢の状況についても指摘されたら記入することにした。

検診に先立って、歯科医の先生にプリントを見ていただき、生徒が検診後、記入することを伝えた。検診中、両手を使って処置歯、未処置歯を数えている生徒、すべて健全歯で「やったー楽だー」とガッツポーズをする姿もあり、一応全員が記入して提出した。実際の状況と、生徒の記入状況と照らして誤解がある部分は事後指導につかった。

２．保健授業を実施してみて

【自分自身】

力不足の自分にとって授業はものすごくたいへん、そして怖い、生徒に申し訳ない等、

資料2　保健授業内容を保健だよりにのせた部分

保健学習より

３年生の保健の時間、自分たちで病気の予防について調べてみました。その中で参考になることを紹介します。

★インフルエンザの予防対策を調べた例より・・インフルエンザウイルスは乾燥した環境をこのみます。湿度を上げるとウイルスが水分をふくんでポトンと落ちて活動できません。そこで、からだへの侵入を防げます。
舞うことができないので、他の人にも移りません。部屋にぬれタオルをかけることやカーテンに霧をかけることが効果的、ということです。
「じゃー、ハブッちゃえばいいんだ」で決まり。
水を入れて、シュウシュウと・・早速、家で実行してみてください。
クラスにも、霧吹きを配布しました。活用してください。

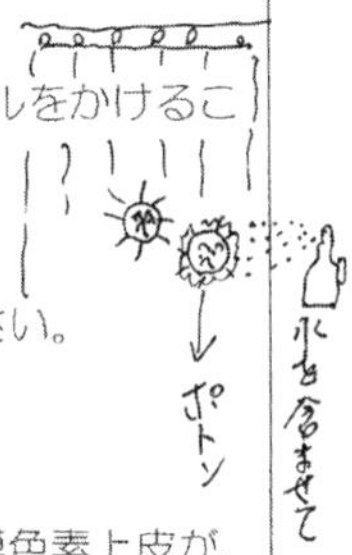

★網膜剥離の予防対策を調べた例より・・これは目の病気で、網膜色素上皮が、網膜からはがれて硝子体の方へ浮き出す病気で失明する場合があります。
予防１として、暗い所での読書、テレビ、メールなどは絶対止めるとなっています。
「やばい、電気消してメールしてるよ」『それは、危ない、携帯のメールは小さい文字を見つめてあぶないよ』「でも、電気つけていると、いつまで起きてるの！と叱られるから暗くしてやるんじゃん」「でも失明したら困るよ」・・・
今、パソコン・ゲームなどの普及によって１０代からの『網膜疾患』も増えてきているそうです。注意したいことです。

網膜はカメラでいうと、フィルムの働きをしてくれるところです。

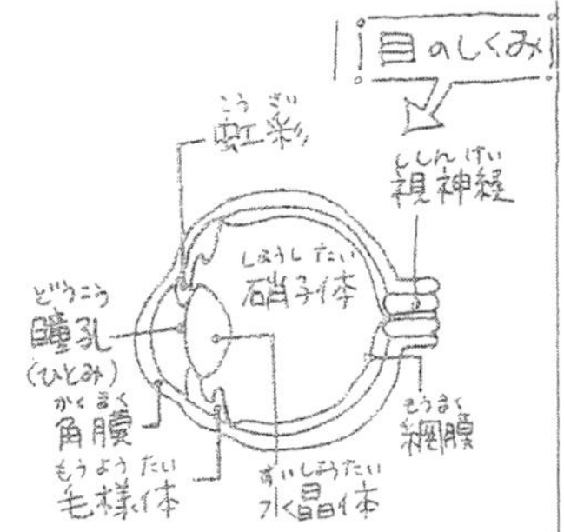

いろいろな思いがある。けれども、ちょっとだけ楽しいなと思ったり、充実感を味わえたこともある。そして、「養護教諭が授業したいなんて安易に言うものではない」という強い思いもある。これが正直な感想である。

３年生にとっては、体育の時間が減って「保健」を実施する日が出てきたのだから最悪なこと、最初の授業を迎えた日は、「なんで体育じゃないのか、なんで保健なんか勉強しなくちゃいけないのか」などの冷たい視線が一斉に向けられた。ストレスのたまった３年生が、「唯一発散できるのが『体育の時間』、それが『保健』になるなんて『どうして！』……」。

納得できないのはよーくわかる。

「どうして、保健になったんですか？」。容赦ない質問も飛んできた。

「そうだね、みんなの年代は、一番病気とは縁のないときだよね、保健なんて必要性を感じないことが当然、それより体を動かしたい。十分わかる。でもね、いつか病気と向きあってみたとき、思うかもしれないよ。もう少し体のことを考えてあげればよかったかなって。大人になってからの病気の基は今の過ごしかたにあるんだから。まあ、勉強していこうよ、きっと勉強してよかった！って思うよ」

「絶対！おもわないよ～」

こんな生徒との戦いから始まったのである。生徒の冷たい視線を変えるにはどうしたらよいのか、本当に体中で悩んだといっても過言ではない。

本校で『保健』の時間が確保された理由は、『保健』が重視されてきた、それだけの理由とは言い難い。学校の諸事情もあってのことで、来年度はどうなるのかもわからないことである。ただ、自分としては、「保健の時間」として設定されるのであるならば、できるだけの準備をしてのぞみたい。生徒がいつか「保健も勉強してみて役に立ったじゃん」と思えるといいな、そんな願いをもって「とにかく発車」しただけのことである。

４月当初から、指導書、ビデオ、新聞、テレビ番組、雑誌、すべての情報に目を通すようにした。テレビでは、「ためしてガッテン」「リサーチ」「あるある大辞典」「危機一髪！SOS」「伊藤家の食卓」など、直接授業で扱うことがなくても見ておくことで授業の合間の話題として参考になった。「そうだ、俺、ゆうべ見逃しちゃったよ」の声に、話がつながったりもした。

小学校勤務においては、毎月の体重測定時において15分間の「ミニ保健指導」を全クラス実施していたが、中学の保健の授業に取り組んでみて、「50分の授業」のたいへんさは「ミニ保健指導」とは比較できないずっしりと重いものであった。

４月の健康診断の準備をしながらも、５月の修学旅行、６月の高原教室に参加していても「保健」の教材探しが頭から離れない状態であった。教材探しに飢えている自分にとっては、読むもの、見るもの、聴くもの、味わうもの、すべてが「ネタ」であった。２クラス、同じ教材で望んでも、１クラスは関心を示しても、他の１クラスはぜんぜん関心を示さない日もある。「早く終わってよー」の視線を感じた時はむなしくて、生徒には申し訳なくて、体が凍りつくときもあった。

でも、そんな思いで保健室に戻ってきた昼休み、数人の生徒が「先生、さっき言ってた○○のことだけど……」と授業の話題をもって来室してくれた時、「あれ、聞いていてくれたの」と救われ、やっと自分の体に血液の流れを感じた日もある。授業をもっている先生方って、毎時間こんな思いしているのだろうか、口には出さないけれど、あらためて職員室風景をみまわしたりもした。

年度当初、保健関係でクラスにお願いすることも多いが、なかなか徹底しないこともあり「いったいなぜ」と悩むこともあった。「この授業が終わるまで、他のことに気がまわらないのよ、ごめんね」こんな言葉がかえってくることもあった。

今回、自分が授業を体験してみて、「その心境、痛いほどわかるな」、なんて、妙に納得したのも、「大きな収穫」であった。

【生　徒】

本校の保健室は、入り口に「測定可」、「測定否」のカードの表示をしている。「測定可」であれば出入り自由、いつでも入って測定できるし、おしゃべりもできる。そんな自由な保健室内の話題が専門的になってきたのである。

家族の病気について質問する生徒、食事、視力、歯の治療、これらの会話が、授業内容と関連していることが増えたのである。なかには、「今日の保健、眠かった～」ときつい“エール”を浴びることもある。それはそれでありがたい。そんな遠慮のない自然体での付き合いが保健室で続くことを願っているので、「そうだった、ごめん」と聞き流し、けがをした時は保健で学んだことを実践するよいチャンスであり、「自分たちでやってごらん」と見守り戦法をとった。

２学期末、生徒から次のような感想が書かれていた。

・自分の歯の状態が悪いことに気づき、悪化する前に直すことができた。
・１日３回歯を磨くようになった。
・鼻をかむとき片方ずつかむようにしている。（鼻炎の予防）
・ヘッドホーンで聞く時は、音量をさげるようにしている。
・自転車のルールの多さに驚いた。傘をさして走らないように心がけている。
・横断は自転車用のところを走るようにした。自転車のライトをつけた。反射板をつけた。
・待機電力がムダなので一斉に切れるコードをつけた。
・冷暖房の温度を意識するようになった。
・コーラはほとんど飲まないように心がけている。
・大人になっても、酒のいっき飲みは絶対しない。
・家族で禁煙をすることにした。
・けがの手当てがわかった。（包帯のまきかた、骨折、捻挫のてあて）
・心肺蘇生法を覚えて、人の人命救助に協力できるようになった。
・ガス中毒にならないように、換気に気をつけている。
・かぜの予防として、乾燥している部屋のカーテンとかに、霧吹きをかけて湿度をあげている。
・日常、うがい手洗いを必ずしている。
・エイズの人に対する見方が変わった。

もしも、また「保健の授業」があるとしたら、この感想を参考に、「ゼロからのスタート」を「一歩前進」につなげていきたいと思っている。

学校保健委員会の活性化をめざして

千葉県夷隅郡大多喜町立西中学校
金綱　恵子

はじめに

本学区は、房総丘陵地帯の中央部、清澄山系の北東部に位置し、豊かな自然環境に恵まれた農山村地帯にある。しかし、社会構造および産業構造の変化により、農業や林業従事者は激減し、会社員や公務員が全体の95%と多く占めている。また、人口の流出や少子化などの影響を受けて過疎化が進行し、生徒数も減少の一途をたどっていたが、近年になり、やや安定している。しかし、数年後には再度減少化が始まり、全校生徒数100名前後になることが予想されている。現在、生徒数152名（学級数７クラス）の小規模校である。

地域や家庭の学校への協力意識は強く、生徒のいない家庭も賛助会員として組織されており、学校のさまざまな活動に地域や保護者からの協力がある。また、学区内には、観光地として栄えている養老渓谷があり、学区全体は自然環境に恵まれ、自然と触れ合う機会と場が多く、心豊かな人間性を培うにふさわしい土壌をもっている。

近年、子どもたちをとりまく社会環境も大きく変化し、夜更かしなど生活のリズムの問題や食生活の問題など、複雑かつ多様化する諸問題が児童生徒の心身の健康に悪影響を与えているとの指摘がある。本校でも心身の健康を守り、保証していくことが生徒指導上の問題も含めて緊急の課題になってきている。

学校保健委員会には、学校職員だけでなく、学校医やPTA関係者などが参加することが多い。しかし、ともすると本音の話し合いが行なわれず、通り一遍の表面的な話し合いに終始してしまうこともある。

そこで、健康教育や積極的な生徒指導の観点からも、学校保健委員会を組織し、専門家や地域の有識者の参加を得て、学校保健委員会を効果的に機能させ、当面する健康問題を解決するべく、活性化を図っていくことが必要であると考える。

1. これまでの取り組み

本校は文部省より、地域指定「健康教育総合推進モデル事業」として1998年より3年間の指定を受け、一人ひとりの生徒が心身ともに健康で、夢や希望に向かって歩む姿を願い、あらゆる教育活動を通して健康な心と体つくりを目指すために保健・体育的活動を中心に研究を進めてきた。

地域指定が終わった現在も、心の健康教育を重視し、生涯を通じて、健康で安全な生活を主体的に実践する能力と態度の育成に努めている。そのために、健康教育推進組織（体力向上・学校保健委員会）を活性化し、健康教育計画に基づき、学校教育活動全体を通して、体育・保健・安全・給食指導の充実に努めている。

学校保健委員会は、学校関係、地域関係機関（学校医、栄養士、薬剤師、PTAなど）および生徒会総務、保健委員会、体育委員会、生活委員会のメンバーで構成され、年に2回開催され、学校と各機関との健康づくりへの共通理解、情報交換の場として大きな役割を果たしてきた。

（1）昨年度までの学校保健委員会の取り組み

1999年度	議　題	7月	学校健康活動の取り組みの報告・生徒の発表
		2月	「健康に関するアンケート結果」
	取り組み	○	体力面・生徒指導面・安全面・健康面について担当者より報告
		○	「心の健康と食生活」について栄養士さんにインタビュー
		○	「飲酒・喫煙・薬物」について生徒会の発表
		○	保健委員会の発表
2000年度	議　題	7月	学校健康活動の取り組みの報告・生徒の発表
		2月	「心も身体も健康になろう」
	取り組み	○	体力面・生徒指導面・安全面・健康面・について担当者より報告
		○	「いじめをなくすための取り組み」について生徒会の発表
		○	中学生の健康について保健委員会の発表
2001年度	議　題	7月	学校健康活動の取り組みの報告・生徒の発表
		2月	「正しい青春を送ろう」　講演　森川二郎先生
	取り組み	○	体力面・生徒指導面・安全面・健康面について担当者より報告
		○	「生活のリズム」について保健委員会の発表
		○	性について生徒意識調査の発表（保健委員会）
		○	産婦人科医　森川先生による性についての講演

（２）本校の健康づくりのための実践

①朝のストレッチ体操

体育委員会が中心となり、毎日３分程度、朝自習終了後に自作のビデオを流し、各クラスでリラックスした雰囲気のなかで、ストレッチ体操を行なっている。体ほぐしと心のリラクゼーション、また、仲間との交流を意図して行なっている。
（職員も打合せのある日は職員室で行なっている）

②全校スポーツタイム

各自の健康づくり推進と、生涯スポーツにつながる基盤をつくることを目的に、年に２回、実施している。企画・準備・運営は体育委員会と放送委員会が協力して行なっている。内容は活動場所・時間・用具などを与え、自由に運動できるようにしている。自分の好きな運動や活動を異年齢集団で実施することにより、生徒間の人間関係づくり、体づくり、そしてストレスの解消を意図して取り組んでいる。全校生徒、職員が一緒に活動しており、互いの心の交流という面でもその機能を果たしている。

③薬物乱用防止教室

保健所・薬剤師会・警察署との連携で年に１回薬物乱用教室を全校生徒・保護者を対象に実施している。

④保健委員会の発表

生徒一人ひとりが健康について関心をもち日常生活に役立つ基本的な知識が得られるような内容を実施した。

最近では、目の愛護デーをテーマに「目の体操」を紹介し、全校で体操を行なった。（全校集会、学校保健委員会など）

2. 2002年度の取り組み

●地域学校保健委員会企画会

（1）地域学校保健委員会規約の検討

（2）今年度より５ヵ年計画で食生活について研究を行う。

・2002年度……実態調査、小児生活習慣病検査、町検診結果、

・朝食検査、味噌汁塩分調査

　７月→小学校児童保健委員による発表・栄養士さんの話

　　　保護者への食生活の調査、保健師による公開調理

　２月→講演会

・2003年度……実践　　　・2005年度……実践

・2004年度……追跡調査　・2006年度……まとめ

規　約

地域学校保健委員会（３校合同学校保健委員会）

（1）ねらい

生涯を通じての心身の健康づくりにおける基礎・基本となる健康力の育成と積極的な健康づくりを外部の専門家の協力を得ながら、学校と家庭地域社会を結ぶ組織として推進する。

（2）役員及び組織

①　役　員　　委員長　１名、副委員長　１名、事務局　２名

委員長は学校長（代表）があたる。副委員長はPTA会長（代表）、事務局は委員長の所属する学校の保健主事があたる。

②　組　織

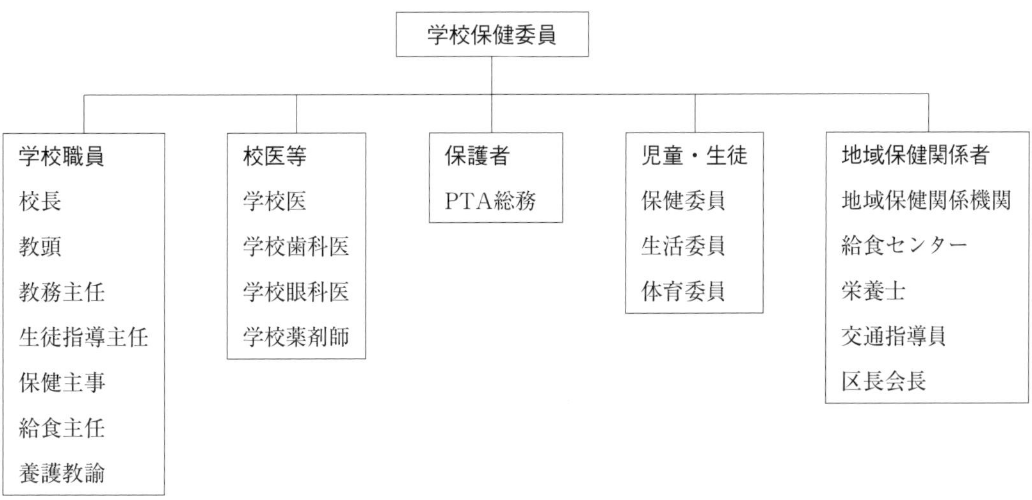

（3）活動内容

①定期健康・体力診断の実施及び事後処理に関すること

・生徒、職員の保健管理及び健康相談

②健康教育の実施、及び健康問題についての協議に関すること

・心の健康に関すること　・安全に関すること

・疾病予防に関すること　・食生活に関すること

・生活習慣に関すること　・性教育に関すること

・薬物に関すること　・その他

（4）会　議

①定例会は年２回とし、７月、２月に開催する。臨時に必要のある場合は、その都度開催する。会議内容によっては関係役員の出席を求める。

②委員会は委員長が召集する。

③議長は副委員長があたる。

（5）その他

＊協議内容及び決定事項については、各関係組織が連携の上、啓発・実践活動を推進する。

この規約は、平成14年4月30日より執行する。

【実践】第１回地域学校保健委員会（7／11）

・期　日　2002年7月11日（木）午後3時～

・会　場　農村コミュニティーセンター　体育館

・参加者　内科医　歯科医、学校薬剤師、中学校生徒、老川小学校児童、西畑小学校児童、および保護者、町役場保健福祉課職員、学校関係者および学校保健関係者

・内　容　①西畑小学校児童保健委員会の発表

②子どもの食生活アンケート結果について

③塩分摂取状況について

①小学校児童により朝食の大切さについて劇をし、発表をした

②アンケート結果を養護教諭より発表した

③町保健師より塩分摂取状況について住民検診等あわせて実態を発表した

地域学校保健委員会より

【実践】学校保健委員会だより発行（7／17）

「第１回地域学校保健委員会」の内容の報告として各家庭に児童生徒を通して配布した（**資料１**）。

12月には１週間の朝食について、1年生対象に「朝食しらべ」を実施した（**資料２**）。

資料１

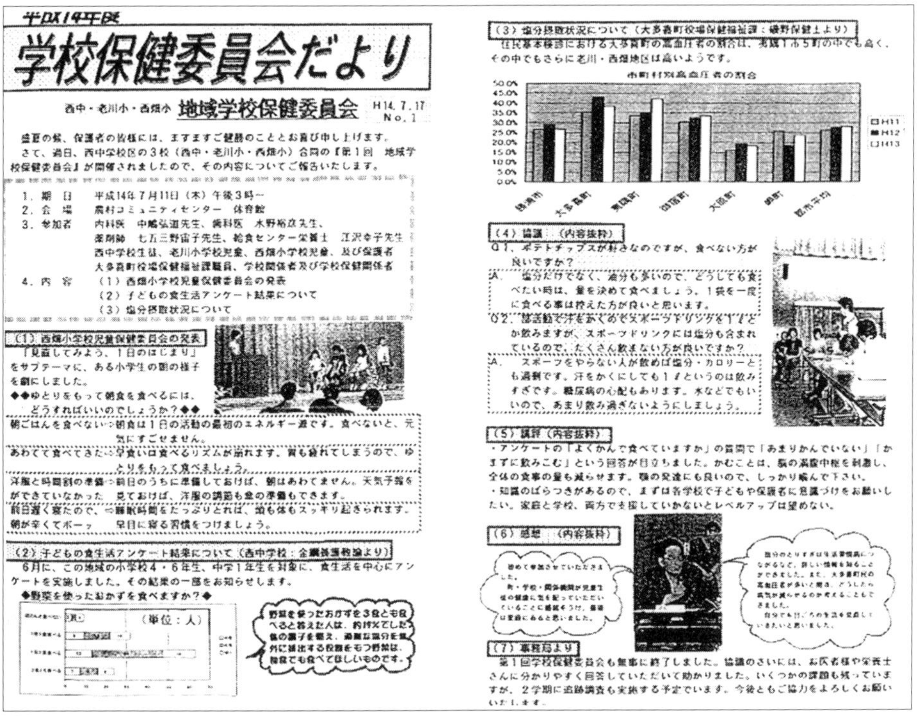

平成14年度

学校保健委員会だより

西中・老川小・西畑小 地域学校保健委員会 H14.7.17 No.1

盛夏の候、保護者の皆様には、ますますご健勝のこととお喜び申し上げます。
さて、過日、西中学校区の３校（西中・老川小・西畑小）合同の『第１回 地域学校保健委員会』が開催されましたので、その内容についてご報告いたします。

1．期　日　平成14年7月11日（木）午後３時～
2．会　場　農村コミュニティセンター　体育館
3．参加者　内科医　中嶋弘道先生、歯科医　水野裕政先生、
薬剤師　七五三野富子先生、給食センター栄養士　江沢幸子先生
西中学校生徒、老川小学校児童、西畑小学校児童、及び保護者
大多喜町役場保健福祉課職員、学校関係者及び学校保健関係者
4．内　容　（１）西畑小学校児童保健委員会の発表
（２）子どもの食生活アンケート結果について
（３）塩分摂取状況について

（１）西畑小学校児童保健委員会の発表

「見直してみよう、１日のはじまり」をサブテーマに、ある小学生の朝の様子を劇にしました。

◆◆ゆとりをもって朝食を食べるには、どうすればいいのでしょうか？◆◆

朝ごはんを食べない⇒朝食は１日の活動の最初のエネルギー源です。食べないと、元気にすごせません。

あわてて食べてきた⇒早食いは食べるリズムが崩れます。胃も疲れてしまうので、ゆとりをもって食べましょう。

洋服と時間割の準備ができていなかった⇒前日のうちに準備しておけば、朝はあわてません。天気予報を見ておけば、洋服の調節も傘の準備もできます。

前日遅く寝たので、朝が辛くてボーッ⇒睡眠時間をたっぷりとれば、頭も体もスッキリ起きられます。早目に寝る習慣をつけましょう。

（２）子どもの食生活アンケート結果について（西中学校：金綱養護教諭より）

6月に、この地域の小学校４・６年生、中学１年生を対象に、食生活を中心にアンケートを実施しました。その結果の一部をお知らせします。

◆野菜を使ったおかずを食べますか？◆

野菜を使ったおかずを３食とも食べると答えた人は、約行%でした。体の調子を整え、過剰な塩分を体外に排出する役割をもつ野菜は、毎食でも食べてほしいものです。

（３）塩分摂取状況について（大多喜町役場保健福祉課：綾野保健士より）

住民基本検診における大多喜町の高血圧者の割合は、夷隅１市５町の中でも高く、その中でもさらに老川・西畑地区は高いようです。

（４）協議　（内容抜粋）

Q１．ポテトチップスが好きなのですが、食べない方が良いですか？

A．　塩分だけでなく、油分も多いので、どうしても食べたい時は、量を決めて食べましょう。１袋を一度に食べる事は控えた方が良いと思います。

Q２．部活動で汗をかくのでスポーツドリンクを１ℓとか飲みますが、スポーツドリンクには塩分も含まれているので、たくさん飲まない方が良いですか？

A．　スポーツをやらない人が飲めば塩分・カロリーとも過剰です。汗をかくにしても１ℓというのは飲みすぎです。糖尿病の心配もあります。水などでもいいので、あまり飲み過ぎないようにしましょう。

（５）講評（内容抜粋）

・アンケートの「よくかんで食べていますか」の質問で「あまりかんでいない」「かまずに飲みこむ」という回答が目立ちました。かむことは、脳の満腹中枢を刺激し、全体の食事の量も減らせます。顎の発達にも良いので、しっかり噛んで下さい。
・知識のばらつきがあるので、まずは各学校で子どもや保護者に意識づけをお願いしたい。家庭と学校、両方で支援していかないとレベルアップは望めない。

（６）感想　（内容抜粋）

（７）事務局より

第１回学校保健委員会も無事に終了しました。協議のさいには、お医者様や栄養士さんに分かりやすく回答していただいて助かりました。いくつかの課題も残っていますが、２学期に追跡調査も実施する予定でいます。今後ともご協力をよろしくお願いいたします。

資料２

(7) 第46号　　あ　じ　さ　い　　平成14年7月16日

健康づくりのための食生活

今年度、地域と学校とが一体となり健康づくりをしていこうということで、地域学校保健委員会が開催されました。そして、老川、西畑各小学校、西中学校で食生活について考えてみようということになりました。まず、今年度は実態を知るということから、食生活のアンケートと塩分調査を実施しました。小児生活習慣病との関係から中一、小六、小四で実施しました。その結果、次のようなことがわかりました。

アンケートより

野菜をあまり食べていない。
魚を使ったおかずが少ない。
好き嫌いのある人が多い。

塩分調査から

塩分をとりすぎている人が多い。

これらから、食生活についてみなおしてみようということになりました。ご家庭での食生活、塩分をとりすぎていませんか？次のことを参考にしてみてください。

1日の塩分のめやす

塩分のとりすぎは…

長期間にわたって塩分をとりすぎると、高血圧の要因になり、脳卒中・動脈硬化・心臓病・腎不全などの原因になります。

●塩分のとりすぎの害

高血圧
↓
血管障害
↓

腎臓	心臓			脳
腎不全	心不全	狭心症	心筋梗塞	脳卒中

3．まとめ

保健・体育的活動・継続的な実践活動の成果として、生徒の様子や学校としての健康づくりへの考えを広めることができ、理解や協力を得られるようになるなど、さまざまな効果をあげている。これまでは、学校単位での開催であったため、発達段階に応じた身近なテーマのものを扱ってきたが、小中学校合同となると、年齢幅も広く、テーマの厳選が課題となる。

今後として7月開催後、保護者へのアンケートや食事調査を行なうことになっており、継続した活動として町栄養士さんによる指導を予定している。

高校における総合的な学習と養護教諭
―養護教諭が実践する「環境教育」

茨城県立竹園高等学校
田上　公恵

はじめに

2003年度から高校においても総合的な学習の時間が導入される。本校での総合的な学習の時間はF・Fプロジェクト（Future Focus Project）と名づけられ、その計画書が2002年度２学期早々の職員会議で提示された。各学年１単位（105時間）がLHRに１回、７時限に２回位置づけられた。進学校としては、週休２日の導入後、授業時間の確保が最重要課題となっておりやむえない判断ではある。

そして、総合学習の狙いは、①進路学習の充実　②自ら学ぶ姿勢を育成する、の２点があげられ、学校、学年行事として行なっている進路指導や夏休みの自由研究が、その内容となっている。高校ではどの学校も授業時間の確保と進路実現に向けての指導がカリキュラムの中心となっていると考えられる。

高校においては従来のカリキュラムとさほど変化のない教育体制のなかで養護教諭としてどのように総合学習を考えればよいかは、これからの課題である。文部科学省が推進する総合的な学習の展開においては学校長のリーダーシップと計画的な学校運営、全校職員の共通理解や協力体制がその基盤となり、そのようななかでこそ養護教諭としての専門性が発揮できるものと考える。しかし、このまま手をこまねいていていいのだろうか。

わが国は今、国際化、情報化、少子高齢化の時代を迎え子どもを取り巻く環境が大きく変化し、人間関係の希薄化や社会不安を背景にいじめや自殺、引きこもり、凶悪犯罪が多発している。これに加え環境問題が深刻化を増し、地球上の多くの生物が絶滅の危機に瀕している。

戦後、われわれはモノに満たされることの豊かさをひたすら求めてきたが、そのために失ったものは計り知れない。われわれも含め、生徒たちが本当に求めているものは心の温かさであり、人への信頼ではないだろうか。そのために人生の少し先輩として、生徒たちが希望を抱ける生き方を養護教諭自身が示していくことが大切なのではないだろうか。

われわれ養護教諭は生徒を取り巻くさまざまな健康問題へのアプローチを通していのちの素晴らしさを語ったり、生きることにつまづいた子どもたちに寄り添うこともできる。また失われた環境をよりよくするためにともに活動できる立場にある。まさに総合的な学習がめざす教育活動が、養護教諭の日常活動のなかに存在することを認識していかなくてはならない。

では、実際の活動はどのような場面が考えられるかということである。生徒保健委員会は、生徒が主体性を発揮してさまざまな活動を展開できる素晴らしい組織であると思う。指導時間の設定がなく、しかも全クラスからの代表者ともなると、その運営は学校行事の下請けとしての活動が主たる活動となるが、領域の分野として総合学習を発展させられる可能性が十分存在している。保健室という個別の指導場面から一歩踏み出し、積極的な教育活動のなかにも生徒の生きる力を育む教育が存在するものと考える。

本校保健委員会では、1992年から深刻化する校内の環境問題に取り組んだが、その後環境に対する生徒の意識が高まり、継続活動を望むようになった。思いがけないことではあったが、自然のなかに入り自然を体験しながら研究活動を実践している。総合的な学習の展開例として評価されており、その活動の一端を紹介したい。

養護教諭が実践する「環境教育」

本校保健委員会では学校近くの花室川で水生生物による環境調査をしながら環境問題を体験的に捉え、生物との共存や人間の健康や安全について考える等の研究活動を行なっている。この活動開始以前の4年間は、校内のゴミ問題を中心に活動したことが環境への意識を高めることになり、さらに活動を継続したいという生徒の願いから発展したものである。幸い、国立環境研究所・主任研究官春日清一氏の指導助言が得られ1996年3月より活動を開始している。

資料1　年間計画表

	行事	備考
4月	身体測定、組織作り	花室川の環境調査 毎月 保健だより発行 毎月 石けんシャボネット補充 毎月
5月	定期健康診断	
6月	学校祭「環境展Ⅷ」	
7月	健康診断データ入力 保健講演会	
8月	活動報告書作成	
9月	校内献血	
10月	県科学研究作品展出品	
11月		
12月	施設見学（研究所）	
1月		
2月	環境調査まとめ	
3月	「筑波の友」発表	

（1）保健委員会の組織および年間計画

本校は3学年24クラス、生徒数967名、各学年普通科6クラス、国際科2クラ

資料2　保健委員会組織（2002年度）

委員長	副委員長	書記	会計
3－2　吉田　友行	3－6　成山　彰太 2－2　落合　謙太	3－3　岩澤　翔吾 2－3　飯田　祐子	3－4　長井　有哉

環境班

班長

3－1　中島　　彰

3－2	若松　仁美
3－3	岩澤　翔吾
	宮内　寿和
	小桧山くるみ
	切田　　司
3－2	吉田　友行
3－4	吉丸　　智
	長井　有哉
3－6	成山　彰太
	大浦　拓也
3－8	岩崎　美波
	大久保奈緒

◎

2－2	落合　謙太
	飯野　　悟
	加藤　純一
2－3	飯田　祐子
	小林奈緒美
2－4	加藤　朱里
2－6	柴原　耕平
	大本麻悠子
2－1	山田　淳平

○

1－1	清水　貴裕
	田中　宏佑
	亀井　智美
	坂本　智里
	登坂　　繭
1－3	森　　晴香
1－6	上田　浩子
1－7	野村　裕平
	濱田　悠志

広報班

班長

3－6　平野　　彩

3－1	鈴木　祐美
	月岡　優里
3－6	平野　　彩
	間中　久美
3－7	青山　美紀
	井上　瑛子

◎

2－2	高田真理子
	柳下　佳織
2－4	田中　友梨
2－6	岡　　寛子
2－8	飯野裕紀子
	清水　奈那
	吉葉　　愛

○

1－5	河越　優佳
	杉山　　央
1－7	桜井亜由美
	塩谷　真央

統計班

班長

3－5　中島　悠史

3－1	相沢　直秀
3－4	雨宮　利江
	杉浦奈保子
3－5	猪狩　拓也
	中島　悠史
3－8	海老沢崇人
	飛田　　峻

◎

2－1	榎本　　瞬
	山田　淳平
2－3	大野　洋幸
	三宅　崇博
2－4	市村　祐樹
	白石　　誠
2－5	角田　愛子
	桜井　里江

○

1－2	山田　真央
	松本　　篤
1－4	稲見　祐希
	日高　英文
1－5	坂　　健郎
	山田　　俊
1－6	小島　恭兵
	吉田　慧仁

学校祭・救護班

班長

3－2　高谷　亮太

3－2	慶野　琢也
	山本健太郎
	岡田　博美
3－5	内田　洋生
	豊田美奈子
3－7	奥田　茂雄
	広瀬　繁紀

◎

2－1	内田　真生
	横山　徳子
2－5	熊谷　　学
	鈴木　　遊
2－7	桜井賢太郎
	山中　　芳
	相川　真美
	遠藤　由憂
2－8	重藤　映良

○

1－2	相田英利花
	岡田　理沙
	古屋　未香
	坂　　友秀
1－3	永江　優作
	高橋耕太郎
	鬼沢奈穂美
1－4	酒本　真帆
	西村さゆり
1－6	立川奈津子
1－7	野村　裕平
	濱田　悠志
1－8	郡司　直樹
	長妻　賢慶
	奈須　勇介
	金山真利恵
	佐々木零奈

○

拡大役員会　毎月第４週目　放課後16:00～

（出席者：役員と環境班中心）

◎印は３年引退後班長・◎と○印は学年の連絡係

スで構成している。男女共学ではあるが1993年に国際科が新設になり、女子が６割を占めるようになった。ほとんどが進学を目指し、現役生の約４割以上が国立大学に進学している。委員会は各クラスより４名の代表が選出され、2002年度は105名となり、校内最大の組織となった。活動は環境班、広報班、統計班、救護班の４班を設け、班別活動と行事活動の２本立てで行なっている。全体会は毎月１回保健便りの発行と該当月の活動内容の連絡とし、その他は班別に綿密な打ち合わせや話し合いを持ち年間計画に沿って実践している。活動目標は環境活動を中心テーマとし、毎年６月の学校祭では全員で「環境展」を開催し、委員会活動の研究発表を通して環境への理解を深めている（資料１、２参照）。

（2）自然の中で生物に触れよう

生徒は教科指導において地球環境破壊の深刻化を学んではいるが、自然体験の伴わない生活においてはそれを現実のものとして認識することは難しい状況にある。われわれが住む身近な自然はどのようになっているのか、環境問題を身近なものとして学ぶためには、そこに生息する生物に触れることが最も重要である、との春日清一先生のアドバイスにしたがって学校近くの花室川で水生生物による環境調査が始まった。

調査は川の60m区間を調査地点と決め、毎月１回放課後の約１時間、３～４名が川に入り幅60cm網目3mmの手網で一生懸命に生物を採取する。何しろ川に入ることは初めての生徒がほとんどであり、きれいな川ならまだしも排水路として護岸工事のなされた川での調査は現代の子どもたちの抵抗には大きいものがあった。しかし回を重ねるごとに珍しい生き物を手にし、生徒たちはだんだんと環境調査の重要性に気づいていった。また生物の月ごとの大きな変化は驚きと感動の連続であり、生き物への興味関心が育ち、非常にたいへんな活動であるにもかかわらず後輩に引き継がれる活動となった。

調査は生物の採取だけでなく、その後データ整理は月毎の変動を捉えるための資料づくりであり、多くの時間を要する。しかし、集積されるデータから年変動や生物相互の関わり、さらには人間生活が自然に及ぼす影響などが少しずつ明らかになり、生態系の重要性を体験的に学ぶきっかけとなった。

この調査は今年（2002年）で７年目に入っているが、生徒自身が自然体験活動の意義を見出し、調査を継続するために積極的に参加したり、委員の任期を長く継続し後輩に繋げる努力をする姿が見られ、主体的な姿勢がこの活動を通して育っていった。

（3）環境問題をさらに深めよう

毎月の調査を通し、川の生物は生息し難い環境のなかに置かれていることがわかり、川の水はどこから来ているのか、水質はどのようになっているのか、昔の川はどうだったのか等疑問が発生し、それらを明らかにするためにさまざまな調査活動を行なった。委員の世代が代わるごとにさまざまな疑問の解明に取り組んだ（写真１参照）。

①昔の花室川はどんな川だったか。河川改修は何時なされたか。学園都市ができる以前の

写真１
花室川の環境調査

郷土はどんなところだったか。

（人々と川のつながり、聞き取り調査・国土地理院訪問・資料調査）

②花室川の流域では毎年農薬の空中散布が行なわれている、どんな農薬が散布されているのか。

（農協で農薬散布調査）

③花室川の源流はどうなっているのだろう。川の水はどんなところから集るのか。

（源流調査・河川調査）

④川の流域はどうなっているのだろう。この川はどこに流れているのだろう。

（流域調査・河口調査）

⑤上流域や下流域の生物の生息分布はどうなっているのだろう。

（上流・下流の生物採取比較調査　2年間）

⑥川の水は上流から下流に向かってどのように変化していくのだろう。

（源流から下流まで10地点の水質調査2ヶ月ごと1年間）

⑦川底にはもっと小さな生物が生息しているようだがどんな生き物がいるのだろう。

（底生動物採取調査　毎月）

これらの調査項目は花室川の環境調査から発生した疑問である。毎年新たな研究テーマを掲げ新たな調査に挑戦し、水辺の環境問題と人間の活動が自然に与えた影響を捉えていった。多くの委員の協力なくしてできない研究活動は、しだいに信頼関係を深め人間関係を豊かにしていくきっかけにもなった。さまざまな活動から水辺が抱える環境問題をより広い視点から捉えることができ、絶滅寸前にある多くの生き物を救うためにできることは何かを考え主体的に活動するようになった。

(4) 調査の結果を発表しよう

自然のなかで生物に触れる体験から始まったこの活動が、行政や環境保護団体に注目され発表依頼がくるようになった。発表活動は調査データのグラフ化、また分析と考察、さらには結論を導き出し表現する作業であり、必死の協力作業が続き、とてつもなく時間を

完成した冊子「環境展」と月刊誌「筑波の友」を囲んで

第15回日本学生科学研究作品展「県知事賞」受賞の代表生徒

要した。しかし一つの目標に向かって多くの仲間と取り組んだ発表活動は、生徒の気持ちが一つになり素晴らしい協力活動となった。そればかりではなく第三者に委員会の活動が評価され、環境活動の意義や重要性を認識することになり研究への意欲が高められた。

調査開始間もないころの県湖沼会議の事例発表にはじまり、つくば市環境フォーラムでの事例発表、県生物部会での研究発表、霞ヶ浦流入河川研究発表大会での研究発表等さまざまな機会を捉え積極的に発表に臨み、身近な水辺の環境問題を多くの人に知らせた。また県児童生徒科学研究作品展への出品、さらには年１回月刊誌「筑波の友」への研究発表等へも挑戦できるようになった。特に作品展での入賞はおおきな喜びとなり、継続活動への原動力となった。

(5) われわれにできる環境保護活動を考え実践しよう

環境調査は人間活動が自然に与えた影響を体験的に学ぶ機会となった。そして水生生物の生態系を保護するための環境保全を考えるようになり、保全活動に主体的に取り組むことになった。生徒から出されたさまざまな意見やアイディアは、学校祭に向けての取り組みや、環境保全活動のなかで生かされた。

①河川の粗大ゴミの回収やクリーンアップ作戦

川はゴミ捨て場化していて、バイクや何台もの自転車、日常生活のほとんどの品物や農機具ビニール類が多数捨てられており、放課後の時間を当てて回収作業を計画し実践に移した。粗大ゴミは学校祭に展示し、ゴミ問題への一石を投じることができた。

クリーン活動は、その後も後輩に引き継がれ主体的な継続活動となっている。

②学校祭での環境展の開催

学校祭は環境調査を通して捉えた水辺の実態を多くの人に知らせるまたとない機会であり、研究発表として毎年取り組んでいる。特に環境と関わりの深い健康問題にも視点を当てものや、生態系の保全への啓蒙活動、またリサイクルの実践的な活動の場となっている。

資料3　学校祭での「環境展」研究発表内容

☆学校祭は毎年6月上旬に2日間開催され公開行事となっている。

平成	テーマ	年間活動内容	「環境展」　研究発表内容
7	環境展Ⅰ 学校環境から地球環境へ	・環境問題学習会、講演会 ・校内ゴミ問題検討および対策 ・企業の環境保護実態調査 ・花室川の環境調査開始	①アンケート結果発表・パネル展示　②校内ゴミ問題の歴史 ③私たちが考える環境保護活動発表・パネル展示 ④企業における環境保護活動報告 ⑤生活の中の無駄についてアンケート ⑥煙草人形展示、煙草と体内汚染 ⑦手作り石鹸作成ビデオ製作放映　⑧手作り石鹸配布
8	環境展Ⅱ ～身近な自然環境に入って～	・茨城県水質検査室見学 ・花室川水生生物の環境調査 ・環境問題アンケート調査 ・茨城県湖沼会議で研究発表	①アンケート結果発表　②身近な環境問題レポートまとめ展示 ③花室川の生物展示　④環境調査結果発表 ⑤古本バザー・売上金環境保護団体へ寄付 ⑥手作り石鹸配布
9	環境展Ⅲ ～花室川の水生生物による環境調査～	・生物の多様性学習会 ・花室川水生生物の環境調査 ・健康アンケート（アレルギー） ・「つくばの友」へ研究報告1報	①アンケート結果発表　②環境調査結果発表　③紙漉き体験 ④スタンプラリーによる環境クイズ　⑤湖沼会議ビデオ放映 ⑥化学物質や環境問題についての作文、感想文展示 ⑦手作り石鹸配布　⑧水質浄化標語展示
10	環境展Ⅳ ～いのちの水を守るために～	・花室川の水生生物による環境調査（毎月） ・花室川流域調査・水質調査 ・国立環境研究所見学 ・ダイオキシン学習会 ・自作浄水機製作者を取材	①花室川水生生物による調査結果発表 ②いのちの水を守るための生活工夫レポート ③植物による水質浄化展示　④自作浄水器展示 ⑤川の生物との共存を考えた護岸模型作製・展示 ⑥アクリルタワシ製作・普及　⑦紙すき体験 ⑧水質浄化標語募集・展示　⑨アルコールパッチテスト体験
11	環境展Ⅴ ～生物との共存を考える～	・花室川の水生生物による環境調査の継続　・下流の水生生物調査　・花室川流域水質調査およびクリーン活動 ・高校生セミナー参加 ・「筑波の友」へ研究報告２報 ・茨城県生物部会研究発表	①花室川水生生物による調査結果報告 ②花室川流域10ヶ所の水質調査結果報告 ③生物との共存を考えた川と護岸模型製作・展示 ④花室川流域調査結果報告　⑤トンボ類の羽化と標本展示 ⑥ホタルと環境　⑦アクリルタワシ製作・普及活動 ⑧花室川の水生生物展示　⑨環境標語募集・展示 ⑨アルコールパッチテスト体験
12	環境展Ⅵ ～The Nature of 2000～	・花室川の水生生物による環境調査の継続/下流の調査 ・「筑波の友」へ研究報告３報 ・つくば市内小学校環境教育フォーラムへ模型貸し出し ・花室川のクリーンアップ作戦 ・つくば市市民環境フォーラム事例発表 ・アサザプロジェクト見学	①研究発表　環境班　テーマ「花室川水生生物による環境調査」 ②環境講演会　講師・国立環境研究所　主任研究官　春日清一氏 テーマ「霞ヶ浦の生きものたち」 ③リサイクル活動　学校祭で出るトレー回収・洗浄
13	環境展Ⅶ 川は生きている ～EgoからEcoへ～	・花室川の水生生物による環境調査の継続 ・「筑波の友」へ研究報告４報 ・昔の花室川の聞き取り調査 ・国立環境研究所見学 ・底生動物の調査開始 ・竹園東小児童環境調査参加 ・茨城県生物部会研究発表 ・多自然型川作り研究	①花室川の水生生物による環境調査結果報告 ②花室川の水生生物展示 ③回収した川のゴミ展示 ④アサザプロジェクト見学報告 ⑤昔の花室川と人々の生活・聞き取り調査結果報告 ⑧環境保護の看板製作・展示　⑨アルコールパッチテスト体験 ⑩アクリルタワシ作成普及　⑪環境アンケート結果報告 ⑪つくば市市民環境フォーラム報告 ⑫研究資料展示
14	環境展Ⅷ ～みんな仲間さ～	・花室川の水生生物による環境調査の継続 ・底生動物の調査継続 ・底生動物調査学習会 ・「筑波の友」へ研究報告5報 ・竹園東小児童環境調査参加 ・多自然型川の模型製作	①花室川の水生生物による環境調査結果報告 ②花室川の水生生物展示　③環境調査活動・生物写真展示 ④身近な環境問題レポート報告 ⑤化学物質と健康～環境ホルモンとは？身近な日用品から～ ⑥多自然型川の模型製作・展示　⑦アクリルタワシ作成普及 ⑧アルコール探検・パッチテスト体験　⑨研究資料展示 ⑩リサイクル活動　学校祭で出るトレー回収・洗浄

資料4　「環境展Ⅷ」実施計画書

○発表内容・係分担・責任者　　　　2002年5月24日（金）

	展示内容	責任者	係（学校祭班　環境班）	作成するもの・注意点
1	企画・全体運営	３－２　吉田 ３－６　成山		企画書、当日の係分担（会場） 出席表：前日の活動会場作り 展示会場図・活動の記録、写真 アンケート作成、当日の全体運営
2	六年間の環境調査のまとめ	３－４　長井	２－２ 落合、加藤、飯野 １－１ 清水、田中	データグラフ化 データ分析 資料としてまとめパネルに掲示する。
3	多自然型川の模型作成	３－８　岩崎 大久保 ３－２　若松 ３－３　小桧山	2－4　加藤　3－2　切田 2－3　小林 1－1　亀井、坂井、登坂 1－2　相田、岡田、古屋、坂 1－3　森　1－6　上田	・川の模型を完成させる。 ・多自然型川づくりの理念をまとめる。 ・案内用ポスター（２枚）
4	アルコール・パッチテスト	３－３　宮内	１－４　酒本、 西村	看板・ポスター 診断書作成 アルコール綿準備　委員全員へ説明
5	トレー回収・洗浄	３－１　中島	２－２　飯野 ２－５　熊谷、鈴本 ２－６　柴原 ２－７　桜井、山中 ２－８　重藤	トレーの洗浄回収の指導 6/8　9:00～15:30
6	生物展示	３－３　岩澤 ３－６　大浦	２－２　落合、加藤 １－１　清水、田中 １－３　永江、高橋 １－７　野村、濱田 １－８　郡司、長妻、奈須	・花室川の生物展示（コード、バケツ、水そう　準備） ・文献展示 ・実体顕微鏡による生物展示
7	魚の生活場所調査	３－４　吉丸 ３－６　大浦		ダンボールでパネルを作る。 タイトルを作成しパネルに掲示する。
8	魚の目から見た花室川	２－３　飯田 ２－６　大本		・模造紙１枚に表現する。
9	化学物質と健康	３－２　高谷 山本 慶野	３－２　岡田 ３－７　奥田、広瀬 ３－５　内田、豊田 ２－１　内田、横山 ２－７　相川、遠藤	・日常生活の中で使われている化学物質に気付き、環境汚染の原因や健康被害についてまとめる。
10	パネル・看板 昔の花室川調査	３－２　若松 ３－３　小桧山	１－３　鬼沢 １－６　立川 １－８　金山、 佐々木	・会場の看板やタイトルを作成する。 ・昔の川のききとりまとめ ・案内用　ポスター（１枚）

・責任者は企画書を５月17日までに委員長に提出。
・中間テスト終了後、それぞれのグループで計画的に作業を進める。
・展示は6/6（木）14:00～（３の７）教室において実施。全員集合。

〈環境展Ⅷより〉
テーマ「環境と健康」
環境ホルモンを
化学式で表わそう

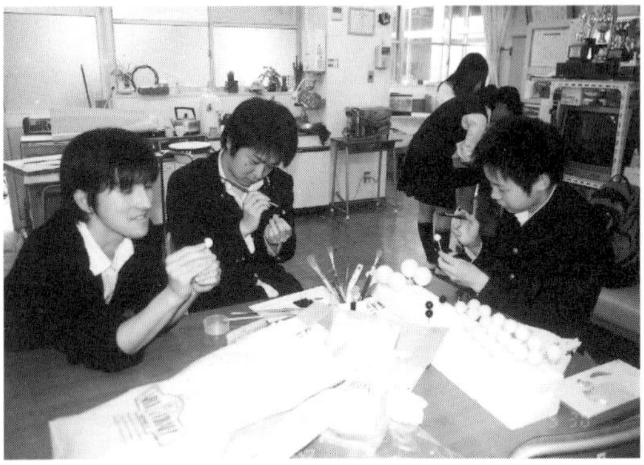
準備活動

会場受け付け

環境問題に熱心な来客

健康問題に関心を寄せるお母さんたち

開催を終えて、推進委員の3年生と

環境展は毎年6月実施であり、開催にあたっては委員長のリーダーシップと委員の協力がなくては開催できないが、その年ごとに新たなテーマを掲げ、内容の濃い発表に向けチームワークを発揮し努力するようになった。この活動は役員と環境班が中心に前年度から計画立案にあたり、当日の運営は委員会全体で取り組んでいる。そのため環境班以外の委員も環境問題に対する理解を深める機会となり、その後環境活動に参加する生徒もいる。

みんなで協力して開催する環境展は計画、準備と苦労の連続であるが、達成できた時の喜びはたいへん大きいものがあり、ほとんどの委員が継続開催を望むようになった。また、学校内外の参加者からはさまざまな感想や励ましが寄せられ生徒のやりがいにつながっている。

③生物との共存を考えた川と護岸の模型づくり

川の生物はその多くが生き難い環境のなかで生息していた。人間の都合で改修した川の環境は変えられるのか、そのためにはどのようなことができるのかを考えることになった。現在の三面コンクリートの川を生物との共存を考えた川、さらには多自然型河川へと川の模型づくりを通して生物と共存できる川の環境を体験的に捉えることになった。

模型づくりは、その目的と構想について学習と話し合いが必要であり、共通理解を図っての準備や製作は多くの時間がかかる。時間に追られたなかであせりながらも見事に協力し、素晴らしい模型を何度も完成させ、多くの仲間と感動を共有している。

模型は学校祭の環境展の会場に展示したが、多くの来場者が川の模型に感動し、来年の環境展も楽しみにしたいと、たいへん好評を得ることができた。そればかりでなく、市内の小学校の環境教育の教材として何度も活用され、つくば市の環境フォーラムに展示される等、環境意識の高揚に貢献することができた。

「多自然型川の模型」づくり

④環境保護の看板製作

調査地点には大型の粗大ゴミがたくさん投棄されていたが、回収作業を何度も実施しゴミのない川になった。その川を守るために看板を掲示してはどうかという意見が上がり、早速検討を行なった。

どんな看板にするか何回もの話し合いの結果、調査の結果からわかったことや川を守ることを表現した看板を製作することになった。たった一枚の看板であるが構図や構成には多くの時間がかかったが皆で協力してやりとげ、学校祭で展示した後、調査地点に取り付け河川の環境保護に取り組んだ。

どうでしょう、この力作
(2001年6月のもの)

(6) 感動をありがとう

自然のなかでの体験活動は驚きと感動の連続であり、身近な自然に対しての興味や関心が高まり、調査活動が何とか継続できるようになった。郷土の身近な自然の環境調査の結果は貴重な資料となり、発生した疑問を深く掘り下げて広い視点から捉えようとしたり、研究発表にも積極的に取り組めるようになった。協力することや表現活動においては、生徒のよさや能力がさまざまな場面で発揮され、環境活動の素晴らしさを何度も体験することになった。

同時に後輩にもこの活動が引き継がれることを望み、委員会での環境活動に本気で長く活動する生徒が増えていった。本校のような進学校では、生徒は毎月テストに追われゆとりのない生活を強いられているが、そのようななかにあっても環境問題を真剣に考え、さまざまな活動に積極的に取り組む生徒の姿に多く出会った。

委員会の環境活動を終えた生徒は、活動はとてもたいへんであったが本当に楽しかったと感想を述べている。そして、進路選択においては、環境、生物、農林、海洋等に進学し、環境に関わるテーマをライフワークとする生徒が多くなった。卒業後は委員会の同窓会が開催されたり、後輩の発表活動に参加したりとこの活動を通しての信頼の絆は厚いものがある。

資料5　環境展Ⅷに来場いただいた来客の感想（一部抜粋）

●これからもこのような企画を続けて生徒一人ひとりがこれらの環境問題に興味がもてるようにしてほしい。とてもよく調べてあって感心した。これからも環境問題に興味をもって地球のあり方を見直してください。

●生物との共生を真剣に考え、生物に優しい川づくりに取り組もうとしている活動に感銘を覚えました。また、環境ホルモン問題に関心をもたせ素晴らしい企画だと思います。このような研究発表ができるのは、継続的に調査研究を行なっていればこそ。みなさんの高い意識と自然に対する優しい心、そして労を惜しまない努力に頭が下がる思いがします。

●快適な生活と環境の保全、この両者の兼ね合いを取ることは確かに難しいことだがこれからの課題として真剣に考えなければならないでしょう。身近な花室川がよく分析されていてたいへん興味深かった。

●模型がとてもていねいにつくられていてわりやすかった。身近な問題ながら今まで深く考えずにきてしまったことをあらためて感じました。パッチテストとても楽しくさせていただいた。

●安全のために護岸工事や川底の平坦化は必要なこととずっと思っていたが、この環境が生物が棲み易いものではないと知って意外だと思った。新しい視点で環境問題を考える必要があると知った。

●これだけのものをゼロからつくり上げたということは、それだけで素晴らしいことであり貴重なことだと思う。

●生きものが実際に展示されていてよかった。わりやすく的を得ていると思った。保健委員の苦労がよくわった。素晴らしかったです。頑張ってください。

●川の調査は時間がかかりそうでたいへんなのにすごいと思います。模型がきれいですごい。

●環境問題は範囲がとても広いので身近に感じにくいところもあります。身近な川を取り上げたのはよいと思います。高校生の皆さんがこういう問題に真剣に取り組んでいるのを見て心強く思いました。

●生きものを捕まえるのはたいへんだったことでしょう。お疲れ様でした。

●すごい！保健委員の人は頑張っていて偉い！ぜひこれからも続けてください。

●文化祭のなかで唯一文化的で内容も充実していると思った。

●ダイオキシン問題はプラスチック原料の新しい開発によって改善されていくと思う。多自然型模型はスゴイ！

●身近な化学物質はできるだけ使わないようにと思っても使わざるをえない場合が多く危機感を覚えました。

●環境ホルモンについてよく勉強していると思った。
●よい企画だと思います。人事ではなく皆が関心をもって取り組んでこそ地球規模の環境問題が解決できると思います。
●継続は力なり！頑張ってほしい。尚志祭のなかでも一番よかったと思う。

資料6　環境展Ⅷを実施しての保健委員の感想

●アクリルタワシを使ってのトレー洗浄はとてもよかったと思います。今回はいろいろまとまっていていいですね。次回は放射能の研究をやってほしい。
●今回も興味深い結果でいいと思います。われわれの身近ではたくさんの複雑で難しい問題があるのだろうと思った。もっと調べていきたい。今回、好評でよかった。
●アルコールパッチテストは本当に評判がいいです。模型とかも素晴らしかった。
やってよかった。パッチテストはひき続きやってほしい。
●準備がとてもたいへんでした。しかし、素晴らしい環境展になったのではないでしょうか。大変だったけど楽しかったです。これからも環境展を続けてくれればそれだけでいいです。やめないでくださいね、先生。
●同じ自然界の一住民として人間が環境を汚染し追い出してしまった仲間たちを今度は人間の手で元に戻してやるべきだと思った。結局はそれが自分たちのためにもなるし。
今回「化学物質と健康」の企画を通して自分のなかで環境に対する意識も向上し、それらに対する問題について理解を深めることができた。それに回収されたアンケート等を見ると賛同してくれる人、何かを感じてくれた人がいるようなので大成功……カナ。
来年はもうこの学校にいないと思うけど陰ながら応援しているので頑張って!!「スゲーこと」してんだから……。目指せ陰の企画賞。
●川には本当にたくさんの生き物がいて「多自然型川づくり」がとても大事なことに気づきました。パッチテストは体験もできるのでよいと思った。
●初めて環境展に携わったがこんなたいへんな仕事だと知っていただろうか。いや知らなかった。
●今まで知らなかったことで知識が増えてよかったです。そして、今自分が環境のために何ができるかわかったような気がしました。
●人間によって直線的に改修工事された花室川。それによって棲む場所を失った川の生物たち。彼らにとって多自然型の川を取り戻すと言うのは当然の権利ではないだろうか？　3年間やってそれなりの充実感がありました。環境展はできるだけ続けていってほしいです。パッチテストは人気がありとてもよかったです。
●川の環境造りは人類が解決すべき重要課題ですね。模型は本当によくできています。魚は本当にかわいいです。これらの生物がよりよく棲めるための環境をつくっていきたい。花室川の今年の変化についてもっとよく調べたい。環境調査はこれからも絶対やるべきです。
●多自然型川造りの模型が本当にすごかったです!!かわいらしかったし、感動。
●わが家が花室川のすぐ近くなので川については本当に身近だと思いました。化学物質は、よく聞くけど関係ないと思っていたのでこれから気をつけて見たいと思いました。受付をしていると案外多くの人がアルコールに弱くて驚きました。花室川の魚類の生態についてまとめたので生態についての知識が結構付きました。とてもよい勉強になりました。
●化学物質が自然に流出するのを止めるべきだと思う。現実には難しいことだけどそれを目標にすべきだ。環境展は知らなかったことがいろいろわかってとても楽しかった。自然に目を向けることの大事さを実感した。ゴミなどは皆で捨てないようにすればなくなるのだから、みんなマナーを守れ。パッチテストはみんな興味があるようなので続けたほうがいい。
●パッチテストの実施は面白し、これからの参考になりそう。これからの川のあり方についての取り組みでよい企画だと思う。ただ環境調査をするだけでなく、そこから未来について考えたり、洗剤を使わなくて済むようなアクリルタワシなどに今回の企画の意義があるように思う。
●調べてみると意外と身近なところに有害物質があることがわかって驚いた。担当の仕事が無事終わってほっとした。
●一人ひとりがしっかりと環境について意識をもって身近なところから気を配っていく必要があると思うし、人々にそのようなことを知らせる努力も必要だと思う。環境展はわかりやすく啓示してくれて非常によかったと思うが、もっと多くの人にこの企画があることを多くの人に知らせる広報に努力することが必要ではないかと思う。来年は今年以上のことをしてほしい。
●これからの未来のために、自分にできることから実施していかないといけないと思った。興味深くて、新しく知ったことがいっぱいありました。
●多自然型川の模型はすごく見た目もよくて楽しめた。皆、パッチテストやアンケート
をやってくれて嬉しかった。
●環境問題について考えるとてもよい企画だった。来年はもっと頑張ってください。
●川は私たちのものだけでなく、いろいろな生物のものだと思った。人間の身勝手はよくない。また、模型パート４！今年のよりすごいのを作ってほしい。

資料7

保健委員会の活動を振り返って　前期副委員長　村山 ともみ

私は、保健委員会環境班に入るまで環境問題についてあまり関心がある方ではありませんでした。自分が実際に住んでいる町では、自然が豊なので危機感が無かったのかもしれません。ただ、私の町は排水処理が行き届いていないらしく、川が汚れているのはちょっと見ただけでも明らかで、初めて花室川に調査に行く際には、川が今どうなっているのか、初めて考え意識しました。

私にとっては第一回目の調査。一番驚かされたことは、花室川には、いや、「川」にはこんなにも多くに生き物がいるのだ、ということでした。このとき、私がいかにいままで自然について知らなかったか、知ったつもりになっていたか、ということに気づかされました。つまり、私が「川」をイメージするときは、それまで生き物まで思い描くことは無く、ただ、水が流れるイメージだけであったということです。私は実際この目で見るまで、理解しているつもりでも、生き物の住みかとしての川を意識したことがなかったのです。そして自分に、川に、衝撃を受けると同時に川に対する今までにない親しみを感じました。

このときに、私は環境問題について初めて考えました。そして、環境問題に対するときの「問題」も考えました。やはり、環境問題をどうにかしようとするなら、自然を知ることが大切だと私は思います。実際、住みかとしての「川」を知らなかった私は自然としての川への親しみも知らなかったのですから。また、このことは川のゴミ拾いでスクーターだの自転車だのを川から揚げたときも思いました。住みかとしての川を知っていれば、こんなものを川に捨てないのではないか、と。自然に親しむことがありそうでない今だから、環境問題に取り組む前の「問題」があるように思います。

次に驚いたことは、つくば市より田舎のはずの自分の町の川の方が、明らかに汚れているということです。安易には比べられないとは思いますが、正直にショックでした。ただ、そのことで考えたのは人の生活が川に与える影響です。先生は、花室川には生活排水が流されていない、とおっしゃっていました。対して自分の町は十分ではありません。どうしても影響しているように思わずにはいられません。それは、自分たちの生活に対する見方を変えさせずにはいられませんでした。

保健委員会環境班の活動を通して、私は環境問題は自然を知り、親しんで、自分たちの生活を見直すことから始めなければならないと教えられました。また、はじめはなじみが薄かった環境問題も身近に感じるようになりました。

そして、自然がもっと好きになったことと、先生や環境班のみんなとがんばれたことが一番の思い出です。楽しくて心に残る思い出です。ありがとうございました。

資料8

花室川で得られた物　3年4組　上田 早小里

今更ながら振り返ってみると、先生に誘われるがままに環境班の水質調査に参加したのが1年生の2学期頃。それから細々と私なりに花室川と関わってきたことになります。始めは花室川という存在すら知らず、ましてやその花室川で保健委員会がこんなにも素晴らしい調査活動をしているということは全く知りませんでした。鈍い私は参加したばかりの頃、この調査活動がどれだけ大きな意味を持っているのかということを察知する事ができなかったのですが、何とか活動に慣れた頃、何代も前の先輩たちと田上先生との努力の結晶であるひと月ひと月が積み重なったデータを眺めていると、どこからともなく“調査を終わらせてはならない義務感”というものが出てきたのを覚えています。

先輩方の調査する姿を見ているうちに魚や生物の名前を言えるようになったり、また手網に大物がかかったり新種と思われるような生物を発見する度に、調査の楽しさを感じられるようになりました。また、忘れがたい失敗もありました。ホルマリンにヤゴを入れてしまったり、研究発表の時に原稿を間違えて読んでしまったり…。(今となっては良い思い出ですが)

花室川調査5年という節目を迎えて、環境班がやれることの幅はぐんと広がったと思います。今までのデータ整理を終えたことで、次のステップへの基礎ができたと言えます。それを今後どう活かしていくかが、後輩の皆さんの重要なメインテーマのひとつになると思います。私自身も今後環境班が、一体何に向かって動いていくのかは凄く興味があります。世の中の偉い学者サマができないことをやるのが“竹園高校保健委員会環境班”であるような気がするので、皆さん頑張って下さい。

最後に田上先生、そして同じく環境班を終えた皆さんに感謝したいと思います。私がこの調査及び研究・考察を経て得てものは、花室川の調査結果だけではないと思います。この貴重な体験がいつか役立つときが来ると信じています。

本当にありがとうございました。

おわりに

自然は人間の心をひきつける不思議な力がある。環境調査は外での活動であるため寒い日、暑い日、急な雨による予定の変更、安全確保のための土手の除草作業等、苦労は絶えることがない。しかし、川での調査はとても新鮮で、生徒が興味をもって楽しみながら活動に参加したり、責任ある活動へとだんだん変化していく姿に接することは苦労以上に楽しいひと時になる。自分自身も生徒とともに環境調査を楽しみながら手探りの7年目が過ぎていった。

この活動のきっかけは、環境教育を推進するなどという大げさなものではなく、校内で発生したゴミ問題の解決に少しでも協力したいという思いや、自動販売機導入問題で生徒の健康や環境を守るために設置に反対し、職員会議で議論したことが大きな原動力であった。何よりも、活動を重ねるごとに生徒の純真な環境への思いや熱意に勇気づけられ発展することができた。

だが環境教育は自分にとっては何しろ初めての体験であり、どのように推進したらよいかわからず、環境のことについて学ぶことが非常に多くなった。地域で行なわれる自然観察会や行政や民間団体が主催する環境学習会には頻繁に出席し、自分自身の環境観を高めていった。

教育に熱心な教諭が、生徒の興味や関心をひきつける教授法の研究は何時も頭から消えることはないと言っていたが、寝ても覚めても環境のことばかりの十年であったといえる。また管理職においては温かい眼差しで見守る人もあれば、そうでない人もあり茨の道のりであった。そんななか、この活動に正しい評価を与えてくれた県教育委員会や本校職員の温かい協力、また校外のさまざまな支援者のおかげで実践を積み上げることができた。

教師自身が生徒に向かうとき、教育の課題を見つけそれに向かって努力を惜しまない姿勢が大切である。不易と流行という言葉があるが、常に変わらない価値観と時代とともに新しいものを取り入れる感覚が教師自身に必要である。

これからはじまる高校での総合的な学習の推進については、環境や福祉・健康のテーマについて教師自身がどのように捉え考えるのか、その生き方が大きく反映されるものであると思う。高校においては義務教育のような積極的な総合学習の展開は期待できないが、身近な執務に目を向けたとき、保健室での生徒への接し方、保健指導、保健学習、保健委員会の運営等、総合的な学習の観点で取り組めることがたくさんあるのではないかと思う。養護教諭の積極的な生き方が執務に反映され、やがて同僚や生徒に理解され支持されていくものと思う。

2003年4月からはじまる本校での進路実現に向けての総合的な学習の時間は、保健室や養護教諭の独自性を生かしながらその一翼を担う存在でありたいと思う。

〈参考資料〉保健委員会の活動履歴

1996（平成8）年	11月	茨城県湖沼会議　研究発表
1997（平成9）年	3月	環境保全基金「エコーいばらき」より研究助成金受領
1998（平成10）年	3月	地域情報誌「筑波の友」　3月号へ　研究報告「第一報」
〃	10月	茨城県児童生徒科学研究作品展出品「知事賞」受賞
1999（平成11）年	1月	第42回日本学生科学賞「入選3等」受賞
〃	3月	環境保全基金「エコーいばらき」より研究助成金受領
〃	4月	地域情報誌「筑波の友」　4月号へ　研究報告「第二報」
〃	8月	霞ヶ浦流入河川研究発表大会　研究発表
〃	12月	霞ヶ浦水質浄化推進振興財団より表彰
〃	8月	つくば市市民環境パートナーシップフォーラム　作品展示
〃	9月	つくば市環境シンポジュウム　　事例発表
〃	9月	つくば市立桜南小学校へ調査資料提供
〃	10月	茨城県児童生徒科学研究作品展出品「県議会議長賞」受賞
〃	11月	つくば市立並木小学校　環境教育協力
〃	12月	霞ヶ浦水質浄化推進振興財団より表彰
2000（平成12）年	5月	地域情報誌「筑波の友」　5月号へ　研究報告「第三報」
〃	5月	つくば市内小学校環境フォーラム　作品貸出
〃	11月	第24回茨城県中学・高校生物部研究発表大会　研究発表
〃	12月	つくば市環境教育フォーラム2000　事例発表
2001（平成13）年	12月	霞ヶ浦水質浄化推進振興財団より表彰
〃	2月	つくば市市民環境シンポジュウム　事例発表
〃	3月	環境保全基金「エコーいばらき」より研究助成金受領
〃	5月	地域情報誌「筑波の友」　5月号へ　研究報告「第四報」
〃	8月	霞ヶ浦水質浄化推進振興財団より表彰
〃	10月	茨城県地域女性団体連絡協議会　事例発表
〃	10月	茨城県児童生徒科学研究作品展出品「知事賞」受賞
〃	11月	つくば市立竹園小学校へ環境教育協力
〃	11月	第26回茨城県中学・高校生物部研究発表大会　研究発表
〃	11月	つくば市立手代木中学校へ環境調査資料提供
〃	12月	つくば市立竹園小学校児童　本校の環境調査へ参加が始まる
2002（平成14）年	1月	土浦市市役所へ花室川環境調査資料提供
〃	1月	第45回日本学生科学賞「入選2等」受賞
〃	1月	環境保全基金「エコーいばらき」より研究助成金受領
〃	3日	地域情報誌「筑波の友」　5月号へ　研究報告「第五報」
〃	10月	第46回茨城県児童生徒科学研究作品展出品 「ミュージアムパーク自然博物館長賞」受賞

制作は保健委員会
表紙のイラスト、題字も生徒による

『子どもと健康』臨時増刊

「健康教育」アラカルト

2003年5月15日第1刷発行

「子どもと健康」編集委員会編

編集・制作　Office2

発行所　㈱労働教育センター

〒101-0003 東京都千代田区一ツ橋2-6-2 日本教育会館

TEL. 03-3288-3322　　FAX. 03-3288-5577

DTP：㈲M2カンパニー　印刷：互恵印刷㈱

『子どもと健康』既刊ナンバーのご紹介

1（1985春） 健康診断を問いなおす
2（1985夏） 健康教育はいま（品切）
3（1985秋） インフルエンザ・ワクチン（品切）
4（1986冬） 保健室を考える
5（1986春） 母子保健法改悪
6（1986夏） 臨教審第二次答申と学校保健
7（1986秋） インフルエンザワクチン集団接種中止（品切）
8（1987冬） “薬”を考える
9（1987春） “部活動”を考える
10（1987夏） “学校給食”を考える
11（1987秋） 「性」いまなぜ「性」の教育なのか
12（1988冬） 「精神管理」その変容と学校状況
13（1988春） 「感染症」うつる病気は恐いか
14（1988夏） 病気をもつ子どもたち
15（1988秋） なんのための「体育・スポーツ」？
16（1989冬） いのちの危機と環境汚染
17（1989春） 共生の輪は広がったか
——障害をもつ子と学校
18（1989夏） どう変わる？学校保健
19（1989秋） やってよいのか心のテスト
20（1990冬） HOW TO 救急法
21（1990春） どう受けとめる「子どもの権利条約」
22（1990夏） これでいいのか「性教育」
23（1990秋） これからどうする「学校健診」
24（1991冬） 「アレルギー」について（品切）
25（1991春） 「これからの養護教諭」
——職制50周年を迎えて
26（1991夏） 「思春期」って？
27（1991秋） 学校の中の「保健室」
28（1992冬） これからの「学校健診」
29（1992春） 教研集会はいま
30（1992夏） うつる病気と法律
31（1992秋） 環境問題ってなに？
32（1993冬） 選別される子どもたち
33（1993春） 学校でエイズをどう教えるか
34（1993夏） 教職員間の連携をどうつくるか
35（1993秋） 学校行事・部活動と子どものストレス
36（1994冬） 性教育と養護教員
37（1994春） 子どもの遊びは、いま
38（1994夏） 養護教員の職務とは？
臨時増刊 教育実践集１
39（1994秋） どうしてますか？「救急処置」（品切）
40（1995冬） 再考、学校での定期健康診断
41（1995春） 「いじめ」にどう対応するか
42（1995夏） 養護教員と「保健主事」
何が変わったのか？ 学校健診
臨時増刊 教育実践集２「保健室登校」
43（1995秋） 子どもの心とからだ
臨時増刊 あぶない！「フッ素によるむし歯予防」Q&A
44（1996冬） ダイエット、拒食・過食症
45（1996春） アレルギーと子ども
46（1996夏） 養護教員とチーム・ティーチング
47（1996秋） O-157と健康教育
臨時増刊 「こんなときどうする？ 救急処置」
48（1997冬） 養護教諭と学校医等の関係は
49（1997春） 健康教育とは
50（1997夏） いまどきの親と子
51（1997秋） 地域と子どもと学校と
52（1998冬） 学校での「カウンセリング」を考える
臨時増刊 教育実践集「たのしくつくる 保健だより」
53（1998春） 何が変わる？どう変える？「養護教諭」
54（1998夏） 子どもは変わったか
55（1998秋） 養護教諭と授業
56（1999冬） 環 境 教 育
57（1999春） 「性」と「生」を考える
58（1999夏） 心の相談活動
59（1999秋） 養護教員と健康教育
60（2000冬） 最新 環境問題読本
61（2000春） 「心身症」とは何か
62（2000夏） 睡眠を考える
63（2000秋） 咀嚼と食を考える
64（2001冬） 体を科学する
臨時増刊 教育実践集「総合的な学習の時間」と健康教育
65（2001春） 「ADHD」ってなあに？（品切）
66（2001夏） IT革命と子どものコミュニケーション
67（2001秋） 子どもの流行と健康
第７回研究フォーラム報告
68（2002冬） LD、自閉、多動ってなあに？（品切）
69（2002春） 職制60周年を経て
—これからの養護教諭
70（2002夏） 「子ども暴力」を考える
71（2002秋） 食の安全を考える 第8回研究フォーラム報告
72（2003冬） 「食」を考える
臨時増刊 ADHD、LD、自閉、多動ってなあに？
73（2003春） 心と体と摂食障害